2022年
社会对话报告：

促进集体谈判以实现包容、可持续和有韧性的复苏

国际劳工组织 著

曹 君 译

中国财经出版传媒集团

经济科学出版社

Economic Science Press

图书在版编目（CIP）数据

2022年社会对话报告：促进集体谈判以实现包容、可持续和有韧性的复苏 / 国际劳工组织著；曹君译. --北京：经济科学出版社，2022.12

书名原文：Social Dialogue Report 2022: Collective bargaining for an inclusive, sustainable and resilient recovery

ISBN 978-7-5218-4386-6

Ⅰ. ①2⋯ Ⅱ. ①国⋯ ②曹⋯ Ⅲ. ①社会问题–研究报告–世界–2021 Ⅳ. ①D58

中国版本图书馆CIP数据核字（2022）第229735号

责任编辑：吴 敏
责任校对：靳玉环
责任印制：张佳裕

2022年社会对话报告：促进集体谈判以实现包容、可持续和有韧性的复苏
国际劳工组织 著
曹 君 译
经济科学出版社出版、发行 新华书店经销
社址：北京市海淀区阜成路甲28号 邮编：100142
编辑工作室电话：010-88191375 发行部电话：010-88191522
网址：www.esp.com.cn
电子邮箱：esp@esp.com.cn
天猫网店：经济科学出版社旗舰店
网址：http: //jjkxcbs.tmall.com
北京季蜂印刷有限公司印装
787×1092 16开 13.75印张 260000字
2023年2月第1版 2023年2月第1次印刷
ISBN 978-7-5218-4386-6 定价：68.00元
（图书出现印装问题，本社负责调换。电话：010-88191510）
（版权所有 侵权必究 打击盗版 举报热线：010-88191661
QQ：2242791300 营销中心电话：010-88191537
电子邮箱：dbts@esp.com.cn）

▶ 前 言

世界仍受困于新冠肺炎疫情引发的社会和经济危机。为遏制病毒而采取的基本公共卫生措施颠覆了劳动世界，对企业产生了极大的负面影响。数以百万计的工人冒着生命危险，在抗击疫情的一线服务。为了保持工作连续性，许多人开始远程工作。还有数百万人因工作场所关闭而停工或失业。为缓解危机的影响，许多政府采取了重大的收入支持措施。除此之外，对于工人和雇主而言，最重要的是劳动管理机构能否成为复原力的来源，从而缓解日益扩大的不平等。

在期待复苏之际，我们将如何确保以人为本的复苏这一问题依然存在——恢复因劳动力市场减损而被削弱的社会结构，并重新评估被认为对社会运转至关重要的工作。许多在疫情前就正在进行的变革甚至已经加速，如技术转型和环境转变，我们必须充分利用这些变革带来的机会，促进企业可持续发展和体面劳动。

首先，我们需要重申赋予雇主和工人在工作治理中的相关原则和权利：结社自由和有效承认集体谈判权。国际劳工组织的这些基本原则不仅为劳动力市场提供了民主基础，还反映了我们社会的民主价值观。基于这些原则，强大且具有代表性的工人组织和雇主组织得以发展，并通过有效的社会对话促进复苏。通过采取行动和达成协议，这些组织可以为实现以人为本的包容、可持续和有韧性的复苏铺平道路。

国际劳工组织的第一份关于社会对话的旗舰报告聚焦集体谈判。报告强调了这些民主原则作为支撑稳定和公正的工作场所、行业和社会的基石的重要性，描述了雇主和工人可以为工作的包容性和有效治理做出的贡献。最重要的是，它再次表明，不论我们经历繁荣或遭遇危机，各方都能走到一起，就对各方而言都具有重要意义的问题进行谈判并达成一致。报告还展示了集体协议如何成为复原力、团结和包容，以及变革的源泉，确保企业可持续发展和人人享有体面工作。

我们今后的任务是继续促进世界各地所有雇主和工人的这些工作中的基本民主原则和权利，并谨记1919年《国际劳工组织章程》序言所述："只有以社会正义为基础，才能建立世界持久和平"。

Guy Ryder

盖·莱德（Guy Ryder）

目 录

第1章 引 言

第2章 集体谈判：影响监管覆盖面

第3章 集体协议的范围

第4章　雇主组织和工会：重组和重塑

第5章　集体谈判与新冠肺炎疫情：培养复原力

第6章　为实现包容、可持续和有韧性的复苏进行谈判

附录

参考文献

专栏

图

表

▶ 致　谢

《2022年社会对话报告：促进集体谈判以实现包容、可持续和有韧性的复苏》是由国际劳工组织治理与三方机制司（治理司）司长维拉·帕奎特·佩尔迪戈（Vera Paquete-Perdigão）、工人活动局局长玛丽亚·海伦娜·安德烈（Maria Helena André）以及雇主活动局局长狄波拉·法兰西·马辛（Deborah France Massin）领导的管理团队编写的（成果1）。

本报告的作者（按字母顺序排列）有玛格达琳娜·鲍伯（Magdalena Bober）（雇主活动局）、阿里尔·卡斯特罗（Ariel Castro）（工人活动局）、伊丽莎白·埃切维里亚·曼里克（Elizabeth Echeverría Manrique）（治理司）、苏珊·海特（Susan Hayter）（治理司）、梅拉尼·詹罗伊（Mélanie Jeanroy）（工人活动局）、多拉·卡塔林·萨里（Dora Katalin Sari）（国际劳工组织统计司，简称统计司）、玛丽亚·塞德拉科娃（Mária Sedláková）（治理司）和特维莎·施罗夫（Tvisha Shroff）（剑桥大学博士）。昆汀·马泰斯（Quentin Mathys）（统计司）是本报告的统计员。玛丽亚·玛格达琳娜·巴斯蒂达·安蒂克（Maria Magdalena Bastida Antich）（治理司）提供了宝贵的研究支持。以下作者对报告做出了实质性贡献：泽维尔·博多内（Xavier Beaudonnet）（国际劳工标准司，简称标准司）（第2章和第5章）、康斯坦丁诺斯·帕帕达基斯（Konstantinos Papadakis）（治理司）（第5章和第7章）、阿里安娜·罗西（Arianna Rossi）（治理司）（第3章和第5章）、卡塔里娜·布拉加（Catarina Braga）（国际劳工组织工作条件与平等司，简称工作质量司）（第2章）。本报告由苏珊·海特（Susan Hayter）（治理司首席研究员）负责协调工作。来自治理司的杰曼·恩迪耶-吉塞（Germaine Ndiaye-Guisse）、奥村由香（Yuka Okumura）和安妮·苏利文（Anne Sullivan）提供了预算和行政管理方面的支持。国际劳工研究司（简称研究司）的朱迪·拉弗蒂（Judy Rafferty）负责协调工作计划，将报告翻译成法语和西班牙语，以及报告的编辑和制作。

国际劳工组织在世界各地的体面工作小组和国家办事处的技术专家负责寻找集体协议，协助国别研究，审查法律和统计数据，并在整个研究和报告的起草过程中提供有价值的意见和反馈。在此特别感谢戈查·亚历山大（Gocha Aleksandria）（工人活动高级专家，莫斯科体面工作小组/国家办事处）；埃奎·福斯坦·阿穆苏·库埃泰特（Ekoué Faustin Amoussou Kouetete）（劳工管理和社会对话专家，达喀尔体面工作小组）；赛凡·阿纳尼安（Sevane Ananian）（社会对话和工资专家，开罗体面工作小组）；伊塔洛·卡尔多纳（Italo Cardona）（劳动法和劳动管理专家，利马体面工作小组/国家办事处）；贾俊科（Jajoon Coue，音译）（国际劳工标准和劳动法专家，曼谷体面工作小组）；玛迪·迪亚涅（Mady Diagne）（社会对话和劳动管理专家，雅温得体面工作小组）；米兰达·法杰曼（Miranda Fajerman）（阿拉伯国家区域办事处/贝鲁特体面工作小组）；马利亚拉·菲诺（Marialaura Fino）（国际劳工标准专家，利马体面工作小组/国家办事处）；费尔南多·加西亚（Fernando García）（劳动法和社会对话专家，圣何塞体面工作小组）；埃琳娜·格拉西莫娃（Elena Gerasimova）（国际劳工标准专家，新德里体面工作小组/国家办事处）；阿伦·库马尔（Arun Kumar）（集体谈判和社会对话专家，曼谷体面工作小组）；林波·曼多罗（Limpho Mandoro）（社会对话和劳动管理专家，比勒陀利亚体面工作小组）；安德烈·马里纳基斯（Andrés Marinakis）（劳动力市场政策高级专家，圣地亚哥体面工作小组）；阿曼达·梅希亚·卡尼亚达斯（Amanda Mejía）（国际劳工标准和劳动法专家，比勒陀利亚体面工作小组/国家办事处）；克里斯蒂娜·米赫斯（Cristina Mihes）（社会对话和劳动法高级专家，布达佩斯体面工作小组）；戴维·莫斯勒（David Mosler）（项目管理支持、监测和评估干事，欧洲和中亚区域办事处）；马汉德拉·奈杜（Mahandra Naidoo）（社会对话和劳动管理专家，新德里体面工作小组）；拉文德拉·佩里斯（Ravindra Peiris）（雇主活动高级专家，新德里体面工作小组）；约翰·里乔特（John Ritchotte）（社会对话和劳动管理专家，曼谷体面工作小组）；勒约·西贝尔（Lejo Sibbel）（劳动法和社会对话高级专家，莫斯科体面工作小组）；亨伯托·维拉斯米尔·普雷托（Humberto Villasmil Prieto）（国际劳工标准专家，圣地亚哥体面工作小组）；英模（Youngmo Yoon）（社会对话和产业关系高级专家，北京局）。我们还要感谢日内瓦的工人活动局和雇主活动局的主管官员，以及各地区、次区域和国家的工人活动局和雇主活动局的同事，他们总是乐于提供建议和指导。

我们要感谢负责政策的副总干事特别顾问克莱尔·哈拉斯蒂（Claire Harasty），她协调了出版委员会通过了报告，并对本报告提出了意见；还要感谢通信与公共信息司出版部门负责人克里斯·埃德加（Chris Edgar），他帮助协调《信息故事》（InfoStory）对本报告进行同行审查和出版。

我们感谢刊物制作服务处的同事们对报告进行了编辑、设计、排版和制作：感谢路易斯·桑德克维斯特（Luis Sundkvist）编辑了报告，感谢费尔南达·温特（Fernanda Winter）作为照片编辑提供的支持。

具体贡献

诺姆·陈-锡安（Noam Chen-Zion）（巴塞罗那自治大学）、迪莱塔·甘巴基尼（Diletta Gambaccini）（独立专家）、艾卡特里尼·查拉拉（Aikaterini Charara）（独立专家）、奥雷利亚·图米切利（Aurelia Tumicelli）（独立专家）和马修·费舍尔-达利（Matthew Fischer-Daly）（康奈尔大学）在转录访谈、编码和验证方面提供了研究协助。

本报告受益于一些背景文件以及独立专家进行的国别研究和案例研究（见附录5）。在这方面，我们要感谢雷切尔·亚历山大（Rachel Alexander）（哥本哈根商学院和约翰内斯堡大学）；阿拉·皮埃尔·博松（Alla Pierre Bosson）（独立专家，科特迪瓦）；阿达尔贝托·卡多索（Adalberto Cardoso）（里约热内卢州立大学）；亚历杭德罗·卡斯蒂略（Alejandro Castillo）（曼彻斯特大学）；安娜·迪亚科尼泽（Ana Diakonidze）（第比利斯国立大学）；达林·G.杜基（Darrin G. Dookie）（独立专家，特立尼达和多巴哥）；谢恩·戈弗雷（Shane Godfrey）（开普敦大学）；亚历山大·戈丁内斯·巴尔加斯（Alexander Godínez Vargas）（独立专家，哥斯达黎加）；丹尼斯·格雷戈里（Denis Gregory）（牛津大学罗斯金学院）；伊娃·赫尔曼（Eva Herman）（曼彻斯特大学）；马里奥·雅各布斯（Mario Jacobs）（开普敦大学）；玛丽亚·克拉拉·贾拉米洛（María Clara Jaramillo）（哥伦比亚埃斯特纳多大学）；西蒙·乔伊斯（Simon Joyce）（利兹大学商学院）；阿里斯蒂亚·库基达奇（Aristea Koukiadaki）（曼彻斯特大学）；路易莎·卢珀（Luisa Lupo）（日内瓦国际和发展研究生院）；芭芭拉·梅德维德（Bárbara Medwid）（拉潘帕国立大学）；奥斯卡·莫利纳（Oscar Molina）（巴塞罗那自治大学）；里姆·穆埃利（Rim Mouelhi）（马努巴大学，突尼斯）；南宫俊（June Namgoong，音译）（韩国劳工研究所）；丹尼斯·诺伊曼（Denis Neumann）（利兹大学商学院）；罗伯托·佩德西尼（Roberto Pedersini）（米兰大学）；杜琼芝（Do Quynh Chi，音译）（河内就业关系研究中心）；茜玛莉·拉纳拉贾（Shyamali Ranaraja）（科伦坡大学）；吉尔·鲁伯里（Jill Rubery）（曼彻斯特大学）；塞西莉亚·塞恩·冈萨雷斯（Cecilia Senén González）（布宜诺斯艾利斯大学）；梅丽莎·塞拉诺（Melisa Serrano）（菲律宾大学）；伊莎贝尔·塔沃拉（Isabel Távora）（曼彻斯特大学）；凯亚·泰登斯（Kea Tijdens）（阿姆斯特丹大学和工资指标基金会）；维拉·特拉普曼（Vera Trappman）（利兹大学）；博扬·乌尔达雷维奇（Bojan Urdarević）（克拉古耶瓦茨大学，塞尔维亚）；马腾·范-克拉弗伦（Maarten Van Klaveren）（工资指标基金会）；吉勒·维瑟（Jelle Visser）（阿姆斯特丹大学）；以及艾比·温顿（Abbie Winton）（曼彻斯特大学）。

特别感谢

我们特别感谢两位匿名外部同行评审员，以及来自国际劳工组织各部门的内部审稿人。

我们要感谢以下人员所提出的宝贵意见和给予的帮助：巴勃罗·阿雷亚诺（Pablo Arellano）（治理司）；克里斯提那·伯仁特（Christina Behrendt）（国际劳工组织社会保护司，简称社保司）；亚宁·伯格（Janine Berg）（研究司）；芭芭拉·贝克特（Barbara Bechter）（达勒姆大学商学院）；伯纳德·布兰德尔（Bernd Brandl）（达勒姆大学商学院）；克里斯蒂娜·坎帕约·索里亚诺（Cristina Campayo Soriano）（标准司）；卡洛斯·卡里翁-克雷斯波（Carlos Carrión-Crespo）（国际劳工组织部门政策司，简称部门司）；黛比·科利尔（Debbie Collier）（开普敦大学）；卡伦·柯蒂斯（Karen Curtis）（结社自由处处长，标准司）；瓦莱里奥·德-斯特法诺（Valerio De Stefano）（约克大学，多伦多）；科林·芬威克（Colin Fenwick）（治理司）；达米安·格里姆肖（Damian Grimshaw）（伦敦国王学院）；优素福·盖拉布（Youcef Ghellab）（治理司）；菲利克斯·哈维格（Felix Hadwiger）（工作质量司）；镰仓康彦（Yasuhiko Kamakura）（部门司）；克里斯·兰德-卡兹劳斯卡斯（Chris Land-Kazlauskas）（工作质量司）；菲利普·马卡登（Philippe Marcadent）（工作质量司劳资关系和工作条件处包容性劳动力市场负责人）；玛丽亚·格雷西拉·马祖奇（María Graciela Mazzuchi）（乌拉圭天主教大学）；富兰克林·穆奇里（Franklin Muchiri）（治理司）；何塞·玛丽亚·拉米雷斯·马查多（José María Ramírez Machado）（治理司）；克劳德·里奥克斯（Claude Rioux）（蒙特勒大学）；弗洛尔·朗德勒（Fleur Rondelez）（国际劳工组织布鲁塞尔局）；凯瑟琳·萨吉特（Catherine Saget）（研究司）；理查德·萨曼斯（Richard Samans）（研究司司长）；维蕾娜·施密特（Verena Schmidt）（工作质量司）；贾斯汀·史密斯（Justin Smith）（通信与公共信息司）；安娜·托里恩特（Ana Torriente）（标准司）；莉芙·维博伦（Lieve Verboven）（国际劳工组织布鲁塞尔局局长）；以及迈克尔·瓦特（Michael Watt）（工人活动局）。

此外，感谢国际劳工组织图书馆的英迪拉·贝穆德斯·阿吉拉尔（Indira Bermúdez Aguilar）和苏珊娜·卡多佐（Susana Cardoso）的支持；感谢通信与公共信息司所有参与发布本报告出版工作的同事。

本报告是在新冠肺炎疫情期间编制的，大多数工作人员轮流或全职进行远程工作。正是由于人力资源开发司［尤其是亚历克斯·阿齐兹（Alex Aziz）］、信息和技术管理司、战略规划和管理司的工作人员，以及支持服务部门的其他工作人员的帮助，我们才能在疫情期间继续工作，对此我们表示衷心的感谢！

▶ 缩略语

CAS	大会标准实施委员会
CBA	集体谈判协议
CEACR	实施公约与建议书专家委员会
CFA	结社自由委员会
COVID–19	新冠肺炎
CPI	居民消费价格指数
EBMO	雇主和企业会员组织
EPZ	出口加工区
ETUC	欧洲工会联合会
EU	欧盟
ICCPR	《公民权利和政治权利国际公约》
ICESCR	《经济、社会及文化权利国际公约》
ICT	信息和通信技术
IFC	国际金融公司
IOE	国际雇主组织
ITUC	国际工会联盟
MSME	微型、小型和中型企业
OECD	经济合作与发展组织
OSH	职业安全与健康
PPE	个人防护设备
SDG	可持续发展目标
UN	联合国

▶ 执行摘要

收入不平等加剧，劳动力市场机会差距扩大，这些问题日益引发关切，同时也通过工资增长与生产率增长间的差距反映出来，即一方面生产率增长缓慢，而另一方面劳动收入份额下降。新冠肺炎疫情加剧了这些不平等现象，暴露了经济、劳动力市场和社会中存在的脆弱性。各国为遏制疫情传播采取了防控措施，导致数百万企业盈利受损，数亿工人收入减少，业务连续性受到威胁。那些能够调整工作模式并转向远程工作的人往往获得较好的报酬，而那些工作被暂停或完全失业者的报酬往往较低，两个群体的差异显著。国际劳工组织（ILO）预测，2022年全球失业人口将达到惊人的2.07亿人，而2019年为1.86亿人（ILO，2022）。

集体谈判能够减轻新冠肺炎疫情对就业和收入的不利影响，有助于缓解不平等，同时增强企业和劳动力市场的韧性。通过集体谈判，公共卫生措施得以调整，工作场所的职业安全与健康（OSH）情况进一步加强，许多集体协议还规定了带薪病假和医疗福利。这些举措保护了工人，为经济活动的连续性提供了支撑。新冠肺炎疫情引发了关于工作方式的尝试，为应对这一变化，各方谈判达成了一些协议，而这些协议正在改变远程工作和混合工作实践，并为未来体面的数字工作铺平道路。

集体谈判与工作治理

什么是集体谈判？

集体谈判是一个或多个雇主（或雇主组织）与一个或多个工人组织（即工会）之间的自愿谈判过程。各方代表聚集在一起，表达各自的诉求，分享关于其立场的背景信息，并通过讨论和相互妥协来寻求达成共识。在理想情况下，谈判以签署规定了工作条件和就业条款的集体协议告终。

集体谈判既是一种扶持性权利，也是有自主权的各方代表之间本着诚意进行自愿谈判的过程。如果各方达成共识，则以集体协议的形式产生实质性的监管成果。

集体谈判：社会对话的核心。集体谈判包括真诚地进行自愿协商。与其他形式的社会对话（如工作场所的协商与合作）一样，它涉及信息交流。同时，集体谈判还受到两项工作中基本原则和权利的支持：结社自由和有效承认集体谈判权。这两项扶持性权利为劳动力市场提供了民主基础，并为包容性和有效的工作治理铺平了道路。虽然有时可能会在谈判过程中发生重大争论，但随着时间的推移，谈判各方反复磋商，相互妥协，最终可能会逐渐有助于形成信任、维护稳定和促进劳资和谐。

集体谈判为管理工作条件和就业条款提供了一种独特的机制——由各方自行制定相关条款的机制。劳动世界具有代表性的行动方共同制定新标准，或实施、调整和提高最低法定标准。集体谈判的参与者既包含有自主权的行动方，也包括具有代表性的各方这一事实有助于形成对谈判结果合法性的信任。集体协议是建立在达成一致意见的基础上的，要考虑双方利益，并通过相互妥协而达成实质性成果。

集体谈判：促进工作的包容性和有效的工作治理

作为一种共同监管的形式，**集体谈判可以为工作的包容性和有效的工作治理做出重要贡献**，对企业和劳动力市场的稳定、平等、合规性和韧性产生积极影响。

• **集体谈判提供了一种反应迅速的工作治理模式**。在这种模式下，制定规则的权力被下放，鼓励共同监管。这使谈判方能够根据自己的具体情况调整规则，并使规则适应情况变化。本报告提供的证据也有力地表明，作为监管工具的集体谈判在新冠肺炎危机期间的反应十分迅速。

- **集体协议可以有效促进具有包容性的劳动保护**。通过覆盖企业和工人，并规定工作条件和就业条款，集体协议能有效促进平等，包括在工资分配方面的平等。本报告强调了具有包容性的劳动保护的重要性，如应确保临时就业工人与长期就业工人获得相同的个人防护设备（PPE）和医疗福利。

- **有效的集体谈判制度对于营造有利于可持续企业的环境不可或缺**，能够促进信任、合作和稳定，为健全的产业关系奠定基础。基于各国国情，集体谈判制度可以在以下几方面发挥积极作用：促进社会保护（包括医疗保健）的融资，减少劳动力流动，留住技术熟练、经验丰富的劳动力。本报告也特别关注集体谈判如何在不活跃期间留住有经验的工人，从而在情况改善后使企业能够迅速重启经济活动。

- **集体协议可以加强对法定或协定标准的遵守**，从而释放劳工管理系统中涉及监督和执行劳工标准的部分监管资源。本报告显示，集体协议有利于促进企业遵守职业安全与健康标准。

- 在短期内，**集体谈判有助于培养韧性**，促使为确保业务持续性、保住工作和收入采取必要的权宜之计；而从长远来看，集体谈判则将使工作方式发生转变。这些特征在新冠肺炎疫情的背景下显得尤为重要。

作为一种长期存在的基本劳动制度，集体谈判在许多国家发挥了以下几方面的重要作用：确保体面劳动，保证机会和待遇平等，减少工资不平等和稳定劳资关系。

集体谈判：全球概况

集体协议的监管范围因国家、地区和发展水平的不同而存在很大差异

在98个国家中，超过1/3的雇员的工资和工作条件受到一项或多项集体协议（加权平均数）的约束。但各国的集体谈判覆盖率差异很大，从至少75%（如许多欧洲国家和乌拉圭）到不足25%（有数据可用的大约一半国家）不等。按地区和经济发展水平划分，集体谈判的覆盖率也存在显著差异。

这种差异可归因于关键的产业关系因素，特别是工会和雇主组织的组织特征；集体谈判权的法律覆盖范围，如公务员是否有集体谈判权的问题；集体谈判的制度环境，即主要是在多雇主或单一雇主的基础上进行谈判；集体协议的适用方式。

本报告发现，如果在单一雇主的基础上进行集体谈判，平均有15.8%的员工受到集体协议的保护；而在多雇主情境下，则更有可能形成具有包容性的监管覆盖范围，集体协议的平均覆盖率达到71%。一个相关问题是集体协议的适用方式，特别是在集体谈判覆盖率高的国家适用。在集体谈判覆盖率高于75%的14个国家中，有10个国家采取两方面的适用措施来扩大集体协议的监管范围：一是使集体协议适用于某一企业或谈判单位里的所有工人（无论他们是否加入工会），也称普遍适用；和/或让集体协议适用于某一行业内的所有企业，无论其是否加入雇主组织（集体协议的扩展）。

影响集体谈判权利的法定覆盖面

《国际劳工组织章程》是有效承认集体谈判权利的基础。正如《国际劳工组织关于工作中基本原则和权利宣言》（1998年）所强调的那样，劳工组织所有成员国，即使尚未批准基本的国际劳工公约[①]，也有义务尊重、促进和实现有效承认集体谈判权利。认识到国际劳工组织1949年《组织权利和集体谈判权利公约》（第98号）所起的基础性作用，并为成员国有效承认集体谈判权提供了框架，在过去五年中又有四个国家批准了该公约，分别是：加拿大（2017年）、墨西哥（2018年）、越南（2019年）和韩国（2021年）。

在影响集体谈判的法定覆盖面方面，有效

---

① 劳工组织的八项基本公约是：1948年《结社自由和保护组织权利公约》（第87号）；1949年《组织权利和集体谈判权利公约》（第98号）；1930年《强迫劳动公约》（第29号）（及其2014年议定书）；1957年《废除强迫劳动公约》（第105号）；1973年《最低年龄公约》（第138号）；1999年《最恶劣形式的童工劳动公约》（第182号）；1951年《同酬公约》（第100号）；以及1958年《（就业和职业）歧视公约》（第111号）。

承认集体谈判权和促进自愿谈判机制的充分发展至关重要。承认集体谈判权利在范围上是普遍的，涵盖公共和私营部门的所有工人，唯一的例外是武装部队、警察和参与国家行政管理的公务员。不过，在这方面已经取得了一些重要进展。

- 首先，许多国家已经出台相关措施，使工人有权在公共部门进行集体谈判。

- 其次，已立法和采取机构行动，在有效行使集体谈判权利仍面临挑战的部门、职业和工人群体中，推进开展自愿谈判的机制。这些群体包括家政工人、移民工人和在出口加工区工作的工人。

- 再次，根据2015年《关于从非正规经济向正规经济转型建议书》（第204号），工会采取了多种策略，将非正规经济中的工人组织起来，使他们的合同正规化，并与雇主谈判达成集体协议，规范他们的就业条款和工作条件。

- 最后，鉴于各种形式工作安排的快速发展，包括临时性工作、兼职工作和随叫随到的工作、多方雇佣关系、依赖性自营职业，以及最近在不同的工作和雇佣关系下形成的工作平台，好几个国家已采取措施，确保所有工人的集体谈判权利能得到有效承认。[①]一方面，这些措施包括澄清工人的就业状况，确保各种工作安排下的工人都享有集体谈判的权利。另一方面，已经在立法和其他方面采取措施来解决竞争政策对自营职业者集体谈判权利的限制问题，并在适当的情况下，促进形成针对自营职业者的特定集体谈判机制。

影响集体协议的监管范围和快速响应能力

作为自愿谈判的结果，集体协议建立了关于工作条件、就业条款和雇佣关系的共同规则，并以此促进工作的包容性和有效治理。基于对125个国家的法律和监管框架的分析，本报告发现，**有一些程序性措施能促进集体协议的适应性和包容性**。这些措施可以提供监管的

确定性，允许对标准（如工作时间标准）进行调整，并使协议与意外变化相适应。

通过有利原则，对各种监管来源进行排序。关于国家法律和集体协议之间的等级关系，大多数国家（91个国家）在法律方面适用有利原则[②]。对于那些在不止一个层面进行谈判的国家，有利原则提供了程序性手段，以便对各级别缔结的协议中形成的相关标准进行排序，不论是通过法律（41个国家）还是通过集体协议（8个国家）。如法律规定了克减的情况，则明确规定了克减的条件和/或适用的事项。一些制度允许较低级别的集体协议通过各种适应性条款而偏离较高级别的协议，如克减条款（12个国家）或困难/选择退出条款（15个国家）。适应性条款的适用应符合国际劳工标准规定的原则。

由具有充分代表性的各方达成的协议对所有工人、企业或谈判单位或部门的所有工人的包容性适用。这有助于创造公平竞争的环境，即为企业建立公平竞争的框架。包容性适用可以促进移民工人、临时工和其他弱势工人的融入，提供包容性劳动保护，促进公平。在有数据可用的125个国家中，80个国家规定集体协议适用于企业和/或部门的所有工人，无论他们是否是缔约方工会的成员，还有71个国家规定集体协议可在某些条件下扩展至协议覆盖范围内的所有企业。这些条件确保了这种扩展是公共部门的一项政策决定，并保证非缔约方的发声在决定做出前能被听到。

集体协议的期限以及协议到期后确保监管确定性的方式（"超期效力"）。这一点对于企业预测劳动力成本和工人查看家庭预算以确定来年是否能够支付账单来说非常重要。在125个研究对象中，有71个对超期效力进行了监管。大多数国家规定，在签订新协议之前，原协议的部分或全部条款将继续有效。有些国家按照最初适用的时限、商定的期限或其他期

---

① 《国际劳工组织关于劳动世界的未来百年宣言》（2019年）重申"雇佣关系的持续相关性，以此作为向工人提供确定性和法律保护的方式"，强调"所有工人都应根据体面劳动议程享有适当保护，同时考虑到：（I）对其本权利的尊重……"［第三部分（B）］。

② 根据有利原则，通过劳动法或集体协议在更高层级上建立的标准不受低层级协议的影响。当低层级协议包含对工人更有利的标准时，该协议应优先于更高层级的协议。

限，延长现有集体协议的有效期，而另一些国家则将具有确定期限的协议转换为具有不确定期限的协议。

集体协议的范围

近年来的许多文献都关注和讨论不同制度环境对劳动力市场的影响，特别是在高收入国家。对集体协议范围的研究和了解相对较少。集体协议如何规范工资和其他工作条件，以及这一过程在不同国家和制度环境下有何不同？集体协议如何应对世界许多地区日益加剧的不平等给当代劳动力市场带来的挑战，如技能发展、年轻人和妇女融入劳动力市场，以及技术变革和环境可持续性转型等一系列问题？各方如何利用集体谈判来为其未来发展创造尽可能多的机会？本报告对上述问题进行了一一阐述。国际劳工组织研究了 21 个国家的做法，并对 500 多份集体协议和次要来源进行了文本分析，在选择研究对象时挑选了不同地区和不同经济发展水平的国家。报告研究了九个反复出现的主题：工资，工作时间，职业安全与健康，社会保护，就业条款，培训，工作和劳动力市场转型，平等、多样性和包容性；劳资关系。在本报告分析的集体协议中，95% 的协议都包含了关于工资的规定，之后依次是工作时间（84%）、良好的劳资关系（78%）、病假工资和健康福利（70%）、职业安全与健康（68%）和技能（65%）。在新冠肺炎危机期间，集体协议中关于病假工资、医疗保健，以及职业安全与健康联合监管等方面的规定做出了非常宝贵的贡献。

集体协议可为工作的包容性和有效治理做出重大贡献。 除了为集体协议如何改善工作条件和建立技能培养框架提供依据外，本报告收集的独家数据也有力证明了协议的监管效果：

- 集体协议可以通过减少收入不平等来促进平等；促进性别平等，让妇女、年轻人、移民工人和其他弱势群体工人参与进来；以及增加体面劳动机会。
- 集体协议有助于根据行业、企业和工人的具体需求制定相应的监管解决方案。这包括与绩效工资和工作时间相关的"受监管的灵活性"。

- 集体协议中的条款，特别是在多雇主谈判占主导地位的情况下，可以在医疗保健、养老金或失业补助等方面，对社会保护制度形成补充。
- 集体协议可以加强关键议题方面（如职业安全与健康）的法律规定，这对实现合规性非常重要。
- 集体协议可以加强合规性，使劳动管理机构能够将稀缺的合规资源分配给急需的部门。
- 集体协议正在尝试向未来转型的新举措——无论是人口结构变化、环境可持续性或技术变革驱动的转型。本报告强调了与平台工人相关的尝试正在发生。

雇主和工人的代表性组织

雇主和企业会员组织（EBMO）以及工会在集体谈判中扮演的角色包括影响监管环境和政策，协调谈判过程，为其成员提供相关服务，以及开展集体协议的谈判。它们也是国际规范框架中的核心角色，该框架使工作中的基本原则和权利得以实施生效，包括结社自由和有效承认集体谈判权利。鉴于雇主和企业会员组织在工作治理中的重要性，它们的代表性对于集体谈判中有组织的利益代表的有效性以及结果的合法性至关重要。调查表明，作为基于利益的组织，雇主和企业会员组织具有机构资源和快速反应能力，能够在当前劳工领域关于变革的政策辩论中发挥关键的代表作用。

根据有可用数据的 25 个国家的数据，雇主和企业会员组织的成员近年来保持相对稳定， 这一比例从 15.1%（韩国）到 100%（奥地利）不等。一项针对最高层面跨职业雇主和企业会员组织的调查显示，在过去五年中，直接参与跨职业层面的集体谈判的比例不到一半（46%）。雇主和企业会员组织的专家也直接参与了部门层面（21% 的受访者）和企业层面（21% 的受访者）的谈判。这表明，在一些国家和地区，这些组织在协调工资谈判中发挥了重要作用。研究结果一再指出谈判协调将影响劳动力市场效率，且雇主和企业会员组织能在这方面做出贡献。调查结果还表明，除了在协调集体谈判中发挥直接作用外，雇主和企业会员组织还发挥了间接作用，提供服务以支持和促进其成员在集体谈判中获利，包括提供工资和生产力发展方面的信息（76%的受访者），参与集体谈判相关的政策和监管辩论（69%），提供法规和程序相关的法律咨询（57%），组织谈判技巧等方面的专题培训（54%），以及提供其他服务。超半数的受访者认为，与集体谈判有关的问题将在未来变得更加重要，而41%的受访者认为这些问题的重要性将保持不变。至于雇主和企业会员组织在集体谈判中可能面临的障碍和困难，受访者认为大多数障碍和困难都与谈判过程本身和为谈判建立的机制有关。这意味着有必要集中精力重振机构和优化进程，以促进集体谈判的全面发展。

关于工会的证据表明，工会依然是最大的自发性会员组织，代表着全世界私营部门和公共部门超过2.51亿的工人。这包括少量但不断增加的自营职业者。事实上，工会会员近年来变得更加多样化。在过去十年中，全球工会会员增加了3.6%。这完全归因于自雇工人和自营职业者的增加，包括拾荒者、翻译、记者、演员、音乐家、口译员和其他职业。工会中工薪会员的人数停滞不前，或者跟不上就业率的上升，导致各地广泛报告工会密度（即工会会员占雇员的比例）持续下降。不同国家和地区的工会密度数据差异巨大，从低于1%（阿曼）到91%（冰岛）不等。总体的女性工会密度首次高于男性。这一数据具有国别差异，在有可用数据的86个国家中，有40个国家的女性工会密度率较高，6个国家的男女工会密度相等，其余40个国家的女性工会密度较低。在世界各地都可以看到工会振兴的现象，这反映在侧重于组织招募临时工、移民工人、平台工人、非正规经济中的工人和年轻工人的活动中。尊重结社自由和组织权利是形成包容性工会的先决条件。通过就公平的工资和体面的工作条件展开协商，工会降低了各国收入不平等的程度。但工会的作用绝不仅限于集体谈判。通过发挥其代表、领导和宣传方面的职能，工会同雇主和企业会员组织与各国政府一道，成功应对了2020年和2021年新冠肺炎疫情带来的前所未有的挑战。

集体谈判与新冠肺炎疫情：锻造韧性

新冠肺炎疫情在全球蔓延，各国为遏制病毒传播采取了一系列公共卫生措施，对工作环境、业务连续性以及工人的健康和收入保障（取决于部门和活动）产生了巨大影响。数百万人在抗击疫情的一线工作，直接暴露于新冠病毒和相关健康风险之下。企业遭受了巨大的收入损失，同时面临不断攀升的债务，这对企业的持续经营构成了威胁。许多工人转向远程办公，但还有很多人从事的职业无法远程办公，数以百万计的工人暂停工作或失业。虽然所有企业和工人都受到了影响，但受影响的程度不同，其结果是加剧了国家内部和国家之间的不平等。这场危机对女性占主导地位的部门产生了尤为严重的影响，加上无报酬护理工作的负担增加，有可能扭转最近在性别平等方面取得的进展。

疫情反复频发挫败了2020年和2021年经济快速好转的希望。面对极度不确定的经济和社会前景，集体谈判的各方又回到了谈判桌前（或通过网络连接）。

在疫情期间进行谈判

产业关系行动方遵循疫情前业已存在的制度轨迹，利用集体谈判来应对疫情的程度。在一些国家，国家在劳动力市场中发挥重要作用，这种作用在疫情期间变得更加明显，压缩了集体谈判的空间。在疫情暴发之前，产业关系制度已将某些社会政策议题委托给雇主、雇主组织和工会，在应对疫情危机时，产业关系制度也往往依赖这些机构作为其应对机制的一部分，特别是让最高层面的行动方参与三方和两方社会对话，并促进集体谈判。在这些情况下，集体谈判被积极地使用，并有证据表明集体谈判对突发卫生事件和不断恶化的经济形势都迅速做出了反应。尽管由于疫情而施加了种种限制，各方能够通过调整进程和程序来应对危机产生的影响。作为一种反应迅速的监管形式，这些调整让雇主和工人在面对高度不确定的前景时，获得了程序上的确定性。其中包括推迟续签协议的谈判，转向在线谈判，修改协议批准程序，就"延期""暂停""桥接"和其他协议进行谈判，以及使用临时性有条件的克减条款和困难条款。

调查表明，尽管一些雇主和企业会员组织在评估时表现得较为审慎，但雇主和企业会员组织和工会总体上对 2020~2021 年集体谈判的作用持积极看法。接受调查的雇主和企业会员组织中，超过一半认同这场危机为集体谈判提供了新的动力，或者说"在某种程度上"是这样的。同样，超过一半的雇主和企业会员组织受访者认同集体协议具有足够的灵活性，能够适应危机的影响（包括通过重新谈判或推迟协议实施等方式），或者"在某种程度上"是如此。在对 200 多个工会进行的一项调查中，超半数的工会报告称非正式谈判（即正式程序之外的谈判）有所增加，而这些谈判最终仍达成了集体协议。一些工会报告称"一切如常"，只是把谈判转到了线上，而另一些工会称使用了"延期"协议和其他临时安排来应对疫情对集体谈判的影响。在线谈判的经验好坏参半。一些工会报告称，在线谈判更集中、效率更高，而另一些工会则提到在线形式对谈判中的一些无形的技巧产生了影响，例如在线谈判时无法读取对方的肢体语言。**工会与雇主和企业会员组织都报告了谈判议题的变化。**卫生与安全、病假和健康福利、灵活的工作时间和其他平衡工作与家庭的工作时间安排，以及就业保障都成为谈判议程的首要议题，但可能会排除性别平等等其他议题（平衡工作与家庭除外）。雇主和企业会员组织还指出，远程办公在一些国家的谈判议程中很普遍。

保护一线工人和维持关键服务

在整个疫情期间，随着公共卫生措施的实施，公共和私营部门有数百万工人和雇主被要求确保那些被认为对公众的健康、安全和保障至关重要的服务的连续性。许多人都在从事有社会接触和直接暴露于新冠病毒的职业，这使得他们具有很高的感染风险，其中包括医疗保健和社会护理工作者、收银员和其他的食品零售员工、公共交通员工、看门人和清洁工。随着风险的上升和工作强度的增加，对工资不满、个人防护设备不足、员工短缺和由此带来的工作强度增加等诸多问题出现，工作秩序被扰乱，世界许多地区服务的连续性受到威胁。

▶ 图 ES.1　集体谈判议程优先事项的变化（2020~2021 年）

2020 ~ 2021 年
谈判议程的重点：

1. 职业安全与健康
2. 疾病和残疾
3. 工作时间和休假
4. 平衡工作和家庭的工作时间安排
5. 就业保障

某些议题受到的关注较少：

6. 工资和福利的改善
7. 社会保险和养老金
8. 培训
9. 工作分类系统
10. 性别平等

资料来源：ILO（2021d）。

2020年和2021年，在不同国家，谈判方达成协议，为一线工人提供保护，确保个人防护设备充足供应并安装物理屏障（例如，在公共交通和食品零售业领域设置物理隔离），开展充分的检测，确保工人接种疫苗，并在隔离期间增加带薪病假或带薪假，以及其他相应措施。此外，还就那些被认为至关重要的工人的合同地位达成了相关协议。在此之前，这些工人一直处于临时就业状态，没有足够的保护（例如获得医疗保险和带薪病假）。

集体协议还回应了确保医疗保健和社会护理服务的连续性的需求，并赋予工作人员检测和追踪等新的职责。这包括就改变工作组织形式和工作时间，以及将医疗卫生机构工作人员重新部署到社会护理机构达成协议。协调谈判的能力有助于增强韧性，系统性地应对日益增长的医疗需求，例如临时延长幼儿园的开放时间。

尚未有充足证据说明集体谈判在重新评估一线工作者的职业中所起的作用。案例研究、国别研究和对一线工人相关集体协议的分析表明，除了政府为表彰一线工人在疫情期间承担风险提供服务而颁发的特殊抗疫奖金外，一些国家的谈判各方还就一线工人工资的结构性增长达成了协议。这反映出对医疗保健、社会护理和零售业中一些此前被低估的职业的工作进行了重新评估，这些行业中的女性劳动力占比很高。此外，其他国家因公共财政压力达成了冻结工资的协议。在一些国家，出现服务中断的争端后才达成工资调整协议。

确保工作场所的卫生和安全

为遏制疫情蔓延而采取的公共卫生措施要求调整工作实践，以防止在工作场所感染。无论是在现场工作还是远程工作，保护工人的安全和健康成为维持工作的先决条件。因此，随着企业和工会齐心协力实施公共卫生措施，并针对特定行业或企业量身定制职业安全与健康措施，职业安全与健康成为谈判议程的首要议题。

依据集体协议成立的职业安全与健康委员会在实施、调整和监测工作场所的疫情防控措施方面发挥了核心作用。在某些情况下，集体协议扩大了现有职业安全与健康委员会在原有职业安全与健康管理体系内的职权范围；在另一些国家，谈判各方成立了专门的危机委员会，以监督新冠肺炎相关的安全和健康措施的实施。国际劳工组织"更好的工作"计划的数据显示，2020~2021年与集体协议未覆盖的企业相比，集体协议覆盖的服装生产企业遵守职业安全与健康标准的程度较高。

集体协议中的新冠肺炎防控措施遵循一系列的管控要求，以将传染风险降至最低。谈判双方经常同意临时改变工作组织形式，在可能的情况下用远程工作代替现场工作。许多协议还涉及采购、供应和正确使用个人防护设备，以保护工人免于感染新冠病毒。在联合风险评估的基础上，谈判各方还就一系列工程防控措施达成了协议。这些措施包括充分通风和安装屏障。为防控疫情，还商定了其他行政管理和组织措施，包括体温检测、隔离检疫规定、疫苗接种方案和激励措施，以及协商额外的带薪病假。在本报告所研究的集体协议中，70%的协议提供了医疗福利，确保为感染新冠病毒的工人提供充分的治疗。

保障就业和收入，确保业务连续性

新冠肺炎疫情反复导致诸多限制，业务灵活性、就业和收入保障等问题仍亟待解决。照顾孩子和生病的家庭成员的需求给工作时间带来了新的限制。业务连续性、就业保障和灵活的工作时间等问题在2020年和2021年的谈判议程中占据主导地位（在一种高度不确定的背景下），而许多国家现在仍然面临高度不确定性。

在许多国家，集体谈判在实施政府支持的就业保留措施方面发挥了重要作用，包括缩短工作时间、部分失业、工资补贴和待工计划。从2008年金融危机和三方社会对话中获得的制度经验，促进了这些措施的迅速扩大和实施，包括通过集体谈判的实施。有证据表明，一些集体协议和集体谈判机构提高或"补充"了法定替代率。一些协议确保为低薪工人提供更高的补贴，并在临时解雇期间维持其社会保障（包括医疗保险）。

在2020年和2021年，集体谈判也被用来谈判工资设置、工作时间和工作分配的短期灵活性，以换取就业保障。短期灵活性谈判是一种危机应对措施，实施迅速但有时间限制。面对巨大的不确定性，这些协议提供了一定程度的实质上和程序上的确定性，缓解了紧张局势，并至少在一定程度上缓冲了向经济衰退期的过渡。谈判达成的解决方案解决了雇主对业务连续性的担忧，同时为工人提供了就业保障。它们还确保企业有能力留住技术熟练、经验丰富的员工，并能在条件允许时尽快恢复经济活动。

这两项策略——通过谈判实现政府支持的就业保留和短期灵活性——都试图为快速复苏铺平道路。集体谈判还产生了旨在减轻新冠肺炎危机对不平等的潜在影响的措施，如互助协议以及平衡工作和额外护理责任的措施，从而缓冲了妇女在危机中受到的严重影响。

影响未来的远程工作和混合工作

2020~2021年间实施的封锁和居家办公的建议加速了工作的数字化进程。然而，大规模使用远程工作的情况是不均衡的，与各国的经济发展水平密切相关。在一些情况下，由疫情引发的大规模远程工作尝试改变了工作实践，许多大型企业宣布采用远程工作与现场工作相结合的混合工作模式。

远程工作被纳入新冠肺炎疫情相关的谈判议程，这使得大量的制度性尝试成为可能。有证据表明，这些尝试性安排正在演变为更持久的框架，有可能确保体面和包容性的远程工作，以及符合雇主和工人利益的混合工作实践。谈判议程和后续协议解决的问题通常属于集体协议的范围，但有针对新工作方法的具体规定。例如，协议可能侧重于工作组织形式的变化，以及需要对混合工作和相关技术进行充分培训。协议还就报销远程工作有关费用做出规定。其中一些协议涉及网络安全和数据保护议题。许多集体协议"重新规范"了工作时间，增强了工人对工作时间安排的自主权和控制力，同时确定了雇主必须与工人联系的日子和时间。大多数协议通过规定断开连接权来确保休息时间。集体协议还涉及职业安全与健康、机会平等和包容性、劳资关系等问题。

为实现包容、可持续和有韧性的复苏进行谈判

集体谈判为实现以人为本的复苏提供了工具。如果要充分发挥集体谈判促进实现包容、可持续和有韧性的复苏的潜力，需要解决一些优先事项。

• **重振雇主组织和工人组织**：以人为本的复苏意味着雇主和工人在对其产生影响的决策方面具有发言权。雇主和企业会员组织及工会的代表性特征——无论是在其成员实力方面，还是在其整合不同利益的能力方面——是有效社会对话（包括集体谈判）的基石。新冠肺炎疫情期间，在一些国家，与雇主组织和工人组织的代表进行接触以及它们之间的接触是应对措施的一部分，这也被证明是解决方案的一部分。充分发挥工会与雇主和企业会员组织的潜力，对未来的复苏而言至关重要。展望未来，雇主和企业会员组织需要进一步加强其成员招募和保留策略，以吸引多样化的成员，将代表性不足的部门和企业类型都吸纳进来。参与以实证为基础的政策对话，需要参与者具备影响劳动力市场的重大问题方面的专业知识，如涉及数字转型、技能错配，以及在世界某些地区经济具有高度非正规性等方面的知识。工会方面则需要加强其分析和理解劳动世界正在发生的变革的能力；它们还必须能够对经济、社会和可持续发展政策施加影响，加强自身的机制和组织进程，并参与创新战略。工会需要继续投资相关的能力发展计划，包括教育和培训计划，以确保将从疫情中学到的教训融入包括集体谈判在内的社会对话进程。

• **实现对所有工人集体谈判权的有效承认**：国际劳工组织的监督机构已多次重申1948年《结社自由和保护组织权利公约》（第87号）和1949年《组织权利和集体谈判权利公约》（第98号）所载原则和权利的

普遍性。鉴于劳动世界正在发生的变革性变化，有必要强化工作机制，确保所有工人享有适当的保护，包括有效承认集体谈判权。①促进和实现结社自由，有效承认集体谈判权利，为雇主、雇主组织和工会通过集体谈判及其他形式的社会对话进行有效的和包容的工作治理奠定了基础。然而，要实现这一目标，需要一个鼓励并促进真诚的自愿谈判的、全面发展和更广泛的监管框架。鉴于近年来各种形式的工作安排快速增长，有必要在国家层面审查这些监管框架，以确保法律的明确性和确定性，使那些在工作关系中受到保护的人获得劳动法和其他法律法规提供的必要保护。这将有助于确保所有工人的集体谈判权利都能得到有效承认，这是一项基本原则和工作权利也是一项人权。

• **促进集体谈判，实现包容、可持续和有韧性的复苏**：本报告指出了当各方来到谈判桌前，就解决不平等和排斥、确保经济安全、推动公平转型、实现灵活的工作时间，改善工作和生活间的平衡、为实现性别平等实施变革性议程，以及促进可持续企业发展等方面的安排达成一致时，未来就有一些机会在等着我们。集体谈判可以提供一种工具，确保工人能够通过谈判公平分享生产率增长的成果，从而增强他们对企业生产可持续性的承诺。反过来，当企业确知自己能留住一支忠诚的员工队伍时，可能会承诺投资技能培训。然而，集体谈判需要在国家建立（或者在一些国家中，由各方自行建立）的授权监管框架内进行。该框架促进有自主权的各方真诚地开展自愿谈判，目的是达成有助于工作治理的集体协议。集体谈判提供的监管资源进一步减少了政府干预劳动力市场的必要性。集体协议可以使企业和工人在工作时间方面有能力实现"受监管的灵活性"。作为一种监管手段，集体谈判在确保遵守共同商定的规则和法定规则方面也可能是有效的。允许并鼓励各方就工作条件进行协商和共同监管可以促进机构的学习进程，在某些情况下，

还可以提供培育创新监管解决方案的手段。

• **投资最高层面的两方和三方社会对话**：在研究集体谈判如何帮助培养复原力的过程中，本报告还强调了三方行动方（政府、雇主组织和工会）发挥的作用——创造必要的政策和制度环境，以便各方在疫情期间自由制定谈判解决方案。有效且包容的社会对话要求在经济繁荣时期和危机时期，最高层面的产业关系行动方持续参与社会和经济政策。因此，如果各国想要获得确保以人为本的复苏的制度手段，就必须投资最高层面的社会对话，包括两方和三方对话。

• **加强社会对话以实现可持续发展目标**：社会对话，包括集体谈判，有助于实施《2030年可持续发展议程》。虽然社会对话显然对实现可持续发展目标8（关于体面工作和经济增长）来说非常重要，但通过其对工作的包容性和有效治理的独特贡献，也可以用于支持其他目标。雇主组织和工人组织在这方面发挥着重要作用，它们可以代表直接受政策影响的群体发声。然而，这需要充分实现工作中的基本原则和权利，而结社自由和有效承认集体谈判权利至关重要。

随着各国开始取消公共卫生方面的限制措施，有必要充分释放雇主组织和工人组织的潜力，并加强社会对话和集体谈判。以人为本的复苏意味着雇主和工人在对其产生影响的决策方面拥有发言权，并被赋予这种进程所能提供的尊严。报告显示，集体谈判可以适应不断变化的条件并对其做出反应，而不是阻碍调整，这在面临不确定性时，可在一定程度上为各方提供程序上和实质上的确定性。这是稳定性的宝贵来源。它还可以促进工作流程的转变，实现包容、可持续和有韧性的复苏。与过去一样，集体谈判所提供的机构复原力可以转化为面对下一场危机所需的韧性——无论是与气候变化还是社会或经济事件有关的危机——从而支持对体面劳动的追求。

---

① 《国际劳工组织关于劳动世界的未来百年宣言》（2019年）呼吁国际劳工组织所有成员进一步发展以人为本的方法，特别是"强化劳动制度，确保充分保护所有工人"，并强调"所有工人都应根据体面劳动议程享有适当保护，同时考虑（1）对其基本权利的尊重……"［第三部分（B）］。

第1章
▶ 引 言

▶ 2021年8月17日，在位于墨西哥瓜纳华托市的通用汽车锡劳工厂里，工人们正在进行投票，以使集体协议合法化。国际劳工组织作为观察员参与了整个过程。

本报告是国际劳工组织发布的关于社会对话的新旗舰系列报告的第一份报告。[①]社会对话包括政府、雇主和工人代表之间就与经济和社会政策有关的共同利益问题进行的各种谈判、协商或简单的信息交流。它包括集体谈判，这一关于社会经济政策和工作场所协商与合作的最高级别（两方和三方）社会对话。新的系列报告旨在展示一系列研究结果，这些结果能帮助政府、雇主组织和工人组织在符合国际劳工标准的前提下，全面加强社会对话。因此，这个新系列报告以一份聚焦集体谈判这一社会对话核心形式的报告开篇。集体谈判是一个真诚地进行自愿谈判的过程。它以两项基本原则和工作权利为基础：结社自由和有效承认集体谈判权利。[②]这两项原则共同构成劳动力市场的民主基础，并为工作的包容性和有效治理铺平道路。[③]

---

　　① 2018年6月，国际劳工大会第107届会议通过了关于社会对话与三方机制第二次周期性讨论的决议，该决议对本报告进行了授权，指出："6.劳工局应根据本组织的研究战略执行其研究计划，以（1）编写关于社会对话与三方机制战略目标的年度旗舰报告。为此目的，应就以下方面内容的作用和影响开展以知识和实证为基础的严谨研究：①就不平等、工资和工作条件所开展的集体谈判，这是一个应定期列入该报告的议题；……②产出关于产业关系的比较信息、统计和分析，帮助成员国在这一领域收集更好的信息"（ILO，2018a）。2019年3月，理事会在其第335届会议上重申了这一授权，通过了一项经修订的关于2019~2023年间社会对话与三方机制的行动计划的决定，以落实上述决议，特别是通过制定新的关于社会对话和三方机制的年度旗舰报告来落实（ILO，2019a：para.16）。

　　② 1998年通过的《国际劳工组织关于工作中基本原则和权利宣言》确定了四项核心原则："（1）结社自由和有效承认集体谈判权利；（2）消除一切形式的强迫或强制劳动；（3）有效废除童工；（4）消除就业和职业歧视"（ILO，1998：para.2）。1948年《结社自由和保护组织权利公约》（第87号）、1949年《组织权利和集体谈判权利公约》（第98号）是基本的国际劳工公约。

　　③ 除第87号和第98号公约外，在这方面有必要提及1976年《（国际劳工标准）三方协商公约》（第144号），该公约是四个应优先批准的公约之一，因为它对国际劳工标准体系的运作和工作治理（包括促进集体谈判的全面发展）都具有重要意义。

近几十年来，收入不平等加剧，劳动力市场机会差距扩大，这些问题日益引发各界的关切，同时也通过工资增长与生产率增长间的差距反映出来，即一方面生产率增长缓慢，而另一方面劳动收入份额下降。新冠肺炎疫情加剧了各种不平等现象，突出了经济、劳动力市场和社会中存在的脆弱性。各国为遏制病毒传播采取防控措施，导致数百万企业盈利受损，数亿工人收入减少，业务连续性受到威胁。那些能够调整工作模式并转向远程工作的人往往获得较好的报酬，而那些工作被暂停的人却难以获得收入保障，报酬往往较低，两个群体之间差异显著。疫情对劳动力市场造成了毁灭性的打击，据国际劳工组织预计，2022年全球失业人口将达到2.07亿人，而2019年为1.86亿人（ILO，2022）。

在许多国家，**集体谈判作为一种基本劳动制度长期存在，在确保体面劳动、保障机会和待遇平等、减少工资不平等和稳定劳资关系等方面发挥了重要作用。**在经济危机期间，集体谈判有助于应对雇主和工人的迫切需要，这些功能在今天同样重要。例如，从2020年3月起，面对新冠肺炎疫情引发的前所未有的危机，世界各地的许多雇主及其组织与工会坐在谈判桌前或通过在线会议室，就相关条款进行谈判，为企业、部门和国家提供应对危机所需的韧性。如第5章所示，集体谈判正被当作应对疫情带来的多重挑战的工具，在不同场景下应用，如保护一线员工和确保关键服务的连续性，以及应对危机对企业、收入和就业的影响，由此培养复原力，缓解对不平等的影响。此外，人们利用集体谈判构建疫情后的体面远程工作的框架，使雇主和工人能够抓住未来的机会。事实证明，只有在监管框架能确保有效承认集体谈判权这一基本权利，且有代表性的社会伙伴能够影响结果的地方，才有可能开展集体谈判（见第2章）。

2019年6月，也就是疫情暴发前几个月，国际劳工组织的三方成员通过了《国际劳工组织关于劳动世界的未来百年宣言》（以下简称《百年宣言》），呼吁强化劳动制度，以确保充分保护所有工人，同时考虑对其基本权利的尊重（ILO，2019b）。2021年6月的国际劳工大会通过的《全球行动呼吁：从新冠肺炎疫情中实现包容性、可持续和有韧性的以人为本复苏》（以下简称《全球行动呼吁》）对此进行了呼应（ILO，2021a）。尽管世界各地在开展集体谈判的方式上存在显著差异，但对集体谈判和相关劳动制度的投资——始终建立在尊重和促进结社自由，以及有效承认集体谈判权的基础上——对于从危机中实现以人为本的复苏至关重要。

1.1
什么是集体谈判？

集体谈判涉及一个或多个雇主（或其组织）与一个或多个工人组织之间的谈判。[①]集体谈判是一个动态的过程，它将各方聚集在一起，以便他们能够表达各自的诉求，分享信息，并通过讨论和相互妥协，就工资、工作时间、保障工人的安全与健康、培训，以及集体劳资关系等问题达成协议。在理想情况下，集体谈判以签署了规定工作条件和就业条款的集体协议而告终。

起源

从历史上看，作为工人保护自己免受劳动力市场竞争不利影响的一种关键机制，集体谈判首先在欧洲和北美出现。过去，劳动力市场竞争常常让一名工人与另一名工人"竞逐到底"（Webb，1896）。通过集体而非个人谈判，工人可以与雇主就特定工厂、行业或地区的"最低"工作条件达成"共同规则"（Webb，1902）。工资和工作时间得以标准化，产出和

---

① "工会"和"工人组织"这两个术语在本报告中交替使用。

就业稳定，并在投资安全方面提供一些保障（Commons，1921：63，65）。雇主也可以增强信心，相信他们不会因不公平竞争（如使用童工）而被削弱。通过这种方式，**集体谈判实现了国际劳工组织的一项基本原则，即"劳动力不是商品"**。①

集体谈判的民主基础也是其在世界其他地区发展演变的内在原因。在新兴经济体，集体谈判的发展往往与一些国家的独立斗争和一些国家向民主统治的转型有关（Hayter and Lee，2018）。例如，在拉丁美洲，集体谈判权利在20世纪30年代的劳动法中得到广泛承认。②到了20世纪下半叶，该地区民主化浪潮迭起，新当选的政府频频恢复被专制政权摧毁的集体权利（Cook，1998；2006）。

集体谈判的制度环境

集体谈判的特点是其实践做法具有多样性，本报告的第2章和第3章将就此展开详细论述。这些做法受到法律和制度传统的影响，包括雇主组织和工人组织的历史发展。在企业层面，集体谈判通常在一个雇主和一个或多个工会之间进行。集体谈判也可以在更高层面上进行，如在一个或多个工会或工会联合会与一个或多个雇主及其组织之间进行部门或区域级别的谈判，或在最高层组织之间进行国家层面的跨职业谈判。此外，还可以在跨境层面进行集体谈判，如为此目的设立了国际谈判论坛，并在论坛上达成了海员相关的集体协议。③基于制度框架，正式和/或非正式机制，如集中化谈判机构、三方社会对话或"模式谈判"，可以促进不同层面和跨部门协调，从而使特定部门或企业制定的做法得以沿袭。无论制度框架和实践如何，各方的谈判能力（技能）、真诚谈判的意愿和就谈判问题做出决策

的自主权都至关重要。劳动管理制度和三方社会对话也可以在促进集体谈判方面发挥重要作用。

集体谈判的行动方

集体谈判涉及两方，其角色由监管框架界定：一方是雇主及其组织（或在公共部门，国家作为雇主），另一方是工人组织。这些组织的代表性极为重要，关系到各方利益是否能得到有效和有组织的代表，以及后续结果的合法性。正如第4章所示，工会会员的数量已经增加，工会正代表日益多样化的成员组织活动和进行谈判。虽然雇主组织的成员构成保持稳定，但其在集体谈判中的角色发生了变化。随着一些地区集体谈判的权力下放，个体雇主在集体谈判中发挥了更大的作用。在这些情况下，最高层面雇主组织的协调、信息共享和咨询作用变得更为突出。

1.2
集体谈判和工作治理

集体谈判能够在谈判过程中代表雇主和工人的利益，并将这些利益整合到谈判的实质性成果中。**作为一种治理形式，集体谈判提供了一种管理工作条件和就业条款的独特机制——由各方自行制定形成的机制**。集体谈判既是一种扶持性权利，也是有自主权的各方进行自愿谈判的过程，还是一种实质性的监管结果。这些关键要素使集体谈判有助于实现工作的包容

---

① 1944年5月，国际劳工大会第26届会议通过《费城宣言》，载于《国际劳工组织章程》附件。

② 关于集体谈判的立法经常从世界其他地方的监管框架中得到启发。此类监管的目标通常是相似的。例如，在墨西哥，为通过1931年《联邦劳工法》所做的准备工作承认，通过集体协议，雇主和工人之间的关系以"有意识和谨慎的方式得到平衡和规范，是基于双方讨论的，而非强加的……"（De la Cueva，2014：408）。

③ 国际运输工人联合会和代表海事雇主的联合谈判小组在2019~2022年开展谈判后签订了集体协议。参见国际海事雇主理事会网站，http://www.imec.org.uk/grants/ibf/。

性和有效治理①（见图1.1）。和劳动法一样，集体谈判也是一种程序性手段，可以用来监管需要保护的工人的工作条件（Langille，2011）。然而，集体谈判只能在规则和程序的框架内发挥这一作用，这些规则和程序通常由国家制定，或在某些情况下，由最高层面的行动方制定。②这样的框架应当促进真诚地开展自由和自愿的集体谈判（见第2章）。

1.2.1　集体谈判：扶持性权利

有效承认集体谈判权利是国际劳工组织所坚持的一项工作中的基本原则和权利。《国际劳工组织关于工作中基本原则和权利宣言》（1998年）在序言中规定了这些原则和权利的目标：

> ……鉴于为寻求保持社会进步和经济增长之间的这种联系，保证工作中基本原则和权利具有特殊重要意义，因为它能使有关人员在机会平等基础之上自由要求公平分享其为之做出贡献的财富，以及全面实现人的潜力。……

结社自由和有效承认集体谈判权利对实现体面劳动具有特别重要的意义。③作为程序性权利，它们决定了随后产生实体性权利的过程并影响实施和遵守的情况（Hepple，2003：5）。国家为行使这种扶持性权利制定了某些保障措施，而集体谈判、集体协议及其执行是这些保障措施所保障的过程的结果（Maupain，2005：448）。有效承认集体谈判权，向工人赋能，以追求并获得更好的劳动保护和其他需要重视

的结果（如医疗保健，或工作和生活更加平衡）。对于雇主来说，集体谈判提供了一种能满足其特定需求的劳动治理形式，能促进形成稳定、信任和承诺（Grimshaw，Koukiadaki and Tavora，2017）。

作为扶持性权利，结社自由和有效承认集体谈判权可被视为通过提供人的能力而促进社会和经济发展的举措的一部分，联合国可持续发展目标（SDG）最近从国际层面阐明了其在这方面的目标。这些扶持性权利为实现许多可持续发展目标提供了代理和实质性自由，包括目标8"促进持久、包容性的可持续经济增长，促进充分的生产就业，促进人人有体面工作"（见第2章）和目标16"创建和平、包容的社会以促进可持续发展，让所有人都能诉诸司法，在各级建立有效、负责和包容的机构"（见第6章）。④

1.2.2　集体谈判：社会对话的过程

集体谈判是一种独特的社会对话形式，其过程的性质和预期的结果（即集体协议）都体现了这一点。它涉及有自主权的各方本着真诚原则自愿进行谈判。这是一个互惠交流的过程，"通过妥协，双方就谈判的条款和条件达成共识"（Corthésy and Harris Roper，2014：285）。不论双方是否达成协议，集体谈判的过程本身就是对良好劳资关系的重要贡献（ILO，2006：para.7），可以提升工作的价值和意义。

---

① 工作治理包括政策、规范、法律、法规、制度、集体协议、行政管理实践（如劳动监察），以及三方和两方社会对话结果，如公共和私营部门行动方——即国家和/或雇主及其组织与工人组织——制定和建立的社会契约或联合协议。有关该领域的进一步讨论，请参见Hardy and Ariyawansa（2019）。

② 关于1948年《结社自由和保护组织权利公约》（第87号）和1949年《组织权利和集体谈判权利公约》（第98号）的实施方法，实施公约与建议书专家委员会鼓励使用那些"源于三方机制、社会对话以及社会伙伴之间充分和坦诚协商"的方法（ILO，2012：para.169）。

③ 2008年6月国际劳工大会通过《国际劳工组织关于争取公平全球化的社会正义宣言》，强调"结社自由和有效地承认集体谈判权利对能够使四项战略目标（国际劳工组织的四项战略目标，在'体面劳动议程'中有相关表述）得以实现尤为重要"［ILO，2008：Part I.A（iv）］。

④ 参见森（Sen，1999）提出的人的能动性和追求并实现有价值成果的实质性自由的概念。另见Deneulin and Shahani（2009）。

▲ 图 1.1 集体谈判：实现工作的包容性和有效治理

扶持性权利

工作中的基本原则和权利：
结社自由和有效承认集体谈判权利

创造其他实体性权利的程序性权利

使工人能够追求并获得更好的劳动保护

使雇主能够基于自身情况调整工作治理

社会对话的过程

有自主权的各方本着真诚原则自愿协商

拥有不同权力资源的各方之间相互惠妥协的过程

日益加强的信任将这一过程从分配性谈判转变为整合性谈判，从而有能力大分配可能性并改变工作实践

稳定劳资关系（劳资和谐）并使争端解决程序正式化

平衡雇佣关系、纠正谈判权力的不平衡，解决信息不对称问题

实质性成果

集体协议的范围包括工作条件、就业条款和集体劳资关系

对实体性规则和程序性规则的共同监管

补充法定条款并加强遵规守法

基于各方同意、符合双方利益

具有代表性的雇主和工人组织确保结果的合法性

作为法律渊源的集体协议在许多情况下都是可执行的

有助于实现工作的包容性和有效治理

促进平等、多样性和包容性

推动根据特定行业和企业背景调整劳工标准

创造有利于可持续、企业发展的环境，促进信任、稳定和具有生产性的劳资关系

对社会保护体系中的法定条款形成补充

促进遵守集体协议的条款，并加强对法定标准的遵守

允许进行制度尝试和培育新的监管措施

响应式和反思性监管：适应不断变化的环境的能力

培养复原力（吸收、适应和转型）

通过适用集体协议来实现具有包容性的劳动保护

可以通过多种形式进行集体谈判。在其最简单的形式中，集体谈判通常是"分配性"的——也就是说，每一方都试图获得可用总价值中的最大份额。分配性谈判不可避免地导致一种结果，即获得最大份额的一方是以牺牲另一方为前提的（换句话说，这是一种"赢—输"的局面）（Walton and McKersie, 1965）。然而，随着信任的建立和劳资关系的成熟，各方可以转而进行"整合性"谈判，利用所有可用资源来满足各自的利益。用同样的比喻来说，结果必然是做大了馅饼并扩大了可能的权衡的范围（这是一种"双赢"的局面）。整合性谈判的结果是针对企业、行业或国家的具体情况达成相关协议。随着集体谈判和产业关系制度的发展，各方可能会研究新方法来解决新出现的问题，如环境和技术转型，以及最近越来越多地被采用的混合工作模式（见第3章和第5章）。

虽然有时在谈判过程中可能会发生重大争议，但将各方妥协的结果结构化和制度化可逐渐促进信任、稳定和劳资和谐。在通过谈判共同解决问题并达成解决方案后，双方同意不寻求冲突性的和代价高昂的替代方案，如罢工和停业（Pohler, 2018: 244; Webb and Webb, 1902: 1）。国家可以在这方面发挥关键作用，通过制定法律、政策和提供资源（比如提供调解和使服务便利化）来促进自由、自愿的集体谈判。

作为一个进程，集体谈判有助于平衡雇佣关系。除了高技能工人或拥有稀缺技能的工人外，由于权力资源不平等和信息不对称，个体工人与其雇主之间的谈判往往是不平衡的。垄断性劳动力市场（即由几家大型"超级明星公司"主导的劳动力市场）对劳动收入份额和劳动力市场效率的影响也日益引发关注（Autor et al., 2020; OECD, 2019a; Azar, Marinescu and Steinbaum, 2019）。集体谈判有可能解决这种不平衡和不对称。它可以减轻因不完全承包（如效率谈判模型所设想的）而可能产生的效率损失。集体谈判也可能有助于解决大企业在工资设置方面拥有垄断权力的问题（Kaufman, 2012）。工人的结构性资源和协会资源可与雇主的经济实力相抗衡，在国家作为雇主的情况下，还可以抗衡后者行使的政治权力（Doellgast and Benassi, 2020）。就雇主而言，解决这些不平衡和不对称有助于在员工中产生对高绩效工作实践的信任和承诺（Appelbaum et al., 2000; Stiglitz, 2000）。雇主组织的协会资源也可以通过整合各种规模企业的利益，在协调工资谈判中发挥重要作用，从而对劳动力市场效率产生积极影响。

1.2.3 集体协议：实质性成果

集体谈判的目的是达成集体协议。此类协议的实体性条款（即其范围）通常包括工资、工作时间和其他工作条件、就业条款，以及管理双方关系的规则和程序（见第3章）。组织可以签订只覆盖其自身成员的集体协议，或者在制度和公共政策允许的情况下，协议也可覆盖同一企业、行业或部门的其他成员（见第2章）。

集体协议是一种独特的共同监管形式，私营部门行动方通过谈判和协议共同制定新标准或实施、调整和提高最低法定标准。集体谈判的实质性结果不同于其他形式的劳动监管或治理的结果。国家通过颁布规章条例进行管理；个人雇佣合同则未必是经过谈判形成的。相比之下，集体协议是基于各方的一致性的，协议的规则是为了满足各方利益而定制的。集体谈判的参与者既包含有自主权的行动方，也包括具有代表性的谈判方，这样有助于增强谈判结果的合法性。通过集体谈判，工会和雇主组织"成为其作为一方的正式集体协议中可能体现的规则的监管实践来源"（Gahan and Brosnan, 2006: 136）。产业关系行动方制定的监管解决方案作为共同监管的来源和手段载入法律。[①]

---

① 国际劳工组织在为通过1981年《集体谈判公约》（第154号）所做的准备工作中明确强调了这一点。国际劳工组织指出，集体谈判"的一个重要功能便是制定标准，因为它与法律一起构成了有关工资、工作条件和劳资关系的法规的主要来源"（ILO, 1980: 5）。

作为法规的一个来源，集体协议在大多数情况下也是可执行的。

1.2.4 集体谈判：为工作的包容性和有效治理做出贡献

正如汉布格尔（Hamburger，1939：194）所描述的"协议立法"，集体谈判是产业关系中的行动方为工作治理做出贡献的主要手段之一。卡恩-弗罗因德（Kahn-Freund，1972：55）将这一过程概述如下："……管理层和有组织的劳工能够通过自主行动创造一套规则……"。集体谈判可以提供一种有效的监管工具，应对不断变化的环境，增强劳动保护的包容性，支持营造有利于可持续企业发展的环境，加强遵规守法，并有助于形成和增强复原力。

响应性监管

尽管工作治理的方法多种多样，但一个国家可能会选择促进一种响应性（Ayres and Braithwaite，1992）和反思性（Teubner，1993）的劳动治理模式。在托伊贝尔（Teubner，1993）的基础上，海特和维瑟（Hayter and Visser，2018：3）解释道："不以自上而下（命令和控制）伴随着制裁的方式实施强制性和实体法律标准，反思性监管下放了规则制定的权利，并鼓励共同监管。它通过组织、流程和程序方面的规范推进'受监管的自治'。"成文法可能并不总是能够迅速应对和适应经济发展（Deakin and Wilkinson，2005）。相比之下，**集体谈判可以是一种非常有效的监管形式，使各方能够根据特定的企业或行业环境调整规则，并在这些环境发生变化时进一步做出调整**。第 5 章的证据也有力表明，集体谈判是一种能迅速反应

的监管工具。该章还讨论了集体谈判为制定和尝试新监管方法提供了制度空间的情形，比如混合工作实践。对法治的坚持不力，对抗性或不发达的产业关系制度，以及不具备代表性的谈判方，这些都会妨碍集体谈判发挥其作为一种响应性、反思性监管手段的作用。

包容性劳动保护

集体协议有助于促进包容性劳动保护。[①] 例如，第 5 章说明了在新冠肺炎疫情期间签订的集体协议如何为长期合同工人以及派遣工人和其他临时合同工人提供足够的个人防护设备和医疗福利。正如第 2 章明确指出的那样，集体协议发挥这种作用的程度取决于它们在监管框架内的适用方式及其实质上的覆盖面。对于具有充分代表性的缔约方所建立的劳动保护，各国可能有兴趣为其提供尽可能广泛的监管。这使得劳动管理机构可以将其稀缺的监管资源用于其他方面。雇主组织和工会的高层级成员显然是实现这一目标的必要条件（Traxler，2004：47）。

集体协议还可以通过纳入促进多样性和包容性的条款来推动包容性劳动保护，解决具体关切（如同工酬的问题），并有助于推进促进性别平等的变革性议程。[②] 此外，集体谈判可以解决人口结构变化引发的问题，特别是通过促进年轻人进入劳动力市场和保护老龄人口。提供包容性劳动保护——通过包容性地适用集体协议和此类协议的实体条款——可以极大地促进平等，包括在工资分配方面的平等。这些结论得到了最近关于集体谈判对平等和就业的影响的研究结果的支持（OECD，2019b）。

创造有利于可持续企业发展的环境

作为有利于可持续企业发展的环境的一部

---

① 正如国际劳工组织［ILO，2015a：Conclusions，para.5（a）］所强调的那样："各国政府和社会伙伴应确定并弥合法律保护覆盖面方面的差距，要特别关注那些被排斥的职业和部门、非标准形式的就业以及风险最大的社会群体。集体谈判可以作为立法的重要补充，也可以用来为被排斥群体提供保护。"

② 《百年宣言》呼吁成员国对未来工作采取以人为本的方式，其中应包括"有效实现在机会和待遇上的性别平等"［ILO，2019b：Part III（A）（i）］，并指示国际劳工组织致力于"通过一个变革性议程实现工作中的性别平等，定期评估取得的进展，……通过使工人和雇主得以就考虑到他们各自需求和利益的解决方法（包括就工作时间）达成一致，提供更好地实现工作-生活平衡的机会……"［ILO，2019b：Part II（A）（vii）］。另见 ILO（2021a：para.4）。

分，集体谈判可以促进形成对双方都有利的结果。[①] 它提供了管理冲突、参与整体性谈判、增进信任和稳定的手段，而信任和稳定是良好劳资关系的基础。[②] 基于各国国情和制度框架，集体谈判有助于解决奥尔森（Olson，1965）所描述的集体行动问题，如通过对包括医疗保健在内的社会保护进行集资（见第 3 章）。弗里曼和梅多夫（Freeman and Medoff，1984）还发现了"集体声音"效应，这使工人能够向雇主提出其所关心的问题并对协议条款进行谈判，从而在工资分配和留住有经验的工人方面产生积极的结果。随后的研究集中探讨了集体谈判如何鼓励投资针对具体企业的培训、减少员工流失和支持高绩效工作实践（Appelbaum et al.，2000；Doellgast and Benassi，2020；Doellgast，2008；Doucouliagos，Freeman and Laroche，2017）。如第 5 章所示，集体谈判可作为程序性机制用于管理不确定性，适应不断变化的环境。事实证明，集体谈判能使企业在疫情封锁和严重的经济衰退期间有能力留住有经验的工人，这对于在恢复阶段迅速启动经济活动是非常宝贵的。

关于工会和集体谈判对生产率和创新的影响的研究结果则更加模糊，各研究的结论不一，认为存在积极影响的，以及消极的或无关紧要的影响的都有（Tzannatos and Aidt，2006；Turnbull，2003；Doucouliagos，Freeman and Laroche，2017）。

> 下一份社会对话报告将探讨社会对话和集体谈判在何种条件下有助于提高生产率和绩效，重点关注"社会对话在将经济发展转化为社会进步，将社会进步转化为经济发展方面，以及在企业经济效益与竞争力方面的作用和影响"。
>
> ［ILO，2018a；Conclusions，para.6（a）（ii）］

加强遵规守法

鉴于集体谈判涉及"协商并持续应用一套商定的规则来管理雇佣关系相关的实体性和程序性条款"（Windmuller，1987：3），它促进了对这些规则的遵守。集体谈判可以补充劳动监察部门和其他负责监督合规性的行政管理机构（Müller，Vandaele and Waddington，2019；Mendizábal Bermúdez，2019；ILO，2015b）。首先，集体谈判便于提高对适用于特定企业、部门或国家的商定标准（包括集体协议中引用的法定标准）的意识，从而加强对这些标准的遵守。其次，集体协议通常包括有关各方如何解决协议适用争议的条款。在劳动行政管理薄弱的国家，**集体谈判提供了宝贵的监管资源，促进遵守集体协议中的约定条款和集体协议中引用的法定标准**（Lupo and Verma，2020；Serrano，2019）。正如第 5 章所示，事实证明，集体谈判在加强遵守职业安全与健康标准方面发挥的作用，对在疫情期间确保业务连续性和劳动保护至关重要。

提升机构能力，增强复原力

为提升机构能力，增强复原力最高层面的组织之间就如何提供相关社会和经济政策支持而开展集体谈判、三方和两方社会对话的实践由来已久（Aidt and Tzannatos，2002；Ebbinghaus and Weishaupt，2021；Avdagic，Rhodes and Visser，2011；OECD，2017）。纵览各门学科，复原力的关键概念包括三个维度：吸收、适应和转化（Ranca，Benczur and Giovannini，2017；Keck and Sakdapolrak，2013）。因此，2017 年《面向和平与复原力的就业和体面劳动建议书》（第 205 号）将复原力定义为"一个受危害影响的系统、社区或社会以及时和高效的方式，抵御、吸纳、调和、适应和改变危害的影响或从中复苏的能力"。

虽然通常是纯粹从经济的角度来考量复

---

① 国际劳工组织［ILO，2017：para.13（1）］指出："可持续企业参与社会对话和良好的劳资关系，如集体谈判和工人信息、协商和参与。这些都是创造双赢局面的有效工具，因为它们促进了共同价值观、信任与合作以及社会责任行为。"

② 在一些国家，如德国和斯堪的纳维亚半岛各国，雇主将集体协议中的"和平义务"作为促使其加入此类协议的主要原因（Hornung-Draus，2021：87）。

原力——也就是说，从经济增长复苏的角度来考虑（例如，参见Hallegate，2014）——但国际劳工组织在其第205号建议书中提出的复原力概念具有更广泛的视角，包括实现以人为本的复苏所需的就业、工作条件和体面劳动的其他方面。[①] 如第5章所示，包括集体谈判在内的劳动制度可以发挥积极作用，确保短期内服务、业务和就业（吸收）的连续性，并促进中期内企业和劳动力市场的调整（适应）。为增强经济和社会的即时复原力（吸收和适应）而采取的行动可能会支持或削弱变革性复原力的能力。集体谈判有助于缓解疫情对不平等的影响，并影响正在进行的变革，从而有助于世界经济在中长期实现可持续和包容性的复苏。

正如集体谈判的过程能够借鉴以往危机中获得的制度经验（如采取就业保留措施），它也可以用于增强应对未来危机的反应能力和复原力。

1.3
报告的结构

本报告分析了125个国家的国家法律，收集了98个国家集体协议监管范围相关数据，并对512份集体协议的内容进行了研究审查。以此为基础，辅以深入的国别研究，采访了不同地区和收入水平的21个国家的关键知情人，对工会和雇主组织开展了调查。报告还包括对关键知情人的采访，以及来自二次文献的数据（见附录1~附录4）。

第2章论述了为尊重、促进和实现对集体谈判权利的有效承认而建立的国际和国家监管框架，提供了影响集体谈判监管范围的程序和政策的全球概览。第3章讨论了集体谈判的实质性成果，即来自不同地区、处于不同经济发展水平的国家达成的集体协议的范围。第2章和第3章都提供了集体谈判如何有助于实现工作的包容性和有效治理的实证。第4章回顾了雇主和企业会员组织以及工会的最新发展，评估了其在集体谈判中发挥的作用，并描述了它们为重振兴组织所做的努力。

第5章论述了集体谈判在应对新冠肺炎疫情方面做出的贡献，强调了集体谈判的监管响应性，从雇主组织和工会的角度对2020年和2021年的整体谈判格局做出了独到的概述。该章侧重于实质性的应对措施，包括集体谈判在多大程度上确保了服务的连续性，重视并保护了抗疫一线工作者。有证据表明，集体谈判有助于确保工作场所安全与健康。该章还讨论了集体谈判是如何促进适应性和业务连续性的，特别是如何通过保障就业和收入来实现这一目的。展望未来，本报告将探讨集体谈判如何为体面的远程工作提供便利，以及如何在疫情背景下决定混合工作实践。

第6章对报告进行了总结，提出了使集体谈判实现促进以人为本的包容、可持续和有韧性的复苏而需要采取的关键优先事项，强调需要重振劳动力市场的关键行动方，即雇主组织和工会。此外，该章着重指出，必须切实承认所有工人的集体谈判权利，并继续努力促进集体谈判机制的全面发展。在考虑如何实现这些目标时，本章强调了三方行动方在创造必要的政策环境方面的作用，以及社会对话对实现可持续发展目标的重要贡献。

---

① 2021年国际劳工大会通过的《全球行动呼吁》（ILO，2021a）体现了这一更广泛的视角。

第 2 章

▶ 集体谈判：
影响监管覆盖面

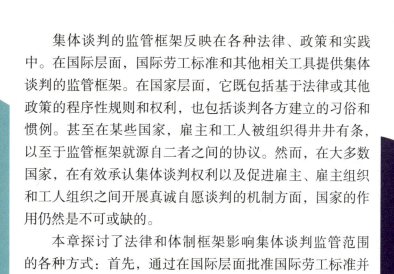

集体谈判的监管框架反映在各种法律、政策和实践中。在国际层面，国际劳工标准和其他相关工具提供集体谈判的监管框架。在国家层面，它既包括基于法律或其他政策的程序性规则和权利，也包括谈判各方建立的习俗和惯例。甚至在某些国家，雇主和工人被组织得井井有条，以至于监管框架就源自二者之间的协议。然而，在大多数国家，在有效承认集体谈判权利以及促进雇主、雇主组织和工人组织之间开展真诚自愿谈判的机制方面，国家的作用仍然是不可或缺的。

本章探讨了法律和体制框架影响集体谈判监管范围的各种方式：首先，通过在国际层面批准国际劳工标准并对标准的执行进行监督；其次，通过国家法律和法规；最后，通过在不同层面上适用集体协议。由此，基于对125个国家相关法律规定的分析和98个位于不同区域且发展水平各异的国家的集体谈判覆盖率的现有数据（见附录1和附录2），本章提供了关于如何形成集体协议的监管覆盖面及其对工作的包容性和有效治理的贡献方面的见解。

▶ 2016年6月10日，第37区理事会的执行主任、美国州县市雇员联合会（AFSCME）以及纽约城市大学（CUNY）负责管理劳资关系的副校长达成了一项集体协议，涵盖了在纽约城市大学工作的20000多名成员，有效期为87个月。

2.1
有效承认集体谈判权

> 大会承认国际劳工组织在世界各国推进各种计划的庄严义务，以达到……承认集体谈判的权利……
>
> 《国际劳工组织章程》《费城宣言》，Part III（e）。

《国际劳工组织章程》是有效承认集体谈判权利的基础。国际劳工组织《关于工作中基本原则和权利宣言》重申了这一点。根据该宣言，所有成员国，即使尚未批准基本的国际劳工公约，因其国际劳工组织成员身份，也有义务真诚地尊重、促进和实现关于这些基本权利的原则，包括有效承认集体谈判权利。已批准集体谈判相关国际劳工公约的成员国必须在国家层面执行这些条约。

1949年《组织权利和集体谈判权利公约》（第98号）第4条可以说是最能表达成员国核心义务的条款：

> 应采取适合本国情况的措施，鼓励和促进充分建立与利用雇主或雇主组织和工人组织之间的自愿谈判机制，以便通过集体协议的方式规范就业条款和条件。

与国际劳工组织的许多文书一样，第98号公约没有具体规定成员国应如何履行这一义务。通常，各国依靠集体谈判的各方自己制定的立法和原则（ILO, 2012: para.169）。集体谈判中发生的大部分事情由且应该由各方共同决定。然而，作为一种治理形式（共同监管），集体谈判是在更广泛的监管框架内进行的。

第98号公约确定了两个基本要素：公共机构为促进集体谈判而采取的行动；谈判的自愿性质，这意味着谈判方具有自主权。根据该公约第5条和第6条的规定，除去可能被排

除在该公约范围之外的工人类别（武装部队、警察和从事国家行政管理的公务员）的代表组织，对集体谈判权的承认在范围上具有普遍性，公共和私营部门的所有其他工人组织都应从中受益。多年来，国际劳工组织从负责监督实施这一基本公约的机构的工作中提炼出了一些关键原则（见专栏2.1）。

迄今为止，1949年《组织权利和集体谈判权利公约》（第98号）已获得168个成员国的批准（见图2.1）。在批准和实施方面，第98号公约几乎落后于其他所有基本公约。

认识到第98号公约在为成员国实现集体谈判权利提供框架方面的基础性作用，在过去5年中又有四个国家批准了该公约：加拿大（2017年）、墨西哥（2018年）、越南（2019年）和韩国（2021年）（见专栏2.2）。

其他一些公约和建议书为第98号公约提供了补充和支持（见专栏2.3）。1981年《集体谈判公约》（第154号）及相关建议书（第163号）是促进和实施第98号公约原则的关键。第154号公约第2条将集体谈判定义为：

> 一个雇主或多个雇主或者一个或多个雇主组织为一方，与一个或多个工人组织为另一方展开的所有协商，目的是：（1）决定工作条件和就业条款；和/或（2）规范雇主和工人之间的关系；和/或（3）规范雇主或雇主组织与一个工人组织或多个工人组织之间的关系。

第163号建议书对第154号公约进行了补充，详细说明了公共机构和谈判各方可采取的促进集体谈判的措施。反过来，第154号公约和第1978年《（公共部门）劳资关系公约》（第151号）也对第98号公约进行了补充，将集体谈判的适用范围扩大到所有公共服务部门的劳动者，包括从事国家行政管理者。最后，1951年《集体协议建议书》（第91号）第2（1）条将集体协议定义为：

> 有关劳动与就业条件的书面协定，其缔结双方：一方为一个雇主或多个雇主，或者一个或多个雇主组织；另一方为一个或多个工人组织，或者在没有此类组织的情况下，由有关劳动者根据本国法律或条例正式选出并委任的代表。

2022年3月17日，在国际劳工组织理事会第344届会议期间举行了结社自由委员会会议。照片中从左到右分别为：阿尔贝托·埃查瓦里亚−萨尔达里亚加（Sr. Alberto Echavarría-Saldarriaga）（雇主副主席）、埃文斯·卡鲁拉（Prof. Evance Kalula）（主席）、阿曼达·布朗（Ms Amanda Brown）（工人副主席）。

照片中从左到右分别为：格洛丽亚·加维里亚（Sra. Gloria Gaviria）（政府理事，哥伦比亚）、杰拉尔多·科瑞思（Sr. Gerardo Corres）（政府理事，阿根廷）、伊泽明一（Mr Akira Isawa）（政府理事，日本）、阿尤巴·瓦布巴（Mr Ayuba Wabba）（工人理事）、扎霍尔·阿万（Mr Zahoor Awan）（工人理事）、阿尔贝托·埃查瓦里亚−萨尔达里亚加（Sr. Alberto Echavarría-Saldarriaga）（雇主副主席）、埃文斯·卡鲁拉（Prof. Evance Kalula）（主席）、阿曼达·布朗（Ms Amanda Brown）（工人副主席）、马格努斯·M. 诺达赫（Mr Magnus M. Norddahl）（工人理事）、托马斯·弥尔顿·麦卡尔（Mr Thomas Milton Mackall）（雇主理事）、松井博之（Mr Hiroyuki Matsui）（雇主理事）、费尔南多·伊利亚斯（Sr. Fernando Yllanes）（雇主理事）。

　　[不在照片中：政府理事——阿努什·卡尔瓦尔（Mme Anousheh Karvar）（法国）、维基·埃伦斯坦·雅·托伊沃（Ms Vicki Erenstein Ya Toivo）（纳米比亚）、佩特拉·赫兹菲尔德·奥尔森（Ms Petra Herzfeld Olsson）（瑞典）；雇主理事——雷娜特·霍农−德劳斯（Ms Renate Hornung-Draus）、凯泽·莫亚恩（Mr Kaizer Moyane）；工人理事——杰拉尔多·马蒂内（Sr. Gerardo Martínez）、卡特琳娜·帕斯奇尔（Ms Catelene Passchier）。杰夫·弗格特（Mr Jeff Vogt）将取代帕斯奇尔，在理事会办公室的剩余任期中继续担任结社自由委员会的工人理事（2021~2024年）]。

▶ **专栏2.1　国际劳工组织监督机构：有效承认集体谈判权**

通过对成员国立法和实践的审查，国际劳工组织的监督机构，特别是实施公约与建议书专家委员会（CEACR）、国际劳工大会标准实施委员会（CAS）和结社自由委员会（CFA），通过与各国政府的建设性对话，指导改善尊重和促进集体谈判权的情况。

承认集体谈判权在范围上是普遍的，涵盖了公共和私营部门的所有工人。1949年《组织权利和集体谈判权利公约》（第98号）规定的唯一例外情况是武装部队、警察和从事国家行政管理的公务员（第5条和第6条）。1978年《（公共部门）劳资关系公约》（第151号）和1981年《集体谈判公约》（第154号）逐步将集体谈判的适用范围扩大到覆盖从事国家行政管理的公务员。鉴于公共服务部门集体谈判的具体特点，各国可以采用特殊模式来行使集体谈判权。然而，这些模式不应完全否定在公共行政部门促进集体谈判的原则，也不应使这种集体谈判的主题变得毫无意义（ILO, 2018b: para.1471; 2012: para.211）。

集体谈判是工人组织和雇主及其组织的权利（第98号公约第4条；第154号公约第1条）。因此，"雇主对企业或谈判单位的主要工会或这些工会中最具代表性的工会的承认，构成了企业层面所有集体谈判程序的基础"（ILO, 2012: para.224）。在谈判单位中代表大多数工人的工会应享有优先或独家谈判权。但是，对所代表工人的比例要求过高可能会妨碍促进和发展自由、自愿进行的集体谈判（ILO, 2018b: paras 1352 and 1376; 2012: para.233）。在没有工会满足这些条件的情况下，代表少数派的工会，不论是以联合或单独的形式，至少应能够代表其自己的会员来达成集体协议或直接协议（ILO, 2018b: para.1389; 2012: para.234）。因此，只有在相应层级没有工会的情况下，才可以与没有参加工会的工人的代表进行集体谈判（ILO, 2018b: para.1343）。①此外，还应采取措施，以防止与没有参加工会的工人达成的直接协议，从而被用于反对工会的目的［见1971年《工人代表公约》（第135号）第3（b）条；1951年《集体协议建议书》（第91号）第2（1）段；ILO, 2012: para.240］。

集体谈判必须是自由和自愿的，并尊重各方的自主原则。国家干预——例如，在被认为可以接受的情况之外实施强制仲裁，②国家直接参与集体谈判（三方而不是两方谈判）或将集体谈判的结果提交政府审批——以及公共机构无视现行的集体协议，都是不被允许的。诸如信息交换、调解或自愿仲裁等，支持谈判的机制，是完全可以接受的（ILO, 2012, para.200）。

只有在例外情况下，即发生短期的非经济性质的严重国家或地方危机时，才可以通过立法来强制延长集体协议的有效期（ILO, 2012, para.201）。这不同于法律规定的在双方未能就新协议达成一致的情况下集体协议到期后仍持续有效。

实施符合国情的机制以促进集体谈判。应当通过立法或其他手段来实现这一目标，并应与社会伙伴进行协商。根据第154号公约第5（2）（d）条，集体谈判不应当因程序规则的缺失或不健全或不适当而受到阻碍。

促进以各种方式真诚地开展集体谈判。真诚谈判的原则意味着"谈判各方承担多项义务，即（1）认可有代表性的组织；（2）努力达成协议；（3）参与真正的有建设性的协商；（4）避免协商无故推延；（5）共同遵守做出的承诺，以及通过谈判取得的成果"（ILO, 2012: para.208）。1981年《集体谈判建议书》（第163号）根据第98号公约第4条，提出了若干促进集体谈判的方法，包括"采取措施以便于：（1）促进自由、独立和有代表性的雇主组织和工人组织的自愿建立和发展；（2）建立承认最具代表性组织的程序；（3）确保在任何层面都能进行集体谈判；（4）使谈判者能够获得适当的培训，以便各方能够获得必要的信息，进行有意义的协商（例如，关于企业经济状况的信息，但条件是这种财务数据的客观性和保密性得到了合理的保证）；（5）制度符合国情的措施，以确立劳动争议处理程序，帮助谈判各方自行找到争议解决方案"（ILO，2012：para.241）。

集体谈判应能在企业、行业、地区和国家等任何层级开展。法律不应单方面强制要求谈判层级或要求谈判必须是某一具体层级进行，因为这本质上是谈判各方的事（ILO，2012：para.222）。③此外，"当集体谈判在多个层级进行时，谈判各方应寻求确保这些层级之间开展谈判协调。"（第163号建议书，第4（2）条）。

集体协议应对缔约者和以其名义缔结协议者具有约束力。集体协议应适用于该协议所涉及企业雇用的所有工人，除非协议另有规定（第91号建议书，第3、第4条）。此外，第91号建议书第5条指出，"参照现行集体协议制度，应由国家法律或条例制定适合各国特殊情况的措施，以便某一集体协议的全部或某些规定适用于包括在该协议的职业和地区适用范围内的所有雇主和劳动者。"

集体协议应优先于个人就业合同，但合同规定更有利于劳动者的情况除外（第91号建议书，第3条）。这被称为"有利原则"。在许多国家的法律制度中，法律、个人就业合同和更高层级的集体协议（或多个协议）等都承认这一原则。国家法律可能允许集体协议克减立法的保护性条款。但是，这种克减应具有针对性（即涵盖工作条件的特定方面），并且仅在有限和合理的方式下适用。④

集体谈判涵盖工作和就业的相关条款和条件，以及关于雇主和工人（及其各自组织）之间关系的规定。"工作条件"这一概念不仅包括传统的工作条件（例如，工资、工作时间和休息时间），而且还包括谈判各方自由决定解决的议题（例如，晋升、就业保障和工作组织形式）。"无论怎样，第98号公约第4条也不会规定政府有执行集体谈判的义务，而在鼓励和促进充分开发和利用集体谈判机制的框架内去责成社会伙伴就业条款和条件进行谈判也不构成对本条的违反。然而，公共机构应避免对谈判进程进行任何不当干预"（ILO，2018b：para.1317）。主管当局不应单方面限制可协商问题的范围。在自愿基础上，通过三方讨论编制集体谈判准则是解决相关困难的适当方法（ILO，2012：para.215）。⑤

劳动争议处理程序应支持谈判各方自行找到争议解决方案。第154号公约规定，劳动争议处理机制应有助于促进集体谈判［第5（c）条］。1951年《自愿调解和仲裁建议书》（第92号）指出，可以在联合基础上建立自愿调解和仲裁机制，程序应当免费而迅速。它呼吁各方在进行自愿程序时不要举行罢工或关闭工厂。此外，争议处理机构应该是独立的（ILO，2012：para.243）。⑥有效的劳动争议处理制度依赖于采取基于共识的举措，这种举措植根于集体谈判和社会对话（ITC，2013）。通过帮助建立公正和公平的工作条件，集体协议促进了相互信任的氛围，并有助于维护社会和谐与和平（ILO，2012：para.167）。

①另见罗马尼亚实施第98号公约的案例（CAS）——讨论：2021年，出版物：第109届国际劳工大会（2021年）。

②实施公约与建议书专家委员会指出，"强制仲裁只有在特定情况下才可以接受：（1）在严格意义上的关键服务部门，即打断服务会危及全部或部分人口（群体）的生命、个人安全或健康；（2）发生在公共服务部门的争议牵涉到参与国家行政管理的公务员；（3）经过漫长无果的协商后，明显看出如果没有政府的主动措施就不会打破僵局；（4）发生严重危机。"（ILO 2012：para.247）。

③"确定谈判层级在本质上是由谈判各方自行决定的问题。因此，委员会不认为雇主拒绝在特定层级上进行谈判并不违背结社自由。"（ILO，2018b：para.1405）

④实施公约与建议书专家委员会关于巴西实施第98号公约的意见——出版物：国际劳工大会109届会议（2021）；ILO（2018c：para.799）。

⑤然而，要求谈判各方就某些问题进行真诚谈判的义务符合国际劳工公约和劳工组织的原则，只要其法定义务是谈判而不是达成协议［结社自由委员会关于第2149号案件的最终报告（罗马尼亚）——出版物：2002年6月］。

⑥实施公约与建议书专家委员指出，当各方无法自行解决争议而陷入僵局时，纯粹来自各方都相信的、中立且独立的第三方的干预往往足以破局（ILO，2012：para.243）。

▶ 图2.1　八项国际劳工基本公约的批准情况

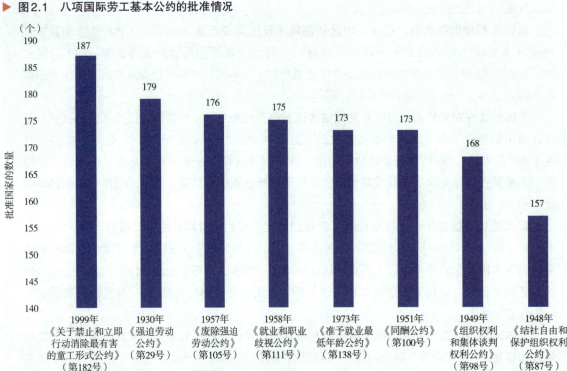

（个）

注：根据最新的可用信息。

资料来源：国际劳工标准和国家立法数据库（ILO NORMLEX database）。

▶ 专栏2.2　最近批准《组织权利和集体谈判权利公约》（第98号）的国家的监管进展

　　在加拿大最高法院做出三项判决后，**加拿大**于2017年批准了第98号公约。判决明确指出，《加拿大权利与自由宪章》保障的结社自由包括成立独立协会和进行集体谈判的权利。对第98号公约的批准也是在履行加拿大与欧洲联盟（欧盟）签订的《全面经济和贸易协定》（2017年生效）所做的承诺。

　　墨西哥于2018年批准了第98号公约。该国最近启动了全面的劳动法改革，修改了《宪法》（2017年）和《联邦劳动法》（2019年），并通过了建立必需机构的实施条例。这些举动旨在将对集体权利的控制权还给工人（Bensusán，2020），并履行贸易协定中的承诺，如"美国—墨西哥—加拿大协定"（2020年生效）。改革解决了诸如雇主对工会的控制、集体谈判缺少有效的工人代表，以及使用"保护合同"（即不代表所覆盖工人的集体协议）等问题。该国还申明了一些关于集体谈判的原则：谈判各方需要具有代表性、缔结集体协议要有确定性（例如登记），以及坚持工会民主。现有的集体协议应由协议所涉及的工人通过个人、直接、自由和非公开的投票（接受或拒绝）来实现合法化。

　　越南于2019年批准了第98号公约，履行了在《欧盟—越南自由贸易协定》（2020年生效）中做出的承诺。2019年《劳动法》规定，在企业一级建立不隶属于越南劳动总联合会的工人组织。如果这些人达到政府设定的会员资格门槛，则有集体谈判权利；如果没人符合条件，则可以共同发起集体谈判程序。此外，还规定了可以通过组建省级集体谈判委员会进行多雇主谈判。如果多雇主谈判协议涵盖指定区域内该行业75%的劳动力或企业，则该协议可能获得延期。

　　韩国于2021年批准了第98号公约，履行了在《欧盟—韩国自由贸易协定》（2015年生效）

中做出的承诺。取消了对组织权利的限制，特别是公共部门以及下岗工人和失业者的组织权利。例如，废除了之前的限制被解雇的公司工会会员的会员权利和限制无工作场所的工会会员活动的法规。此外，删除了"行政管理级别"（第6级或更低级别）的公务员才能加入工会的规定；将消防员纳入可以加入工会的公务员群体；由工会决定退休公职人员的入会资格标准。

© ILO / Marcel Crozet

▶ 2021年4月20日，韩国就业和劳动部部长李基权向国际劳工组织总干事盖·莱德展示国际劳工组织公约的批准书，包括1948年《结社自由和保护组织权利公约》（第87号）、1949年《组织权利和集体谈判公约》（第98号）和1930年《强迫劳动公约》（第29号）。

过去五年中，成员国对支持性公约的批准也反映了其对促进和有效实现集体谈判权的重视。此外，还有四个国家批准了第151号公约：菲律宾（2017年）、纳米比亚（2018年）、黑山（2019年）和马达加斯加（2019年）；三个国家批准了第154号公约：捷克（2017年），卢旺达（2018年）和马达加斯加（2019年）。

▶ **专栏2.3 集体谈判相关国际劳工标准**

关于结社自由和集体谈判的基本公约

• C.087：1948年《结社自由和保护组织权利公约》（第87号）

• C.098：1949年《组织权利和集体谈判权利公约》（第98号）

劳资关系

• C.135：1971年《工人代表公约》（第135号）

• R.143：1971年《工人代表建议书》（第143号）

• C.151：1978年《（公共部门）劳资关系公约》（第151号）

• R.159：1978年《（公共部门）劳资关系建议书》（第159号）

• C.154：1981年《集体谈判公约》（第154号）

• R.163：1981年《集体谈判建议书》（第163号）

• R.091：1951年《集体协议建议书》（第91号）

• R.113：1960年《（工业和国家层面）协商建议书》（第113号）

结社自由（农业，非本土领土）

• C.141：1975年《农村工人组织公约》（第141号）

• R.149：1975年《农村工人组织建议书》（第149号）

具有临时状态的文件：

• C.011：1921年《（农业）结社权利公约》（第11号）

• C.084：1947年《（非本土领土）结社权利公约》（第84号）

资料来源：国际劳工标准和国家立法数据库（ILO NORMLEX database）。

全球和区域层面的主要国际人权文书中也承认了集体谈判权。《世界人权宣言》（1948年）、《公民权利和政治权利国际公约》（ICCPR；1966年）和《经济、社会及文化权利国际公约》（1966年）都承认并保护结社自由，但没有明确提及集体谈判（ILO，2012：paras 21 and 23）。然而，负责监测缔约国遵守《公民权利和政治权利国际公约》和《经济、社会及文化权利公约》情况的两个机构——联合国人权事务委员会，以及经济、社会及文化权利委员会——认为集体谈判权受到《公民权利和政治权利国际公约》第22条和《经济、社会及文化权利公约》第8条的保护，两者都涉及结社自由（UN，1997；OHCHR，1996）。此外，经济、社会及文化权利委员会在其关于《经济、社会及文化权利公约》第7条（关于享受公平和良好工作条件的权利）的一般性意见中特别指出，履行该条规定的义务包括"采取措施便利、促进和提供这一权利，包括开展集体谈判和社会对话"（CESCR，2016：para.60）。认识到这些在实现可持续发展目标中所发挥的作用，结社自由和有效承认集体谈判权被纳入可持续发展目标8（"促进持久、包容和可持续经济增长，促进充分的生产性就业和人人获得体面工作"）的进展指标（见专栏2.4）。

在区域层面，欧洲的《欧洲联盟基本权利宪章》（2000年公布）第28条、《欧洲社会宪章》（1961年）第6条，以及修订后的《欧洲社会宪章》（1996年）明确承认集体谈判权（ILO，2012：paras 31 and 34）。虽然《欧洲保障人权和基本自由公约》（1950年）第11条（"集会和结社自由"）没有明确提到集体谈判权，但欧洲人权法院认为集体谈判权作为结社自由的基本要素而受到保护。[①]

▶ **专栏2.4　结社自由、有效承认集体谈判权和联合国可持续发展目标**

结社自由和有效承认集体谈判权对实现体面劳动特别重要。作为扶持性权利和实质性自由，结社自由和有效承认集体谈判权在实现许多联合国可持续发展目标（SDG）方面发挥着根本性作用，包括目标8"促进持久、包容和可持续经济增长，促进充分的生产性就业和人人获得体面工作"。

联合国大会建立了全球指标框架，用于跟踪和审查可持续发展目标及其具体目标的执行进展情况（第70/1号决议）。为此，通过了指标8.8.2"国家遵守基于国际劳工组织文本来源和国家法律的劳工权利（结社自由和集体谈判）的程度，按性别和移民身份分列"，这一指标侧重于结社自由和集体谈判权方面的进展。[①]正如联合国秘书长在2021年4月指出的那样，尽管在全球层面取得了些许进展（一些国家进行了重要的变革），但工人和雇主组织权利和集体谈判权仍然遭到严重侵犯。该指标2018年的全球平均值为5.35，2017年为5.37，几乎没有变化。在这方面面临巨大挑战的区域和次区域包括亚洲和北非，挑战相对较少的区域和次区域是北美和欧洲（UN，2021a：para.98；UN，2021b：117）。

①可持续发展目标指标8.8.2的范围为0~10，其中0是最好的（表明遵守结社自由和集体谈判权的程度较高），10分最差（表明遵守这些权利的程度较低）。国际劳工组织（ILO，2018d：17–18）通过了可持续发展目标指标8.8.2，"旨在衡量国家遵守基本劳工权利（结社自由和集体谈判权）的程度。该指标基于六个国际劳工组织监督机构的文本来源和国家法律。颁布国家法律不是为了生成遵守基本权利的统计指标，也没有为此目的创建任何国际劳工组织的文本来源。指标8.8.2是基于这些来源汇编的，使用该指标并不意味着放弃国际劳工组织各成员国对来源结论的不同观点。……并不打算将可持续发展目标指标8.8.2作为比较国际劳工组织成员国遵守情况的工具。应当特别指出的是，国际劳工组织成员国对国际劳工组织监督系统负有报告义务，因此批准和不批准文书的国际劳工组织成员国所能使用的国际劳工组织文本来源不同的。"

---

① 欧洲人权法院，德米尔和巴伊卡拉诉土耳其（*Demir and Baykara v. Turkey*），第34503/97号申请（2008年11月12日），2008年10月15日判决，第154段。

在非洲，负责解释《非洲人权和人民权利宪章》（1981 年）的非洲人权和人民权利委员会认为，受该文书第 15 条保护的劳动权包含了集体谈判权（《非洲人权和人民权利宪章》，日期不详，第 56 条和第 59 条）。在美洲，集体谈判权得到《美洲国家组织宪章》（1948 年）第 45（c）条的承认。虽然《美洲人权公约》（1969 年）中没有明确提及集体谈判权，只提到了结社自由（第 16 条），但美洲人权委员会认为集体谈判权毫无疑问是一项基本集体权利（IACHR，2020：para.52）。[①]

2.2 世界各地实施集体谈判的情况：主要监管趋势

为了确保有效承认集体谈判权并鼓励集体谈判的充分发展，通过法律或集体协议制定了监管框架，以便谈判方通过集体协议共同确立工作条件、就业条件和劳资关系。这些框架受制度框架的影响，涉及诸如集体谈判权的法定覆盖面（即人员范围）、对集体谈判各方的认可、自愿协商的过程，以及集体协议的适用等问题。本节研究了这些监管框架，揭示了它们以何种方式使集体谈判能够为工作的包容性和有效治理做出贡献。

2.2.1 集体谈判权的法定覆盖面

与其他工作中的基本原则和权利一样，集体谈判原则和权利在本质上是普遍适用的，除极少数例外（见专栏 2.1），适用于所有工人。60 多个国家将关于集体谈判权的具体规定纳入了宪法（ILO，2012：para.9）。最近其宪法规定承认集体谈判权的国家有玻利维亚、[②]肯尼亚[③]和津巴布韦[④]。

继续将重要类别的劳动者排除在集体谈判权之外，这抑制了集体谈判帮助实现工作的包容性和有效治理的潜力。[⑤]但在过去的 10~15 年里，**多个国家将集体谈判权扩大到以前被排除在外的劳动者和部门**，和/或采取了创新的制度战略，以确保这一权能在工人和雇主难以行使集体谈判权的情况下也得到有效承认。四个方面的发展趋势值得注意，分别涉及公共部门的工人、集体谈判权仍受限的部门或职业的工人、非正规经济中的工人，以及不同形式的工作安排中的工人。

首先，**向公共部门的劳动者提供集体谈判权的趋势明显**（ILO，2013a：para.28），如哥伦比亚、捷克、莫桑比克、巴拿马、菲律宾、突尼斯、土耳其和乌拉圭。

其次，**已从立法和制度层面采取措施，促进特定部门、职业或工人群体的集体谈判，但对集体谈判权的有效承认仍然受到限制（如家政工人、移民工人、农业工人和出口加工区的工人）**（ILO，2012：para.209）。例如，约旦通过修订国家法律，将集体谈判权扩大到包括家

---

① 2021 年 5 月，美洲人权委员会发表了一项咨询意见，重申集体谈判权是结社自由的重要组成部分，包括逐步鼓励自愿谈判。参见 2021 年 5 月 5 日第 OC-27/21 号咨询意见，第 94 条（仅提供西班牙语版本）。
② 实施公约与建议书专家委员会关于玻利维亚实施第 98 号公约的意见（2010 年）。
③ 实施公约与建议书专家委员会关于肯尼亚实施第 98 号公约的意见（2011 年）。
④ 实施公约与建议书专家委员会关于津巴布韦实施第 98 号公约的意见（2016 年）。
⑤ 实施公约与建议书专家委员会一直关注不同国家和地区实施 8 号公约的情况，并就集体谈判权的行使可能遇到的限制或障碍会以何种方式影响私营部门某些经济活动或职业提出意见（另见涉及约旦结社自由委员会的第 3337 号案件），包括比利时（直接要求，2021 年）；百慕大（直接要求，2019 年）；玻利维亚（意见，2021 年）；加拿大（直接要求，2021 年）；厄立特里亚（意见，2019 年）；埃塞俄比亚（意见，2021）；冈比亚（意见，2021）；几内亚比绍（意见，2021 年）；约旦（意见，2018 年）；科威特（意见，2018 年）；黎巴嫩（意见，2019 年）；中国澳门（意见，2018 年）；马达加斯加（意见，2018 年）；尼日利亚（意见，2019 年）；巴基斯坦（意见，2019 年）；叙利亚（意见，2019 年）；特立尼达和多巴哥（意见，2019 年）。另见 ILO（2012：para.209）。

政工人和农业工人。①在其他国家，促进集体谈判有助于有效承认农业工人的这一权利。因此，在纳米比亚，纳米比亚农业劳工论坛（由农业雇主协会、纳米比亚全国农民联盟、纳米比亚新兴商业农民联盟和纳米比亚农场工人联盟组成）就农业部门的最低工资问题谈判达成集体协议，该协议适用于该部门的所有工人。在尼日尔，农村工人组织通过区域农业商会参与谈判（ILO, 2015c: para.164）。在乌兹别克斯坦，农业部门工人联合会与农民理事会缔结了2013~2015年部门级别协议，在此基础上，现有98.2%的农场与农民和工人缔结了集体协议。在以色列，全国农业工人联合会和总工会（劳工总联合会）与农民协会缔结了一项适用于农业部门所有工人的集体协议（ILO, 2015c: para.163）。

至于尼日利亚出口加工区的工人，有全国联合工业理事会职能的各部门已经缔结了适用于出口加工区的集体协议。孟加拉国对《出口加工区劳动法》（2019年）进行了修订，降低了企业建立工人福利协会的门槛，从需要占劳动力的30%降低到20%。在尼加拉瓜，为应对出口加工区中关于结社自由和集体谈判的投诉，政府为此类区域成立了三方性的劳动委员会，以促进集体谈判（ILO, 2017a: paras 63~64）。2016年，关于出口加工区的新法规明确将所有劳动法的保护范围扩大到包括出口加工区的工人（EC, 2020）。截至2015年6月，尼加拉瓜的出口加工区共签署了20项国家层面的集体协议，涉及约48200名工人。②

再次，根据2015年《关于从非正规经济向正规经济转型建议书》（第204号）（见专栏2.5），**国际劳工组织成员国、雇主组织和工人组织采取了各种策略，以促进有效承认非正规经济中工人的集体谈判权**。顾名思义，非正规意味着与法律的关系薄弱。这可能是因为非正规经济中工人的活动不属于劳动法保护的范围，也可能是因为存在不遵守法律的现象，如未申报工人的情况（ILO, 2013b）。在一些国家，集体谈判在法律上仅限于被认为是"雇

员"的工人，通常需要书面合同作为证明这一关系的基础，或者限于正式就业的工人。代表非正规工人的工人组织往往缺乏法人资格，也得不到承认，因此无法正常运作和提供服务，包括开展集体谈判，这使问题变得更加复杂。此外，也可能很难确定谈判的对应方（例如，在非正规家政工人的情况下），这使大批工人无法进行谈判。然而，正如第4章所讨论的，在非正规经济中有组织、集体代表和谈判的重要例子，这些示例可被视为集体谈判和向正规经济转型的初步尝试。例如，塞内加尔全国工人联合会开始采取措施，以使私营安保部门的工人正规化，包括在雇用警卫的公司中建立工会。2019年1月，塞内加尔全国工人联合会与雇主谈判达成了一项集体协议，包含了社会对话、代表、工资、社会保障、职业发展、职业分类的纪律措施等方面（ILO, 2019c）。

> ▶ **专栏2.5 2015年《关于从非正规经济向正规经济转型建议书》（第204号）**
>
> ……
>
> 七、结社自由，社会对话及雇主和工人组织的作用
>
> 31.成员国应保证非正规经济中的人员享有结社自由和集体谈判权，包括建立和。依照相关组织的规章制度，加入他们自己选择的组织、联合会和总联合会的权利。
>
> 32.成员国应为雇主组织和工人组织行使组织和集体谈判权利以及在向正规经济转型过程中参与社会对话营造一个有利的环境。
>
> 33.凡适宜时，雇主组织和工人组织应考虑将其会员发展和服务范围扩大到非正规经济中的工人和经济单位。
>
> ……
>
> 资料来源：国际劳工标准和国家立法数据库（ILO NORMLEX database）。

---

① 实施公约与建议书专家委员会关于约旦实施第98号公约的意见（2015年）。
② 实施公约与建议书专家委员会关于尼加拉瓜实施第98号公约的意见（2015年）。

最后，几个国家通过了立法，以确保有效承认各种形式的工作安排中工人的集体谈判权（见专栏2.6）。劳动法在传统上侧重于雇主和雇员之间存在的从属关系，这种关系通常以全职和无限期的就业为特征。近几十年来，各种形式的工作安排快速增长，包括临时就业、兼职和随叫随到的工作、多方雇佣关系、依赖性的自营工作者[①]（在一些司法管辖区得到承认）。最近，各种工作和雇佣关系下的平台工作也有所增加。[②]同时，对变相就业工人的错误分类也有所增加（ILO，2016）。这些不同形式的工作安排中的工人可能无法进行集体谈判，要么是因为集体谈判权仅限于"雇员"，要么是因为他们与工作场所的脆弱关系使他们的集体谈判权无法被承认，从而无法行使这一权利。此外，在某些情况下，竞争政策可能引发监管限制——例如，如果工匠和记者等自营职业者进行集体谈判，却被认为是违反反托拉斯法进行"价格操纵"的垄断行为（Countouris and De Stefano，2021）。

在一些国家，法律和现有的集体协议确保各种形式工作安排中的工人都享有集体谈判的权利。例如，根据1992年《工会和劳资关系（统一）法》，英国工人享有与"雇员"相同的集体权利。同样，加拿大的从属承包人和德国类似雇员的人享有集体谈判权（Canada，ESDC，2019；ILO，2016：37–38）。在波兰，集体谈判权的范围已扩大到所有"为了钱而工作的人"。[③]

各国还解决了竞争政策对集体谈判权的限制问题。在爱尔兰，2017年《竞争法（修订）》明确规定，禁止订立定价协议的规定不适用于集体谈判，并在该法附表4中规定了相关自营职业者类别涉及的协议。欧洲法院则裁定，在荷兰，不应将"虚假的自营职业者"（即与受雇工人的情况相当的服务提供者）视为适用竞争规则的"企业"。海牙上诉法院随后发布了一项决定，指出竞争法不排除将集体协议适用于自营职业的替代者（例如，音乐家代替乐团成员）。[④]

© Sergio López Isla / Cedoc Copesa

---

①　这不包括具有真正业务和商业利益的自营职业者。
②　虽然没有关于各种形式工作安排的官方定义，但这一概念通常包括不属于标准雇佣关系领域的工作（ILO，2016）。另见ILO（2015d）。
③　实施公约与建议书专家委员会关于波兰实施第98号公约的意见（2019年）。
④　实施公约与建议书专家委员会关于荷兰实施第98号公约的意见（2018年）。

▶ **专栏2.6   集体谈判是所有工人应享有的权利吗？**

近年来，国际劳工组织越来越注重不同形式工作安排中的工人，特别是自营职业者，从整体上获得集体谈判权利的情况。[①]国际劳工组织监督机构重申了基本公约所载原则和权利的普遍性。2019年，国际劳工组织《百年宣言》呼吁所有成员国加强劳动制度，确保充分保护所有工人。宣言重申了雇佣关系作为向工人提供法律保护的手段的持续作用，强调所有工人都应根据"体面劳动议程"享有充分保护，同时考虑对其基本权利的尊重 [ILO,2019b: Part III（B）]。具体而言，国际劳工组织监督机构系统地指出，1948年《结社自由和保护组织权公约》（第87号）和1949年《组织权利和集体谈判权利公约》（第98号）涵盖所有雇主和工人，不因其合同地位而区别对待（ILO, 2018b: paras 1277-1278, 1283, 1285; ILO, 2012: para.209; 另见 ILO, 2016: 208-215）。

根据国际劳工组织结社自由委员会和实施公约与建议书专家委员会的说法，[②]自营职业者也应享有工会权利，这对于促进和捍卫其利益至关重要，包括通过集体谈判的方式。在这方面，结社自由委员会请各国政府与有关社会伙伴协商，确定集体谈判涉及自营职业者的特殊性，以便在适当情况下建立与自营职业者有关的具体的集体谈判机制。[③]2016年，大会标准实施委员会就爱尔兰自营职业者的集体谈判权，以及欧盟和爱尔兰竞争法对此权利的限制展开了大量讨论。在达成一致的结论中，考虑到劳工组织三方成员的不同意见，委员会建议政府和社会伙伴应"确定可能影响集体谈判机制的合同安排类型"。[④]

同样地，国际劳工组织监督机构多次重申了持固定期限合同的工人和临时工、兼职工人、学徒以及外包工人或合同工人享有集体谈判权。特别是在固定期限合同方面，监督机构强调不应利用这些合同来反对工会，重复使用这些合同可能成为行使工会权利的障碍。至于兼职雇员，监督机构指出，虽然他们情况特殊，可能需要区别对待和进行调整（例如，谈判单位的定义或认证规则），兼职雇员也应享有结社和集体谈判的基本权利（ILO, 2018b: para.1278）。关于平台工人，实施公约与建议书专家委员会强调："所有工作中基本原则和权利都以与其他所有工人相同的方式适用于平台工人，无论其就业状况如何"（ILO, 2020a: para.327）。

鉴于各种形式工作安排的增加，可能需要在国家层面审查现有的监管框架，以确保为那些在需要劳动法及其他法律和法规提供保护的工作关系中的人提供切实保护，包括有效承认集体谈判权。这可能涉及评估雇佣关系的人员范围，以在法律上明确各种形式工作安排中工人的就业状况。根据2006年《雇佣关系建议书》（第198号），可以考虑通过一些可行的指标来确定雇佣关系。正如实施公约与建议书专家委员会指出的那样，"在发生争议的情况下，应由法院或其他争议解决机构根据法律确定的指标……逐案确定是否存在雇佣关系"（ILO, 2020a: para.249）。实施公约与建议书专家委员会还强调，"当前的指标可能不再有助于确定未来雇佣关系是否存在。因此，当适宜之时，各成员应考虑有必要建立新的标准或修订现有标准。这将符合……定期审查、阐明和调整相关法律范围的需要，以保证对雇佣关系中的工人的切实保护"（ILO, 2020a: para. 250）。在这方面，比利时政府要求数字平台经济中的工人就其能够组织和进行集体谈判的方式提供相关信息。实施公约与建议书专家委员会提请该政府"与有关各方进行磋商，以确保第98号公约涵盖所有平台工人，不论其合同地位如何，都有权参加自由和自愿的集体谈判"。⑤

① 在这方面，实施公约与建议书专家委员会对多个国家和地区实施第98号公约的情况提出意见，包括比利时（直接要求，2021年）；巴西（意见，2021年）；加拿大（直接要求，2021年）；哥伦比亚（意见，2021年）；多米尼加共和国（意见，2021年）；爱尔兰（直接要求，2019年）；中国澳门（意见，2018年）；荷兰（意见，2018年）；新西兰（直接要求，2018年）；秘鲁（意见，2019年）；波兰（意见，2019年）；南非（直接要求，2019年）；叙利亚（意见，2019年）；特立尼达和多巴哥（意见，2020年）。另见ILO（2015d）。

② 详见ILO（2012：para.219），以及实施公约与建议书专家委员会关于巴西（2021年）、加拿大（2021年）、爱尔兰（2018年）和荷兰（2018年）实施第98号公约的意见。

③ 见ILO（2018b：para.1285）；结社自由委员会第2602号案件（韩国），第363号报告（2012年3月），第461段。

④ 爱尔兰实施第98号公约的个案——讨论：2001年，出版物：第105届国际劳工大会（2016年）。

⑤ 实施公约与建议书专家委员会关于比利时实施第98号公约的直接要求（2021年）。

2.2.2　建立谈判桌

建立谈判桌的方式——包括对可能坐上谈判桌的各方和"参与规则"的认可——在确定集体谈判能在何种程度上有助于实现工作的包容性和有效治理方面发挥了重要作用。作为一个自愿的过程，集体谈判是以当事人的自主权为前提的。**公共机构、机制和监管框架的作用是促进集体谈判的全面发展。需要在国家对集体谈判的促进和保障作用与谈判各方的自主权之间取得良好的平衡。**各国情况差异很大，从"自愿"产业关系制度①，即谈判各方自行建立集体谈判程序规则而国家给予最少的干预（如瑞典或挪威），到由主管当局"建立谈判桌"以促进集体谈判。

虽然在大多数国家中，谈判一方为雇主（或雇主组织），另一方为工会，但根据产业关系制度，集体谈判可能涉及民选代表，如工作委员会代表（如奥地利、法国、德国或荷兰）。此外，一些国家（有时违反专栏2.1中规定的原则）正在赋予非工会工人越来越大的权利，使他们能够直接与雇主进行集体谈判。这可能会损害具有代表性的工会的地位，影响由它们谈判的协议所提供的保护水平（见专栏2.7）。②

有效承认有代表性的集体谈判的各方是促进谈判的关键。对各方的承认可以自愿确定（例如，通过承认协议），或通过法定手段确定。如果公共机构采用承认程序来确定谁有权坐在谈判桌前，这通常是基于业务守则或法律规定中预先确立的客观标准。这一过程可能涉及界定谈判单位（例如，在区域、部门、职业或企业方面进行界定），并为工人组织和雇主组织设定集体谈判所需的代表性门槛。一些国家承认在谈判单位中代表多数（或很高比例工人）的工会是独家谈判代理（见专栏2.1）。然而，在少数情况下，法律要求工会获得谈判单位至少50%成员的支持，才能被承认为独家谈判代理。③这意味着，如果一个工会未能获

① 在欧洲，"自愿"产业关系制度最近被描述为"自愿联合治理"（Eurofound，2020a：38）。

② 实施公约与建议书专家委员会最近对20个国家实施第98号公约的情况提出了意见，包括亚美尼亚（意见，2021年）；澳大利亚（直接要求，2021年）；孟加拉国（意见，2018年）；波黑（直接要求，2021年）；布隆迪（意见，2021年）；柬埔寨（意见，2021年）；中非共和国（意见，2021年）；哥伦比亚（意见，2021年）；哥斯达黎加（意见，2021年）；克罗地亚（意见，2021年）；法国（直接要求，2021年）；希腊（意见，2019年）；哈萨克斯坦（意见，2018年）；吉尔吉斯斯坦（直接要求，2021年）；尼泊尔（意见，2019年）；巴基斯坦（意见，2019年）；罗马尼亚（意见，2021年）；俄罗斯联邦（意见，2019年）；斯里兰卡（意见，2021年）；塔吉克斯坦（直接要求，2021年）。

③ 实施公约与建议书专家委员会最近就实施第98号公约时采用50%比例为门槛的国家提出了意见，例如，伯利兹（意见，2021年）；多米尼加共和国（意见，2021年）；厄瓜多尔（意见，2021年）；萨尔瓦多（意见，2021年；莱索托（意见，2018年）；罗马尼亚（意见，2021年）；特立尼达和多巴哥（意见，2021年）；土耳其（意见，2021年）。

得绝对多数的支持，可能无法参加谈判。在其他国家，法律规定了参与集体谈判应获得的支持率门槛，比如40%（如圭亚那、牙买加和斯里兰卡）、30%（如孟加拉国、博茨瓦纳、冈比亚和巴基斯坦）或20%（如马拉维）。在没有工会满足这些条件的情况下，代表少数派的工会至少应该能够代表其自己的会员缔结集体协议。

一旦各方坐在谈判桌前，就可以进行集体谈判了。基于谈判的自愿性质，国家法律很少对谈判过程进行详细规定。然而，一些国家仍然存在国家干预的问题，从使用强制仲裁到要求将协议提交主管当局批准等。尽管如此，仍可以制定一些广泛的准则来促进建设性谈判。一些国家的法律规定了真诚谈判的一般义务（如阿根廷、柬埔寨、加拿大、新西兰、北马其顿、波兰、卢旺达和坦桑尼亚），[①]其他国家法律则规定了具体义务（如中国、肯尼亚、

> **▶ 专栏2.7　实施公约与建议书专家委员会关于第98号公约实施情况的最新意见**
>
> 在**哥伦比亚**，实施公约与建议书专家委员会（以下简称专家委员会）要求政府采取措施，确保只有在没有工会组织的情况下，才能与没有加入工会的工人达成集体协议。专家委员会指出，"企业与无组织工人团体之间的直接谈判规避了工人组织的存在这一规定，不符合促进集体谈判的要求"［实施公约与建议书专家委员关于哥伦比亚实施第98号公约的意见（2021年）］。
>
> 在**哥斯达黎加**，专家委员会表示担忧，尽管私营部门集体协议的数量仍然很少，但与没有加入工会的工人签订的直接协议数量却很多，而且有所增加。虽然最高法院宪法分庭第2011年第12457号裁决确认直接协议不能损害集体协议的谈判，或阻碍行使结社自由（并注意到劳动监察局发布的第018-12号通知），专家委员会指出："在实践中……不能确保被视为工人组织的团体就工作条件和就业条款进行谈判，可被用来破坏结社自由的行使，并削弱有能力通过集体谈判独立捍卫工人利益的工人组织的存在。"因此，专家委员会要求该国政府采取一切必要措施，包括立法性质的举措，"以加快促进与《公约》所指的工会组织进行集体谈判"［实施公约与建议书专家委员会关于哥斯达黎加实施第98号公约的意见（2021年）］。
>
> 在**希腊**，第4024/2011号法令规定，如果企业没有工会，则个人协会可以缔结公司层级的集体协议。专家委员会对以下事实表示担忧，"希腊劳动力市场上小型企业盛行，有利于结社，再加上废除了有利原则（该原则在第3845/2010号法令中首次提出并在并在第4024/2011号法令中得到具体适用），对该国集体谈判的基础产生了严重不利影响"。虽然专家委员会注意到政府表示已经恢复了有利原则，但仍要求希腊政府"明示采取了促进与各级工会进行集体谈判的措施，考虑与社会伙伴进行协商在小型企业中成立工会部门的可能性"［实施公约与建议书专家委员会关于希腊实施第98号公约的意见（2019年）］。
>
> 在**罗马尼亚**，专家委员会指出，根据2011年《社会对话法（及其后的修正案）》第135（1）（a）条，在非代表性工会（根据该法第51条，是指所覆盖的企业工人人数不超过50%的工会）不隶属于任何具有代表性的部门联合会的情况下，即集体协议谈判的普遍义务可以完全由当选的工人代表承担，从而废除非代表性工会代表其自身成员进行谈判的权利。专家委员会要求政府修订相关立法，"以确保如果没有工会获得绝对多数，应给予该单位所有工会集体谈判权利，至少能代表其自己的会员"，并且不需要加入代表性联合会才能进行企业层面的谈判［实施公约与建议书专家委员会关于罗马尼亚实施第98号公约的意见（2019年，2021年）］。

---

① 参见国际劳工组织产业关系比较法律数据库（IRLex），https://www.ilo.org/dyn/irlex/en/f?p=14100：1：0：：NO。

摩尔多瓦、瑞典、乌克兰和英国）。在某些情况下，社会伙伴之间商定的良好实践守则也对这些义务进行了规定。例如，南非 2018 年通过了《良好实践守则：集体谈判、工业行动和纠察》，旨在通过加强信任、相互理解和建设性参与来促进有序的集体谈判。各国已经采取或正在考虑采取各种监管措施，以促进集体谈判（见专栏 2.8）。

公共机构还可以提供预防和处理争议的服务，以支持各方进行建设性和充分知情的谈判。 例如，在保加利亚，国家调解和仲裁研究所为自愿解决雇主和工人之间的集体劳资争议

提供了便利。在南非，调解、调停和仲裁委员会提供促进自愿调解的服务并调解争议。澳大利亚公平工作委员会则是一个履行类似职能的准司法机构。

集体谈判各方需要获取信息以进行有意义的谈判（见专栏 2.1 和专栏 2.9）。**公共机构可以通过提供相关和可靠的信息**（如关于宏观经济和劳动力市场的信息，或有关部门发展趋势的信息），并鼓励谈判各方共享信息（如有关业务架构、财务和就业条款与条件等企业层面的信息）来促进充分知情的谈判。

▶ **专栏 2.8　最近和正在进行的监管发展实例**

在**西班牙**，根据政府与雇主和工人组织在 2021 年 12 月 23 日达成的三方协议，政府批准了 2021 年 12 月 28 日颁布的第 32/2021 号皇家法令。新法律旨在增强就业稳定（如通过限制使用临时合同），并全面改革 2012 年劳动改革引入的许多规定，这些规定限制了集体谈判对改善工作条件的作用。修正案还包括恢复"超期效力"（这意味着已过期的集体协议的有效期得以延长，直到谈判达成新协议），部门协议中规定的工资相关有利原则，以及扩大部门协议适用范围以涵盖分包商雇用的工人（外包公司本身有集体协议的除外）。

在**加蓬**，新的《劳动法》于 2021 年 11 月 19 日生效。新法针对集体协议的协调做出了明确规定，即国家层面最具代表性的雇主组织和工人组织就指导集体谈判的原则达成一致。同样，该法还包括部门层面集体谈判方面的有关规定。

在**马来西亚**，修订后的《劳资关系法》于 2021 年 1 月 1 日生效，特别加强了承认参加集体谈判的工会的规定，增加了确定唯一谈判代理人的新规定，并简化了反工会歧视指控相关的争议处理程序。

在**美国**，拟议的《组织权利保护法》[①]旨在扩大对员工组织权利和集体谈判权利的保护。虽然美采取的大多数措施都与组织权利有关（例如，扩大《公平劳动标准法》所涵盖个人的范围），但也吸纳了禁止替代或歧视参加罢工的工人的规定。该法案还解决了工会代表选举程序方面的问题（使员工能够通过电话或互联网进行远程投票）。

在**新西兰**，政府最近提出了公平薪酬协议制度（2021 年 5 月）。这种新的谈判机制将为整个职业或行业设定具有约束力的最低条款和条件。如果有 10% 的劳动者或 1000 名工人同意，则可以制定新的公平薪酬协议（Doorey，2021）。社会伙伴对这一拟议的制度表达了不同的看法。[②]

①该法案已于 2021 年 3 月获得新西兰众议院批准，尚待上议院批准。
②关于雇主组织的观点，参见 IOE and WEC（2021a）；关于工人组织的观点，参见 NZCTU（2019）。

▶ **专栏2.9　为具有建设性、充分知情和有意义的谈判提供信息**

获取可靠的信息并采取适当保密措施，有助于谈判各方真诚地进行知情谈判，并加强工资与生产率增长之间的联系。

集体谈判期间最常提到的指标是通货膨胀，以消费者价格指数进行衡量。还有一些其他宏观经济信息经常被提及，包括经济增长指标（如国内生产总值）、就业和失业等劳动力市场指标，以及邻国或主要竞争对手的工资和劳动力成本（如比利时和瑞典就经常这样做）。还有一些谈判方会考虑订单、一个部门的产能利用率、平均收入和劳动生产率的发展情况（如德国和韩国）。出于设定基准的目的，相关企业或部门的工资增长情况也是被时常关注的信息。在一些低收入国家，谈判方还可以根据一篮子消费品的成本加上其他基本成本（如科特迪瓦和塞内加尔）来讨论生活成本。在企业层面，谈判方倾向于将企业绩效和生产率的指标以及公司的财务状况纳入讨论。

为了促进达成共识，一些国家的公共机构和/或三方机构可能会承担提供可靠信息的任务。例如，瑞典国家调解办公室提供关于劳动力市场指标、工资和集体协议的公共统计数据；日本生产力中心按月、季度和年公布采矿业和主要工业部门的劳动生产率指标数据。此外，谈判方还经常咨询国家统计局（如智利）。

2.2.3　集体协议的适用情况

作为集体谈判的结果，集体协议建立了有关工作条件、就业条款和雇佣关系的联合规则。**这些协议的适用有助于从三个重要方面实现工作的包容性和有效治理。**首先是对各种监管来源进行排序，包括在多层级谈判体系中对开放性条款、偏离和困难条款进行监管。其次是对谈判单位或部门中的所有工人适用由具有足够代表性的各方缔结的协议。最后是在协议到期后提供关于工作条件的监管确定性。

有利原则与集体协议作为监管来源的功能紧密相关。如专栏2.1所述，在许多国家法律制度中，这一原则在法律、个人就业合同，以及集体协议（或更高层级的协议）中得到了承认。根据法律上的有利原则，在劳动法渊源等级体系中较高层级上建立的标准（如一国宪法或国家法律）不受较低级别标准的影响（如集体协议）；而当较低级别渊源包含对工人更有利的标准时，其应该优先于较高级别的渊源。在这种情况下，可以认为较高级别渊源为较低级别渊源建立规范提供了"下限"（Jacobs，2014）。许多监管框架都确立了有利原则，该原则提供了劳动保护相关的监管秩序和确定性。

很明显，在有数据可查的国家中，大多数都确立了法律上的有利原则。在本报告研究的125个国家中，有91个国家明确承认该原则或通过一般性法律原则暗示其有效性。但也有例外，主要是欧洲具有自愿产业关系制度的国家，在这些国家中，有利原则的适用由谈判各方决定（丹麦、芬兰、冰岛、挪威和瑞典）。也有一些国家没有对法律相关的有利原则做出规定（如博茨瓦纳、中国、古巴、塞浦路斯、加纳、印度尼西亚、爱尔兰、日本、新西兰、尼日利亚、韩国和英国）；然而，法律或协议中没有该原则并不排除其在实践中的应用，包括在司法实践中执行该原则。在一些国家，可以由其他法律原则衍生出有利原则，这在拉丁美洲国家很常见，"如有疑问，请做出有利于工人的决定"的原则[①]在这些国家中被广泛应

[①] 拉丁美洲的劳工法官和学者普遍采用保护原则的核心要素，并表达了以下观点："如有疑问，请做出有利于工人的决定"。如需更多信息，请参阅 Gamonal C. and Rosado Marzán（2019）；Plá Rodríguez（1978）。

用（如哥伦比亚、哥斯达黎加、多米尼加共和国、萨尔瓦多和尼加拉瓜）。

在允许克减保护性条款的国家中，法律明确规定了允许克减的条件和/或可被克减的规范（如阿根廷、澳大利亚、奥地利、巴西、爱沙尼亚、芬兰、德国、匈牙利、日本、荷兰、斯洛文尼亚和南非）。如专栏2.1所述，这种克减应具有针对性（即涵盖工作条件的特定方面），并且仅以有限和合理的方式适用（另见专栏2.10）。例如，克罗地亚2014年《劳动法》（2017年和2019年两次修订）第7条第（3）款规定，除非该法或别的法律另有规定，否则应适用对雇员最有利的规定。在匈牙利，《劳动法》规定可以通过集体协议进行克减，尽管这种克减仅限于《劳动法》每一章结尾处列出的具体条款规定的情况。

在进行多个层级谈判的国家中，还会出现其他复杂的问题。如专栏2.1所示，确定谈判的层级是谈判各方的事情，那么，在这些国家，谈判各方可基于国家层面的法律框架来寻求确保不同层级谈判之间的衔接和纵向协调（ILO，2012：para.223）。可以通过在更高层面的集体协议（或多个协议）中适用有利原则，将不同层级的谈判有序衔接起来。在这种情况下，有利原则提供了一种程序性手段，可以将不同层级的标准串联起来。在所研究的125个国家中，有56个国家的有利原则对不同层级的协议之间的关系做出了规定。41个国家通过法律适用有利原则，而8个国家（塞浦路斯、丹麦、芬兰、冰岛、爱尔兰、立陶宛、挪威和瑞典）是由谈判各方决定的。对于法律没有规定有利原则的国家，大多数是在企业层面进行集体谈判。

除了援引有利于在不同层级达成的集体协议中建立规范等级的原则外，一些制度还允许较低级别的集体协议偏离或修改较高级别的协议中建立的规范。这可以通过各种修正条款来实现，如开放性条款、克减条款、困难或选择退出条款（见专栏2.11）。在可获得数据的国家中，有12个国家的法律规定（即允许）在更高级别的集体协议中使用开放性条款和克减条款，这些国家包括奥地利、比利时、科特迪瓦、法国、德国、意大利、立陶宛、葡萄牙、西班牙、多哥、南非和乌拉圭。15个国家的立法规定了困难或选择退出条款，包括阿根廷、保加利亚、法国、爱尔兰、日本、立陶宛、北马其顿、巴拉圭、菲律宾、罗马尼亚、塞尔维亚、新加坡、斯洛文尼亚、西班牙和越南。

▶ **专栏2.10 实施公约与建议书专家委员对巴西实施第98号公约的最新意见**

在巴西，根据2017年11月13日通过的第13467号法令，《合并劳动法》（*Consolidação das Leis do Trabalho*，CLT）新增的第611-A条引入了集体协议和协定优先于立法的一般性原则。因此，通过集体谈判有可能克减法律的保护性条款，唯一的例外是《合并劳动法》第611-B条提到的宪法性权利（该节列出了30项不得通过集体协议或协定搁置的权利）。在这方面，专家委员会指出，1949年《组织权利和集体谈判权利公约》（第98号）、1981年《集体谈判公约》（第154号）和1978年《（公共部门）劳资关系公约》（第151号）的总体目标旨在促进集体谈判，以期商定比法定条款和条件更加有利的就业条款和条件（ILO，2013a：para.298）。专家委员会还提出，第154号公约的准备工作承认了集体谈判的定义，即旨在改善法律保护工人相关规定的进程，该文书的目标载于序言部分，即有助于实现第98号公约的目标。专家委员会要求政府与有代表性的社会伙伴协商，采取必要措施修订《合并劳动法》第611-A和611-B条，以便更准确地规定可以通过集体谈判商定克减条款的情况，以及这些条款的适用范围［实施公约与建议书专家委员会关于巴西实施第98号公约的意见（2018年）］。

▶ **专栏2.11　跨职业、部门和地区层面的集体协议中的适应性条款**

开放性条款允许在其他级别的协议中对特定条款的实施进行变更，或将特定问题的监管委托给企业层面的协议。这些条款通常为企业和工厂层面的进一步协商提供了空间，如工资调整阶段的变动和实施可变（与生产率相关的）工资补贴。

克减条款允许集体协商偏离商定的条款并规定，在何条件下，低级别的集体协议可偏离高级别协议。此类条款还限定了议题，如对工作时间方面条款的偏离。

困难或选择退出条款规定了一系列预设条件，在这些条件下，遭遇经济困难的企业可在特定时期内选择退出集体协议或其部分条款。

资料来源：国际劳工组织，基于Visser（2013）；Marginson and Welz（2015）；Pedersini and Leonardi（2018）。

在适用集体协议时，根据合同法基本原则，雇主或雇主组织与工人或工人组织之间的集体协议应对缔约方及其成员具有约束力。但是，许多产业关系制度规定了集体协议的普遍适用性（"面向所有人"）和/或将集体协议扩展到非谈判方。

吸纳普遍适用条款，使集体协议可适用于企业（和/或部门）的所有工人，无论这些工人是否是签署协议工会的会员。这样，集体协议规定的最低条款和条件可以对超出协议适用范围的人员适用。采取普遍适用性是为了防止同事之间的竞争。雇主可能会认为这是不鼓

励工人加入工会的一种方式；相反地，它可能会受到工会的欢迎，因为不再有任何激励措施让雇主以较低的工资雇用没有加入工会的工人，否则可能会破坏现有的协议。普遍适用性能确保协议能覆盖公司中的非工会工人，从而促进了包容性的工作治理，这些工人可能与加入工会的同事具有某些共同特征，也可能没有什么共同点。这些无组织的工人可能更年轻，可能从事兼职工作，并可能受雇于临时合同（Hayter and Visser，2021：4–5）。

在可获得数据的125个国家中，80个国家的集体协议的普遍适用性受到法律监管。在75个国家中，集体协议自动产生普遍适用的效力。在24个国家中，集体协议只在企业层面具有普遍适用性；在5个国家中，仅在部门层面具有普遍适用性。在其余国家中有两种情况，集体协议在企业和部门两个层面都具有普遍适用性，或该国法律未明确规定在哪一个层级普遍适用。但是，在5个国家中，集体协议需要满足特定条件才能普遍适用，无法自动产生普遍适用性。

法定扩展机制（或同等功能）是基于公共机构决策的公共政策行为（见专栏2.12）。在某些条件下，公共机构可以发挥重要作用，将集体协议的适用范围扩大至指定部门或地区的所有企业，无论它们是否是签署协议的雇主组织的成员。通过为特定行业或职业建立最低标准或通用标准，它们可以为包容性劳动保护做出贡献（Hayter and Visser，2021：4）。例如，挪威于1993年引入了扩展条款；此后，集体协议的适用范围扩大至包括外资公司（如建筑公司和造船厂）派驻的工人（ILO，2016）。

▶ **专栏2.12　集体协议扩展需要满足的条件**

1951年《集体协议建议书》（第91号）建议，应采取由国家法律或法规确定的措施，以扩大集体协议的全部或某些规定的适用范围。然而，集体协议的扩展应符合若干条件，其中建议书第5（2）条具体规定如下："（1）集体协议已经涵盖了一定数量的相关雇主和劳动者，主管当局认为这些雇主和工人具有足够的代表性；（2）在一般情况下，应由集体协议缔约方的一个或几个工人或雇主组织提出扩展集体协议的请求；（3）在协议延期之前，应给予适用该协议的雇主和工人提出其意见的机会"。

虽然第91号建议书指出集体协议应"具有足够的代表性"，但没有提及具体的门槛，而是应根据各国国情来确定法定人数。

好几项研究强调了法定扩展的重要性，可以促进集体谈判、为部门谈判机构提供支持以及通过集体协议来保持其对企业和工人的广泛覆盖（Traxler，Blaschke and Kittel，2001；Schulten，2012；Schulten，Eldring and Naumann，2015；Hayter and Visser，2018，2021）。这是因为扩展机制不仅直接影响为非协议谈判方工作的雇员（相对较小的）比例，还通过消除鼓励雇主离开协会的动机来稳定集体谈判。扩展机制还为部门层面的谈判机构提供各种公共产品提供支持，如培训基金和养老基金（Hayter and Visser，2018）。

在有数据的125个国家中，71个国家对集体协议的扩展做出了规定，有3个国家明确不适用集体协议的扩展，还有48个国家的法律中没有相关规定。然而，应当指出，有一些国家对扩展做出了规定，但实际上却并没有实施（如立陶宛、波兰和土耳其；见Hayter and Visser，2021）。在丹麦和瑞典等国家，尽管法律没有规定集体协议的扩展，但工会可以与集体协议未覆盖的雇主达成共识，"加入"协议（Bruun，2018）。

扩展机制对包容性工作治理的贡献取决于协议的扩展在多大程度上是基于满足某些条件而做出的行政决定（即不是自动的）的结果，比如协议已由具有足够代表性的各方签署，或协议适当考虑了非谈判方的反对意见和公共利益标准。因为需要满足这些条件才能扩展集体协议，所以公共机构应认真考虑扩展协议可能给小企业的财务可持续性和就业带来的风险（AdC，2019；Hijzen，Martins and Parlevliet，2017）。例如，在南非，当扩展集体协议时，预计公共机构会考虑社会保护的可持续性（如养老基金、医疗保健福利、病假工资、失业和培训基金），以及在谈判理事会上代表小企业的利益（见以下论述和第4章）（Godfrey，2018）。阿根廷、法国、德国、荷兰、葡萄牙和瑞士是采用公共利益标准的国家，如考虑扩展协议可能对就业造成的影响，以及社会保护和培训基金的可持续性（见表2.1和专栏2.12）。

▶ 表2.1 集体协议扩展应满足的条件

条件		国家示例
协议各方的请求		阿根廷、奥地利、克罗地亚、法国、加纳、荷兰、葡萄牙、韩国、斯洛文尼亚、南非、乌拉圭
（政府、公共机构或法院颁布的）公共政策法令	具有足够的代表性	奥地利、克罗地亚、爱沙尼亚、芬兰、法国、希腊、匈牙利、拉脱维亚、卢森堡、荷兰、斯洛伐克、南非、西班牙、瑞士、乌拉圭
	公共利益测试	阿根廷、澳大利亚、法国、德国、爱尔兰、挪威、葡萄牙、斯洛伐克、南非、瑞士、乌拉圭
	非缔约方有机会提交意见	克罗地亚、德国、加纳、卢森堡、挪威、瑞士，以及其他一些很少使用延期的国家，如以色列、日本、韩国、俄罗斯联邦

资料来源：Hayter and Visse（2018，2021）。

许多扩展机制考虑了不同企业的差异及其适应迅速恶化的市场条件的能力，包括当对公共机构将集体协议扩展到企业后，企业对此协议的豁免程序。这些机制可以采取一揽子豁免的形式，即对特定规模的企业进行豁免，也可以采用根据某些标准免除扩展协议的全部或部分条款的程序。在捷克，员工人数不超过20人的企业可免于协议扩展。在阿根廷，法律允许中小型企业与工会进行谈判，以中止适用关于假期时间和支付奖金的条款。在南非，豁免已成为重要工具，特别是对中小企业而言。就业和劳工部长必须确保谈判委员会有一个处理豁免的有效程序，包括在豁免被拒绝时，有一个听取上诉的独立机构。总体而言，荷兰的企业必须有"令人信服的理由"，才有资格获得豁免：例如，如果它们能够证明其产品和劳动力市场不是整个行业的典型（Hayter and Visser，2021：15）。

最后，影响集体谈判协议期限及其期满后有效性的程序和政策（称为"超期效力"或"后效力"）不仅会影响各方在重新谈判此类协议期间的实践，还会对集体协议提供的劳动保护的有效性及其在工作治理中的作用产生影响。就期限而言，集体谈判协议可以是开放式的，也可以有具体的有效期。协议通常包含续约条款，也可能包括在事先通知后终止协议（即到期后不续约）的规定。立法可以确定到期日之后的期限和适用性（超期效力），或将这个问题留给谈判方确定。

从雇主的角度来看，在谈判各方难以续签集体协议的情况下，这些规定有助于维护社会和平与稳定。从工会的角度来看，如果雇主不希望续签协议或寻求降低标准，则涉及协议有效性的法律可以提供连续性并保护工人（Visser，2016：9）。传统上，许多产业关系制度都支持集体谈判的连续性，方法是确保集体协议在续签之前不会到期，或者保持最近到期的协议在终止日期之后仍然有效。

在125个国家中，有71个国家对超期效力进行了监管。其中大多数国家就（完整协议或仅某些条款的）超期效力做出了规定，即协议到期后持续有效，直到达成新协议为止。一些国家将集体协议的有效期延长至与此前商定期限相同的或另行规定一具体期限，从90天到1年不等。在其他情况下，缔约方可以同意不同的期限（如哥伦比亚和韩国）。各国也可以规定，如果不续签协议，具有确定期限的协议应获得不确定期限。表2.2展示了监管超期效力的国家和所采用的监管方法。在没有超期效力相关法律规定的国家，集体协议缔约方可选择在协议到期后维持完整协议的有效性，或仅维持部分条款的有效性（例如，南非和瑞典）。[①]

▶ 表2.2　部分国家对集体协议超期效力的监管

监管方法	国家
直到达成新协议	阿尔及利亚、安哥拉、阿根廷、澳大利亚、奥地利、布基纳法索、古巴、丹麦、多米尼加共和国、萨尔瓦多、法国、洪都拉斯、冰岛、拉脱维亚、马耳他、黑山、北马其顿、秘鲁、俄罗斯联邦、塞内加尔、美国、委内瑞拉、津巴布韦
超期效力等于原始协议期限	哥斯达黎加、危地马拉、墨西哥、索马里
特定期限	孟加拉国、波黑、哥伦比亚、克罗地亚、斐济、印度尼西亚、约旦、毛里塔尼亚、新西兰、韩国、塞尔维亚、泰国、越南
在不续约的情况下，超期效力的持续时间变得不确定	科特迪瓦、刚果民主共和国、爱沙尼亚、加蓬

注：以下国家无法归为上述任何类别：柬埔寨、加拿大、捷克、埃及、德国、希腊、印度、伊拉克、爱尔兰、意大利、黎巴嫩、摩洛哥、莫桑比克、尼泊尔、尼加拉瓜、挪威、巴拿马、罗马尼亚、卢旺达、斯洛伐克、斯洛文尼亚、西班牙、多哥、突尼斯、土耳其、乌克兰、乌拉圭。

资料来源：ILO（见附录1）。

2.3
集体协议的覆盖范围

集体谈判覆盖率是衡量集体协议监管覆盖率的一个指标，是指由一项或多项集体协议确定工资和工作条件的雇员的比例。高覆盖率（75%以上）通常表明缔约方共同管理就业条款和条件，而低覆盖率（低于25%）则表明集体协议的监管主要限于此类协议所覆盖的企业。在覆盖率较低的国家中，法定规范在劳动治理中起着至关重要的作用。

根据98个国家的数据，国际劳工组织估计，在这些国家中，雇员加权平均覆盖率为35.2%。在许多欧洲国家以及乌拉圭，集体协议的覆盖率很高（达75%以上），而在有数据的国家中，约一半的国家的监管覆盖率很低（低于25%）（见图2.2）。

---

① 本节未涉及国家法律允许集体协议的特定规定在协议到期后适用于个人就业协议的情况。

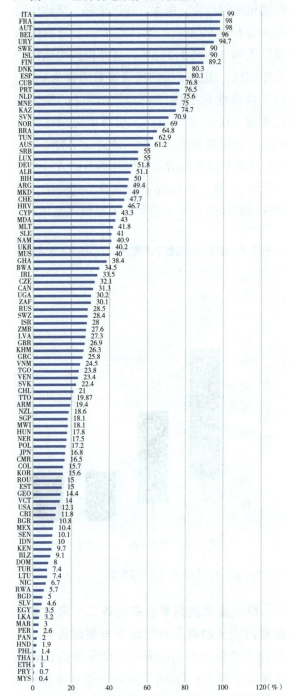

▶ 图2.2　世界各地集体谈判覆盖率

注：基于98个国家的最新可用数据。国家代码参照ISO3166《国家和所属地区名称代码》国际标准。

资料来源：国际劳工组织统计数据库（ILOSTAT）

尽管现在可以在一半以上的国际劳工组织成员国获得相关数据，但非洲和亚洲的一些国家没有这方面的信息。信息缺失的部分原因是劳动力市场上集体产业关系机构的相对不发达，以及这些国家收集相关数据的能力有限。发达经济体有丰富的产业关系相关文献，相比之下，新兴经济体和发展中经济体中对产业关系制度

化的研究相对较少（Hayter and Lee，2018）。

在有数据的98个国家中，各国集体谈判覆盖率差异显著。有48个国家的覆盖率较低，即低于25%（在马来西亚、巴拿马和巴拉圭，集体协议覆盖的雇员比例不到1%）；另有25个国家的覆盖率适中（25%~50%）；11个国家的覆盖率为中等水平（50%~75%）；还有14个国家的覆盖率很高（75%以上），都是高收入国家，其中，在奥地利、意大利和法国，受到集体协议保护的雇员比例近于100%。

至于在区域内的分布，图2.3显示，与其他区域相比，欧洲和中亚的集体谈判覆盖率的内部差异更大，这部分反映了该区域内各国谈判机构和结构存在较大差异。该区域的覆盖率从7%（土耳其）到99%（意大利）不等，两极分化显著。然而，其覆盖率中位数（47.7%）高于所有其他区域。

▶ 图2.3　集体谈判覆盖率的离散程度，按区域划分

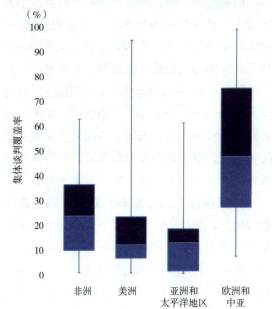

注：基于98个国家的最新可用数据。

非洲地区的中位数（23.8%）似乎高于美洲（12.1%）、亚洲和太平洋地区（12.8%）。这可以归因于这样一个事实，即集体谈判覆盖率是按雇员的比例计算的，在非正规程度较高的发展中经济体，这往往导致集体协议的监管覆盖率被高估。因此，像加纳这样的国家的覆盖率为38%，而该国的雇员在总就业中所占的比例仅为34%，这可能使人们对集体协议在该

国工作治理中的重要性产生扭曲的看法。在亚洲和太平洋地区，各国的覆盖率差异较小，这反映了集体协议可能在该区域的工作治理中发挥了更相似的作用。然而，马来西亚和澳大利亚之间存在着相当大的反差：在马来西亚，仅有0.4%雇员受到集体协议的保护；在澳大利亚，这一比例为61%。美洲地区集体谈判覆盖率的离散程度最高，从巴拉圭的0.7%到乌拉圭的94.7%不等。由于缺乏阿拉伯国家的数据，无法对该地区进行任何分析。

图2.4显示了集体谈判覆盖范围在不同国家收入群体中的离散度。集体协议的覆盖范围与发展水平之间存在显性关联。高收入国家的覆盖率中位数最高（42%），四分位数之间的差距也最大（21%~77%）。中高收入国家的覆盖率中位数为30%，中低收入和低收入国家的覆盖率中位数约为10%。与基于区域数据的分布相比，基于收入群体的数据偏差较小。然而，根据观察结果，高收入国家中的覆盖率差异最大（该组的最小值和最大值分别为8%和99%）。因此，尽管一个国家的收入水平似乎是预判其集体协议监管覆盖范围的重要指标（就中位数而言），但这种方法并未说明国家之间的差异（Grimshaw and Hayter，2020）。为此，有必要从比较的角度仔细研究不同的产业关系传统和制度，因为这方面的差异可能在解释监管覆盖范围对工作治理的贡献方面更为重要。

影响集体谈判覆盖率的第一个因素是工会密度。[①]我们对样本中87个国家的集体谈判覆盖率和工会密度率最新数据的分析表明，这两个比率呈正相关（相关系数为0.7）。也就是说，集体协议覆盖的员工越多，工会组织就越多。但也存在例外，如法国的覆盖率高达98%，但工会密度只有8.8%。类似的还有乌拉圭（分别为94.6%和35.9%）、西班牙（分别为80.1%和12.9%）和奥地利（分别为98%和26%）。在这些国家，国家雇主组织的强制性会员制是集体协议覆盖率高的原因。总体而言，60个国家的覆盖率超过了工会密度。这可以用集体协议的普遍适用性、此类协议的扩

展和自愿加入来解释。在27个国家则可以观察到相反的趋势。例如，在巴拿马，集体协议仅覆盖1.9%的雇员，但具有工会会员身份的雇员比例，达到了24.5%。这种模式也适用于孟加拉国，孟加拉国的协议覆盖率仅为1.5%，而工会密度几乎达12%；马来西亚的集体协议覆盖了0.4%的雇员，工会密度更则达到了8.7%。这可能是由于工会的能力、工会优先开展集体谈判以外的活动（如政治游说或社会保障管理）、在一些情况下雇主看不到缔结协议有任何好处以及紧张的劳资关系氛围造成的。

▶ **图2.4　集体谈判覆盖率的离散程度，按收入水平划分**

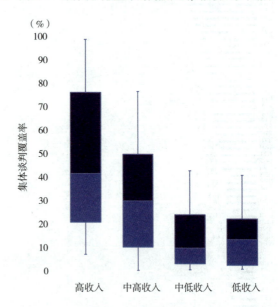

注：基于98个国家的最新可用数据。

影响集体谈判覆盖率的第二个因素是公共部门的劳动者是否能够参与集体谈判。所有13个高覆盖率的国家——即集体协议覆盖的雇员比例高于75%的国家——都保障公务员的集体谈判权利。相反，大约1/3（14个国家）的低覆盖率（低于25%）国家排除或限制公务员的集体谈判权。只有3个覆盖率超过25%的国家限制公务员的集体谈判权（见图2.5）。哥伦比亚的情况证明了公务员的集体谈判权利在形成集体协议监管范围方面的重要性，在公共部门建立集体谈判机制使集体协议所覆盖的工人数量大幅增加，并使超过100万的公务员

---

① 工会密度率在更细分的层面上反映了各部门的经济结构和工会模式。

受益。[①]因此，该国的总体覆盖率从2012年的0.9%增长到2013年的10.7%。[②]

公共部门劳动者参与谈判的程度也会影响集体协议所覆盖妇女的比例。尽管可获得的按性别划分的统计数据仍然比较有限，但现有数据表明，在公务员享有集体谈判权的国家中，集体协议覆盖的女性雇员比例高于男性雇员（见图2.5）。

影响集体谈判覆盖率的第三个因素是集体谈判的制度框架。 集体谈判可以在多雇主的基础上进行（在某些情况下，会在企业层面进行额外的集体谈判），也可以由企业或企业一级的单一雇主进行。在某些无法确定其主要机构设置的国家，某些部门是在单一雇主的基础上进行企业层面的谈判，而其他部门（如公共部门）则进行多雇主谈判。

▶ **图2.5 部分国家公共部门集体谈判覆盖率**

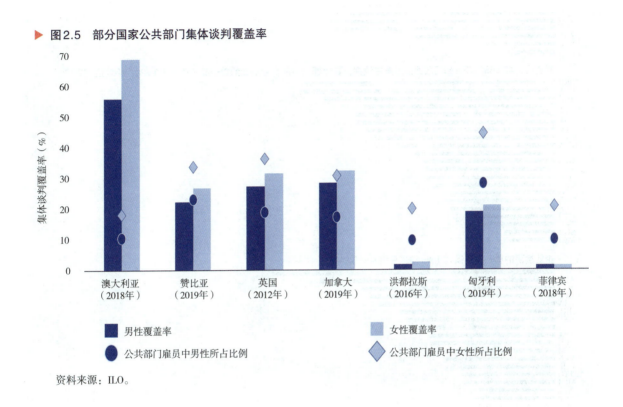

资料来源：ILO。

制度框架——即谈判是在单一雇主还是多雇主环境中进行的，以及主要在哪个层面上开展集体谈判——是预测集体谈判覆盖范围的重要指标（见图2.6）。多雇主谈判通常发生在雇主组织和工会之间，在跨职业和部门层面进行谈判。因在，在此背景下，集体协议的覆盖率最高，多雇主谈判也就成为最广泛的谈判形式（平均为71.7%）。[③]除了能带来更高的监管覆盖率之外，还有一些证据表明由此达成的集体协议更具包容性。研究结果表明，采用多雇主谈判形式与数量较少的自营职业者和较低的非自愿兼职就业率有关（Marginson，Keune and Bohle，2014）。覆盖率有很大差异，从塞内加尔（2019年签署了跨职业层面的协议）的10.1%到奥地利、法国和意大利等国的98%~99%不等。多雇主谈判在欧洲更为普遍，尽管美洲（如阿根廷和巴西）和非洲（如尼日尔、塞内加尔和南非）的某些国家也采用这种形式。

---

① 实施公约与建议书专家委员会关于哥伦比亚实施第98号公约的意见（2021年）。

② 根据2012年第1092号法令，哥伦比亚政府和该国各种工人组织达成协议，规定了政府服务相关的一系列统一要求，使1050000多名公职人员受益［实施公约与建议书专家委员会关于哥伦比亚实施第98号公约的意见（2014年）］。随着2014年第160号法令的通过，集体谈判已扩大到哥伦比亚的公共部门。专家委员会最近指出："三个国家工会联合会……乐见公共部门的集体谈判取得重大进展，这是由于多层级的谈判在国家层面具有普遍适用的效力。工会联合会认为这一机制应扩大到私营部门的集体谈判。"［实施公约与建议书专家委员会关于哥伦比亚实施第98号公约的意见（2021年）］。

③ 计算平均值时未将尼日尔纳入其中，因为该国的部门间协议可以追溯到1972年。

▶ 图2.6　集体谈判覆盖率，按制度框架划分

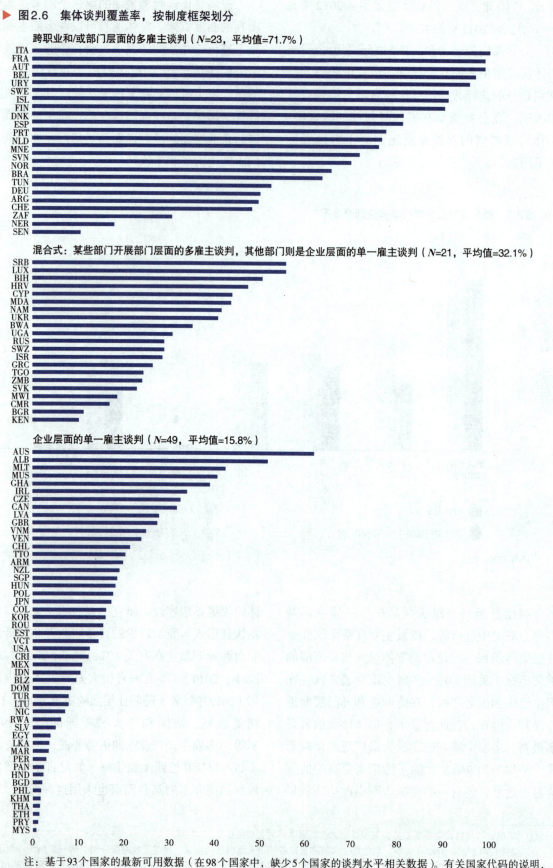

跨职业和/或部门层面的多雇主谈判（*N*=23，平均值=71.7%）

混合式：某些部门开展部门层面的多雇主谈判，其他部门则是企业层面的单一雇主谈判（*N*=21，平均值=32.1%）

企业层面的单一雇主谈判（*N*=49，平均值=15.8%）

注：基于93个国家的最新可用数据（在98个国家中，缺少5个国家的谈判水平相关数据）。有关国家代码的说明，请参见附录2表A2。

资料来源：国际劳工组织统计数据库（ILOSTAT）。

在没有任何单一制度环境占主导地位的21个国家，集体协议的监管范围参差不齐：某些部门在部门层面进行多雇主谈判，而另一些部门在企业层面进行单雇主谈判。在这些国家，集体协议的平均覆盖率为32.1%。在这些国家中部分国家，私营部门在企业层面以及公共部门在部门层面进行（如克罗地亚和摩尔多瓦）集体谈判。在具有单一雇主和企业层面谈判环境的国家，集体协议的覆盖率很低，平均值为15.8%，各国覆盖率从0.4%（马来西亚）到61.2%（澳大利亚）不等（澳大利亚的奖励制度[①]影响了其覆盖范围）。在这些覆盖率较高的国家，仍然有一些部门层面的协议，特别是在公共部门（如加拿大、爱尔兰和英国）。

在大约一半的被研究国家中，有利原则支配着不同层级的集体协议标准的制定（98个国家中，47个国家有覆盖范围相关数据）。[②] 在其中34个国家，有利原则受到法律管制，而在其他8个国家，该原则的适用性由谈判各方自行决定。谈判覆盖率高的国家尤其如此，这使它们能够共同规范其劳动体制的程序（其中4个国家的覆盖率超过75%）。

根据集体谈判在不同情况下发挥的监管作用（重大或最小），法律更有可能允许在集体谈判覆盖水平较高的国家，通过较低级别的集体协议，商定克减和其他偏离的情形。在集体谈判覆盖率中等和较高的25个国家中，有15个国家规定了对法律的克减，而在覆盖率低的48个国家中，只有4个国家允许这种选择。

在欧洲，集体谈判制度在过去20年中经历了重大的权力下放，因此，地方和企业层面的谈判变得更加突出（Visser，2013；OECD，2019b；Eurofound，2020a；Marginson and Welz，2015）。在无序的权力下放盛行的国家——援引 Traxler（1995）制定的框架——较低级别的协议取代了较高级别的协议（例如，在希腊、葡萄牙、罗马尼亚和西班牙）（Müller,

Vandaele and Waddington，2019）。相反，在权力被有组织下放的国家里，企业层面的协议可以在多层级的谈判系统中提供额外的层级（如奥地利、比利时、丹麦、芬兰、法国、爱尔兰、意大利、荷兰、斯洛文尼亚、瑞典和瑞士）（Müller，Vandaele and Waddington，2019）。这样一方面可以制定行业规范，另一方面可以在企业层面商定集体协议。在一些国家（如斯威士兰和马耳他），这两个系统存在重叠：企业层面采用了普遍适用原则，但在部门层面，该协议仅对缔约方具有约束力（反之亦然）。无序的权力下放会导致集体协议覆盖率下降，而当权力被有组织地下放时，监管覆盖率则保持相对稳定。

有组织的权力下放涉及在垂直协调的跨职业框架或部门框架内下放标准制定权利和阐明制定的过程。首先，通过适用有利原则；其次，通过各方使用开放性条款、克减条款以及困难或选择退出条款进行联合监管（见专栏2.10），这种下放可以增强法规的响应性和适应性（Visser，2013）。然而，这也可能使标准制定变得更加割裂和去集体化（Pedersini and Leonardi，2018：33）。正如文献中阐明的，多层级谈判系统的表现及其所能提供的适应性更多地与纵向和横向协调的程度有关，而与谈判在什么层级发生无关（Traxler，Blaschke and Kittel，2001；OECD，2019b）。

开放性条款和克减条款（对较高级别的集体协议的克减）仅在多层级谈判系统中具有重要作用。在集体谈判覆盖率高的国家，有一半的国家规定使用此类条款；在其他的高覆盖率国家，这些适应性条款在跨部门或部门层面协议中受到共同监管。

影响集体协议覆盖面的第四个因素是协议适用于工人的方式。虽然在被研究的国家中，有不到一半的国家（44个）规定集体协议仅适用于缔约方，但其中2/3的国家（64个

---

①　自20世纪初以来，奖励与企业层面的集体谈判成为澳大利亚产业关系制度的一部分。以目前的形式，"现代奖"基于行业或职业来颁发的，并在国家就业标准之外规定了最低就业条款和条件。这些条款和条件适用于全国工作场所关系体系覆盖的所有员工。更多有关信息，请访问公平劳动监察员网站，https://www.fairwork.gov.au/tools-and-resources/fact-sheets/minimum-workplace-entitlements/modern-awards。

②　这包括企业层面的协议占主导地位且没有其他层级谈判的国家。加拿大和智利这两个国家没有适用有利原则，而还有48个国家无法根据对其法律的审查来核实这一原则的适用情况。

国家）的法律都包含普遍适用集体协议的规定。如第2.2.3节所述，普遍适用意味着集体协议适用于企业或谈判单位的所有工人，无论他们是否为缔约工会的会员。[①]虽然很难明确其对监管覆盖面的确切影响，鉴于在没有立法要求的情况下，谈判各方自愿向所有工人适用协议是经常性的做法，集体谈判覆盖率高的大多数国家（14个国家中有10个国家）都有关于包容性普遍适用原则的相关规定。在这些国家，几乎一半的国家在企业和部门层面提供普遍适用。

如前所述，扩展政策也有助于通过集体协议促进企业和工人的包容性覆盖。"扩展"一词是指使用集体协议为部门、地区和职业中的所有企业设定共同标准的公共政策。与普遍适用相比，集体协议的扩展适用于企业而非工人。通过为企业提供额外的激励措施来帮助其保留成员，特别是对将适用于企业成员的协议条款产生影响的能力，扩展政策可以增强雇主组织的组织密度。因此，扩展通常用于维持多雇主谈判制度，并通过其对集体协议监管范围的直接和间接影响来增强协议的包容性。这还有利于协议实现对各种形式工作安排中的工人、小型企业雇用的工人，以及移民和外派工人等的包容性覆盖（Traxler, Blaschke and Kittel, 2001；Hayter and Visser, 2021；Schulten, 2012；Schulten, Eldring and Naumann, 2015；Hayter and Visser, 2018）。

在集体谈判覆盖率较高（超过75%）的14个国家中，有10个国家存在扩展机制，但丹麦、黑山和瑞典除外。其中，只有丹麦和瑞典保持了部门（多雇主）谈判和高谈判覆盖率。原因在于，这些国家的雇主和工会的组织水平很高，工会和雇主组织不断参与公共政策、具有支持性的法律制度，以及工会具备说服非组织雇主签署"加入"或"参与"协议的能力，其承诺支付相关集体协议中规定的适用费率（Bruun, 2018；Hayter and Visser, 2018：8）。至于覆盖率为50%~75%的国家，11个国家中有9个规定在部门层面扩展集体协议。然而，扩展条款在这些国家中的实际执行情况参差不齐：在克罗地亚、卢森堡和南非很常见，但波黑、保加利亚、俄罗斯联邦和斯洛伐克很少使用此类条款。

总之，在形成集体谈判的监管范围时，有效承认所有工人的集体谈判权并促进集体谈判的全面发展是基础。只有当这一过程涉及代表相当大比例工人的工会，并在地区、部门和/或跨职业等各个层级的多雇主环境中进行时，集体谈判才能实现最广泛和最具包容性的监管覆盖面。在一些国家，对集体协议进行普遍适用或扩展都有助于实现包容的工作治理。援引有利于集体协议的原则和便利集体协议快速反应机制的条款可以增强集体谈判对有效工作治理的贡献，只要这些条款反映了国际劳工标准规定的关键原则。

[①] 在一些国家（如斯威士兰和马耳他），这两个系统之间存在重叠：普遍适用的是企业层面，但在部门层面，该协议仅对缔约方具有约束力（反之亦然）。

集体谈判：
促进包容的工作治理

超过1/3的工人的工作条件和就业条款受集体协议约束*

▶ **集体谈判的监管范围由以下因素决定：**

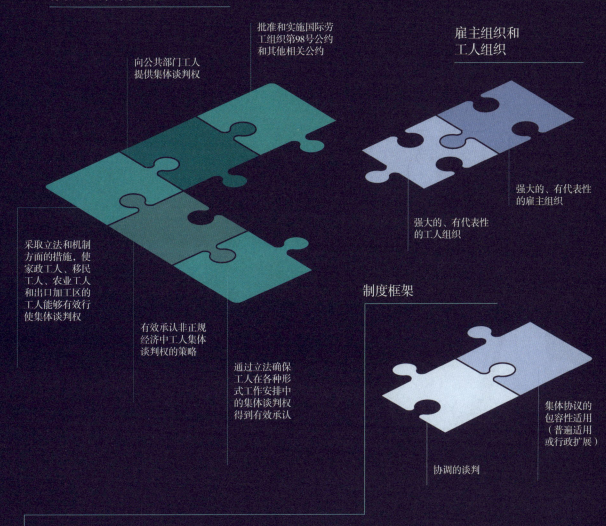

有效承认集体谈判权

批准和实施国际劳工组织第98号公约和其他相关公约

向公共部门工人提供集体谈判权

雇主组织和工人组织

强大的、有代表性的雇主组织

强大的、有代表性的工人组织

采取立法和机制方面的措施，使家政工人、移民工人、农业工人和出口加工区的工人能够有效行使集体谈判权

有效承认非正规经济中工人集体谈判权的策略

通过立法确保工人在各种形式工作安排中的集体谈判权得到有效承认

制度框架

协调的谈判

集体协议的包容性适用（普遍适用或行政扩展）

▶ **最具包容性的谈判形式是多雇主谈判**

集体谈判覆盖率（平均值**）

多雇主谈判
（N=23）　　　　71.7%

混合式：一些部门进行多雇主谈判，另一些部门进行单雇主谈判
（N=21）　　32.1%

仅限单一雇主谈判
（N=49）　　17.5%

注：* 基于98个国家的数据。
　　** 基于93个国家的数据。有5个国家的集体谈判水平无法确定。

第3章

▶ 集体协议的范围

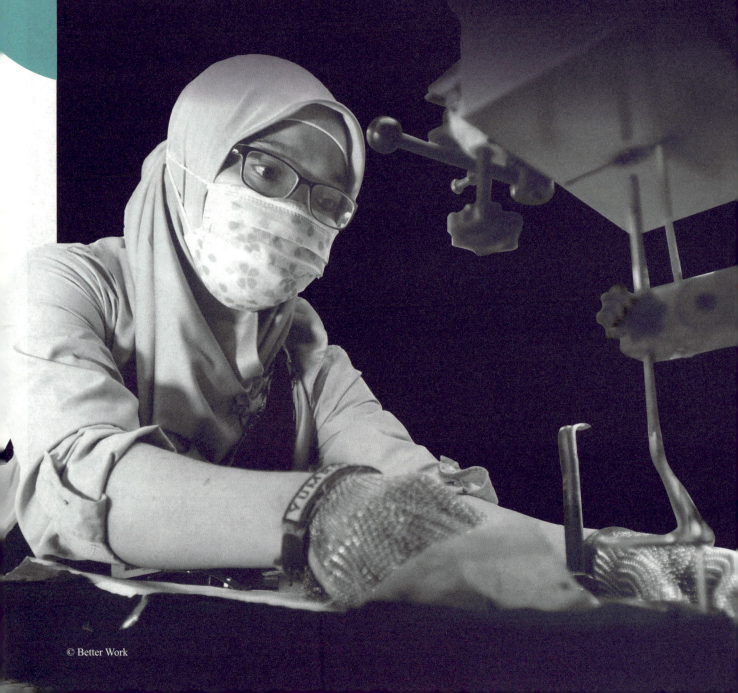

集体协议包含一系列关于工作条件和就业条款的实质性规定，如工资、工作时间、职业安全与健康（OSH）、医疗卫生和培训。集体协议也可能涉及各方的权利和责任。近年来的许多文献都关注讨论不同制度环境对劳动力市场的影响，特别是在高收入国家（OECD，2019b），但对集体协议的范围的研究甚少，也没有什么成果。集体协议如何规范工资和其他工作条件，以及这一过程在不同国家和制度环境下有何不同？集体协议如何应对世界许多地区日益加剧的不平等所带来的劳动市场挑战，如技能发展、年轻人和妇女融入劳动力市场以及技术和环境转型等一系列问题？各方如何利用集体谈判来为其未来发展创造尽可能多的机会？这些都是本章要探讨的问题。

本章基于对21个国家实践的研究（见附录4）以及对512份集体协议和二次文献的文本分析。鉴于集体协议通常具有保密性质，制定了一项特别议定书，以获取本报告所涉协议的信息（见附录5和专栏3.1）。并对九个大主题下的数据进行了分析：工资；工作时间；职业安全与卫生；社会保护；就业条件；技能发展；技术和环境转型；平等、多样性和包容性以及劳资关系。

按工作时间（小时、周或月工资）或按结果支付
工资标准
晋升原则（如按资历晋升）
生活费用增加
工资调整

认可工会
反歧视条款
便利工会活动
（会议、信息传播）

加班补偿（用工资或假期代替）
夜间工作津贴
周末和公共假日工作津贴
危险工作津贴
住宿补贴
运输或旅行津贴
伙食津贴
儿童津贴

和平条款
协商与合作
申诉和争议处理程序
纪律程序

基于结果的薪酬（佣金或计件工资）
与绩效或生产率挂钩的薪酬
财务参与

禁止歧视
招聘、培训和晋升中的机会和待遇平等
为文化、宗教和精神活动提供包容性休假
为移民工人提供统一的就业合同和保护
支持从学校到工作和退休的过渡
为残疾工人提供合理便利

标准工作时间（每日、每周、每月）
工作时间的组织（轮班、轮值表）
加班

用餐和休息时间
每周休息时间
年假

组织和持续时间的灵活性
（弹性时间；时间银行和
平均时间计划；压缩工作
周；减时）
日程安排的可预测性（边
际兼职工作的最低保证时
间；随叫随到工作的最短
通知时间）

防止工作中性骚扰的措施
投诉调查程序
为工作场所和家庭中的性别
暴力受害者提供支持

职业安全与健康委员会
参与评估、预防和控制
职业安全与健康风险
信息传播和咨询服务
职业安全与健康培训

支持平衡工作和护理
责任的措施
孕产妇保护和休假
育儿假
生殖健康和经期卫生
支持
因激素治疗而休假

安全和健康的工作环境
防范和消除职业安全
与健康风险的措施
工效学
拒绝不安全工作的权利
个人防护服和设备

职务分类和工薪标准的
透明度
重点以女性为主的职业或
部门的工作
解决性别工资差距的措施
（如平等津贴）

医疗保健
（现场服务、费用或保险报销）
带薪病假或病假工资保险

学徒融入劳动力
将学徒期计入工龄

工伤保险
丧失工作能力和遗属抚恤金

失业保险
法定失业救济金的补充金

职业养老金计划
法定养老福利计划的补充金

联合培训委员会
专门用于培训的时间
培训经费筹措
培训激励措施
技能验证和认证

试用期
裁员时的协商
通知期
遣散费

承诺进行社会对话
共同承诺采取措施，减少或抵消碳足迹
对公平转型的承诺（支持求职和安置；
培训和再培训）

关于技术变革的通知和协商
具有职能和地理上流动性的
就业保障
培训和再就业
体面的远程工作和混合工作
实践
断开连接权
数据隐私和保护

将临时合同和固定期限合同转换为长期合同
限制或有条件地使用临时合同或分包商
全职和不同形式的工作安排之间的薪酬平等

集体协议的范围

▶ 专栏3.1　为获取集体协议提供便利：巴西的"Mediador"系统

本报告研究发现，一些国家和地区在获得集体协议方面存在挑战。在许多国家和地区，此类协议是保密的，仅在被请求时提供给劳动监察员或劳动管理机构。然而，集体协议的内容反映了谈判各方形成的结果，可作为公共信息的宝贵来源。在某些情况下，这些内容甚至可以作为监管标准，其他企业可能希望自愿将自己的体面劳动实践与这些标准对标。关于集体协议内容的信息还可以改善对工资谈判的协调，提高谈判的透明度，并有助于传播公平和创新的做法。

巴西劳工部在2007年引入了"Mediador"在线系统，使雇主组织和工会能够以电子方式登记集体协议。在此之前，由劳工部的地方分支机构（地区劳工局）登记集体协议，并将协议副本发送给巴西利亚中央办公室。在劳工部登记赋予了这些协议法律效力。然而，登记过程使得研究协议变得困难和昂贵（Horn，2006）。引入"Mediador"系统后，集体谈判文书自愿电子登记的数量稳步增加，从2009年的32000份增加到2017年的近50000份。该系统便于统一公约和协议中用于记录条款的格式，实现了标准的统一，也促进了对集体协议的研究。此外，它大大提高了这些文书的可访问性和透明度，使用户有机会访问和下载成千上万份协议的全部内容。

工会间统计和社会经济研究部（DIEESE）在1993年创建了一个集体协议的数字数据库，名为"集体合同监控系统"（SACC），增加了信息的可获得性，提升了分析集体协议的能力，并会定期对数据库进行扩增。研究人员和机构根据要求访问数据库。除了数据库中的集体协议外，工会间统计和社会经济研究部正在进行的研究还借鉴了"Mediador"系统中的数据，使用专门的软件从数十万种可用的文书中提取所需的信息。

资料来源：ILO，见附录4；Horn（2006）；DIEESE（2022）。

对集体协议和实践做法的分析表明，国家、部门和企业以及公共和私营部门之间的集体协议范围存在很大差异。例如，工资和工作时间等涉及基本利益的传统话题仍然是绝大多数国家谈判的核心问题。即便如此，集体谈判的各方仍在研究新的方法来解决这些问题，如能实现更好的工作—生活平衡的灵活工作时间框架。集体谈判传统上侧重于生产率增益的分配，但当生产率增长缓慢时，与绩效相关的薪酬问题越来越多地出现在谈判议程上。随着越来越多的妇女进入劳动力市场，工会中女性会员人数增加（见第4章）。诸如如何缩小男女工资差距、如何平衡工作和护理责任、如何应对工作中基于性别的暴力，以及如何确保平等待遇等问题，是集体谈判的优先事项。谈判还涉及一些正在涌现的新议题，特别是促进公平的数字和环境转型的方式。①

有趣的是，报告所观察到的最大的差异与集体协议所涉及的议题无关，而与处理它们的方式有关。这并非完全出乎意料，因为集体协议管理工作条件和就业条款的方式取决于更广泛的监管和产业关系背景。然而，可以看出，有一些模式直接影响到集体协议以何种方式为实现工作的包容性和有效治理做出贡献（见表3.1）。

一方面，集体协议提供了针对特定部门或企业的企业和工人需求的解决方案。在有关工作时间安排和培训的规定中，可以清楚地看到这种有针对性的调整。另一方面，一些集体协议似乎只是为了照搬现有法律规定中与谈判主题相关的内容。这种情况在发展中国家比较常见，如照搬法定最低工资和关于工作时间、职业安全与健康标准的法定标准，这可能会加强对这些标准的遵守。还有一个值得注意的模式是纳入补充法定标准和公共政策的条款。在失业保护、疾病福利、医疗保健和养老金方面尤其如此：集体协议中的相关条款经常对国家社会保护体系中的现有法律条款形成补充。

---

① 在2021年6月国际劳工大会通过的《全球行动呼吁》中，所有政府、雇主组织和工人组织承诺"利用公平的数字和生态转型机会推进体面劳动，包括通过社会对话和集体谈判"［ILO，2021a：para.11（A）(j)］。

▶ 表3.1 集体协议可能对工作的包容性和有效治理做出的贡献

主题	可能对实现工作的包容性和有效治理做出的贡献
工资	• 采用明确和透明的定级原则设立工资下限（或不止一个），并规范工资 • 加强遵守法定最低工资要求 • 减少工资不平等 • 实行同工同酬原则 • 规范不同合同安排中工人的工资 • 将工资与生产率增长挂钩，伴随对生产率增益的分享 • 实现信息共享并确保信息的透明度（在保密范围内） • 为应对经济冲击的调整提供便利
工作时间	• 制定满足企业和工人特定需求的工作时间安排 • 加强对法定工作时间标准的遵守 • 为了雇主（应对需求波动）和工人（更大的自主权和更好的工作—生活平衡）的利益，促进工作时间的"受监管的灵活性" • 允许开发新的监管方法
职业安全与健康	• 为参与职业安全与健康标准的实施提供便利 • 促进职业安全与健康保护的预防措施 • 加强对监管性职业安全与健康标准的遵守
社会保护	• 补充国家社会保护体系内现有的法律规定 • 促进为社会保护进行可持续和公平的集体募资（在多雇主谈判环境下） • 为健康和生产性的劳动力提供支持 • 促进工作和劳动力市场转型
就业条件	• 能够保留具有公司所需技能和忠诚度的员工队伍 • 允许各种形式的工作安排时具有"受监管的灵活性"，并为所有工人提供包容性劳动保护 • 补充和加强对就业保护法律的遵守 • 确保程序公平
技术和环境转型	• 促进再培训和调整 • 通过顺利应用新技术和生产"绿色化"，实现投资回报最大化 • 使各方在转型中抓住机遇，促进经济安全 • 促进开发新的监管方法
技能发展	• 为行业和企业量身定制技能发展计划 • 促进培训的集体募资（在多雇主谈判环境中） • 使学徒和年轻工人能够进入劳动力市场
平等、多样性和包容性	• 解决性别工资差距 • 实行孕产妇保护、育儿假和探亲假，从而支持继续融入 • 促进预防和消除工作中的暴力 • 使弱势工人群体能够融入 • 将不歧视和机会平等原则制度化
劳资关系	促进稳定和劳动和谐 明确各方的权利和责任 将信息共享、协商与合作制度化 防止争议，并能够及时处理争议

3.1
工资和工作时间

工资仍然是雇主及其代表组织与工会进行谈判的主要议题之一。本报告所分析的大多数协议（95%）都包含了工资条款。集体协议规定的确定工资的做法在不同国家、部门和企业之间有很大差异，这取决于经济发展水平、制度框架和各方的相对权力资源。集体协议中关于工资固定部分的实质性条款（见图3.1）因基本工资的定义方式（按工作时间或产出）而异：比如协议是否包括工资表和工资结构，该结构中的工作评估和分类过程是否经集体谈判协商，以及如何将工资增长纳入其中。在某些国家，津贴和实物福利在工资中占很大比例。谈判商定的工资还可能包括与生产率和绩效挂钩的可变工资。

▶ 图3.1 协商工资的构成

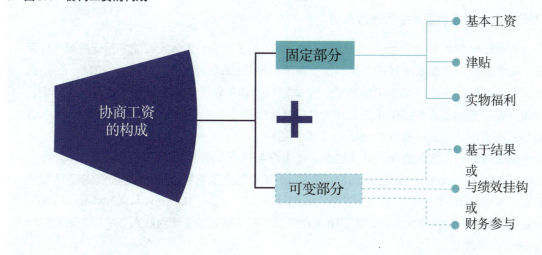

3.1.1 工资

固定工资

在集体协议中，工资的固定部分通常是指基本工资或底薪。[①] 大多数集体协议根据工作时间（小时、周或月）确定基本工资。在某些情况下，谈判商定的基本工资不与工作时间挂钩，而是基于定量产出（如生产的物品及件数）或佣金。在这种情况下，集体协议可以为这些按结果支付薪酬的体系确定"工资下限"。

但是，大多数集体协议都规定了与工作时间相关的工资率。

集体协议通常根据计划规定特定工作或职业类别的基本工资，以及各类别之间的差异（即工资标准）。这确立了特定企业或部门的工资结构。协议还可以规定透明的晋升原则，如基于技能水平和资历（服务年限）。在一些国家、部门和企业，特别是集体谈判覆盖率高的部门和企业，这些标准所依据的工作分类方案[②] 也是集体谈判的主题（如在比利时和法国；参见Fougère，Gautier and Roux，2016）。

---

① 基本工资是一份工作的工资，可以在其上增加各种补贴，如奖金、津贴和福利（Heery and Noon，2017）。有关美国集体协议和基本工资的讨论，请参见Farber et al.（2018）；对于欧洲国家，请参见Fougère，Gautier and Roux（2016）；Card and Cardoso（2021）。

② 工作分类方案基于工作评估过程，该过程产生工作等级，作为确定相对工资水平的基础。正式的工作评估过程要确保透明度和消除偏见（Arthurs，2001）。

在其他情况下，由公司政策决定被纳入个人就业合同的工资标准。[①]

为了保护实际工资，许多集体协议根据通货膨胀调整工资。在一些部门和企业，这是通过将商定工资与消费者价格指数（CPI）挂钩进行自动指数化[②]来实现的。[③]在另一些部门和企业，对消费者价格指数的引用要么是含蓄的（也就是说，消费者价格指数在谈判中被提及，但在协议中未引用）；要么是明确的（在协议中引用，但没有自动指数化）。[④]许多集体协议还规定了影响整个工资结构的额外增长。在某些情况下，在集体协议期间定期协商增长工资，以分配生产率增益。[⑤]这方面的做法各不相同：可能为所有工人或仅为那些赚取最低基本工资的工人协商结构化的工资增长；或在交错的基础上，使每个级别中赚取基本工资的工人获得更高的增长幅度，从而压缩了工资结构。可以基于百分比或按固定的货币金额增加工资。在实行多层次谈判制度的国家，一些部门层面的协议规定了工资总额增长的百分比，而这一增长的细目将由企业层面的集体谈判决定。[⑥]这可以加强集体谈判在解决收入不平等方面的作用（见专栏3.2）。

> ▶ **专栏3.2　为促进收入平等进行谈判**
>
> 弗里曼和梅多夫（Freeman and Medoff, 1984）关于工会和集体谈判能发挥促进公平作用的理论和经验在许多国家得到了证实（相关评论请参见 Hayter and Weinberg, 2011; Hayter, 2015; Visser and Checchi, 2011）。首先，集体协议通常反映了一般工会会员的偏好，他们往往是收入低于普通工人的低技能工人。通过提高大多数工会会员的工资下限并缩小低收入者和高收入者之间的差距，集体协议压缩了工资结构（Card, Lemieux and Riddell, 2003）。来自欧洲的证据表明，集体协议所覆盖的企业比未覆盖的企业的工资分配差距更小（Vaughan-Whitehead and Vazquez-Alvarez, 2018: 43）。较高的集体谈判覆盖率也与较低的低薪发生率有关，即收入低于中位数收入2/3的工人的比例（Metcalf, Hansen and Charlwood 2001; Bosch, 2015）。该地区集体协议的覆盖范围也削弱了基于绩效的工资对收入不平等的潜在影响（Zwysen, 2021）。
>
> 其次，集体协议使工资率标准化，从而减少了个体特征对工资差异的影响，导致有组织的企业和部门内部的分散程度低于无组织的企业和部门（Freeman and Medoff, 1984）。在高收入国家，与具有完全分散的谈判制度的国家相比，具有协调谈判制度和高集体谈判覆盖率的国家通常就业率更高，弱势工人群体能更好地融入劳动力市场，以及工资不平等水平更低（Garnero 2020; OECD 2019b）。在发展中国家，虽然集体协议可能会改善协议所覆盖的特定企业或部门中的工资不平等情况，但鉴于其覆盖水平从低至中等不等以及非正规的程度不同，集体协议对收入不平等的影响通常会受到一定程度的限制。其他因素可能会发挥更重要的作用，如劳动力市场的正规化和最低工资的设定（Cornia, 2014）。正如人们所期望的那样，检验因果关系的实证研究结果表明，谈判覆盖率较高的国家的收入D9/D1比率也较低。该指标突出了收入分布的前10%（第9个十分位）与后10%（第1个十分位）之间的差异。较低的

---

① 例如，埃及和印度尼西亚的集体协议（资料来源：ILO）和韩国的集体协议（附录4）。
② 指数化是指根据平均收入或通货膨胀指数（Heery and Noon，2017）定期提高工资的做法。
③ 例如，比利时、卢森堡和突尼斯的部门层面的协议，智利的企业层面的协议（附录4）。
④ 例如，北马其顿、南非和瑞士的部门层面的协议，埃及、韩国以及特立尼达和多巴哥的企业层面的协议（资料来源：ILO和附录4）。
⑤ 例如，瑞士和乌拉圭的部门层面的协议以及墨西哥、塞内加尔和韩国的企业层面的协议（资料来源：ILO和附录4）。
⑥ 例如，在奥地利和瑞典。

比率意味着较小的差异，而更高的比率意味着收入分布顶部10%和底部10%之间存在更大的差异。

用于改善收入不平等的集体谈判也取决于具体情况。例如，在南非，为了解决种族隔离时代的工资差距并压缩工资级别，已经谈判商定了全面的结构性增长，相当于按统一比率或百分比增长，取涨幅较大者。在奥地利，部门层面的集体协议可以让劳动委员会和管理层选择在特定工人群体分配一定比例的年度工资增长。雇主和劳动委员会使用这种"分配选择"（*Verteiloption*），以通过提高低薪工人的收入和解决性别工资差距来改善工资结构；通过将绩效与薪酬挂钩来加强激励制度。

▶ 图3.2　部分国家的收入不平等情况和集体谈判覆盖率

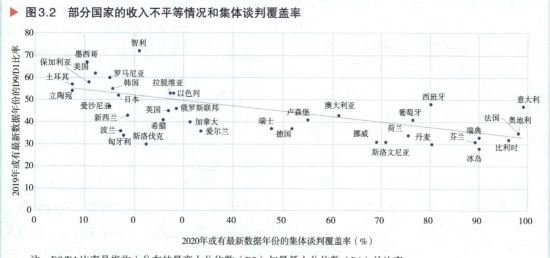

注：D9/D1比率是指收入分布的最高十分位数（D9）与最低十分位数（D1）的比率。

资料来源：国际劳工组织统计数据库（ILOSTAT）和经合组织统计数据库（OECD.Stat）。

除工资外，集体协议还可以规定补充基本工资的一系列其他津贴和实物福利，包括住宿、交通和伙食津贴，儿童和教育津贴，假期奖金，出勤奖金和年资奖金。[①]此外，还可能包括实物福利，如餐券、住宿、工作服、学习用品（如学年开始时的教科书），以及年终奖。集体协议通常还规定有在不安全或高风险条件下工作的津贴或资金。例如，越南的企业层面的协议包括"高温"津贴。这种津贴和实物福利的价值不可忽略：它们可以占固定工资的很大一部分。例如，在越南，津贴在企业层面协议规定的总收入中占15%~30%。

可变工资

在某些情况下，集体协商确定的工资中有一部分由与绩效相关的可变工资组成。尽管仍然相对有限，但近年来采用可变工资相关条款和方案的情况一直在增长（Marginson，2015：101）。与基于时间的标准薪酬相比，这种形式的薪酬更具灵活性，即标准化程度较低但更具可变性，并且对固定工资形成了补充。可变工资主要有三类。一是按结果支付薪酬，如基于佣金的工资、计件工资和生产奖金，其中可变部分与定量产出挂钩。二是与绩效相关的薪酬，根据某些定性标准对个人或团队进行评估。三是包括与企业业绩和盈利能力相关的

---

① 例如，北马其顿的部门层面的协议（资料来源：ILO）；智利、哥伦比亚、哥斯达黎加和越南的企业层面的协议（资料来源：ILO和附录四）。此外，参见企业层面的协议：集体协议—智利224号和集体协议—秘鲁236号。

财务参与计划，如利润分享计划（van het Kaar and Grünell，2001；Marginson, Arrowsmith and Gray，2008）。**在本报告分析的集体协议中，约44%的协议包含将工资与绩效挂钩的条款，但所占比例差异很大。**

在具有长期的集体谈判制度传统且在最高层面社会伙伴之间高度协调的国家，集体谈判建立了一个商定的框架，确保为雇主和工人提供透明性和程序确定性，从而促进了确定与绩效挂钩的可变工资（例如，在奥地利和比利时）。在一些国家，谈判方选择通过企业层面的集体协议来实施法律规定的利润分享计划。[①] 在低收入国家，纳入集体协议的可变工资往往是基于结果的。例如，柬埔寨、埃塞俄比亚和越南纺织部门的企业层面的协议将奖金与产出挂钩。

伴随欧洲国家下放集体谈判权，出现了一个问题，即这是否促进或阻碍了企业层面对绩效相关薪酬的谈判。博埃里（Boeri，2014）发现，没有集体协议的企业的绩效相关工资占工资总额的比例最高。在集体协议覆盖的企业中，与单独谈判的企业（单一雇主）相比，多雇主谈判安排下的企业中绩效工资占工资总额的比例更高。此外，两级集体谈判下的企业绩效工资所占比例最低，博埃里（Boeri，2014：16）将其归因于以下事实：两级体系中的绩效相关薪酬只能向上运行。布克特、布拉克曼和布兰德尔（Bechter, Braakmann and Brandl，2021）采用更严格的方法，发现集体协议覆盖的企业中可变工资的发生率高于未覆盖的企业。在多层级的多雇主谈判安排中，绩效相关可变工资的发生率也高于仅在企业层面建立的单一雇主谈判安排。尽管这些研究指出集体谈判与可变工资之间具有显著的兼容性，但这种关系取决于绩效相关可变工资的类型、制度传统以及多层次（两级）谈判结构内部的纵向协调程度。

3.1.2 工作时间

集体协议的第二个最常见的内容是工作时间。**本报告所分析协议中的大多数（85%）都包含了关于工作时间的条款。**集体协议通常规定了标准工作时间（如每天工作8小时，每周工作40小时）和偏离标准的情况，即加班及加班费。此外，通常还包括关于每日和每周休息时间、带薪休假时间和灵活工作时间安排的条款。集体协议处理工作时间的方式以及有助于工作的包容性和有效治理的方式取决于集体谈判在更广泛的工作时间监管框架中发挥的作用。在不同的国家，工作时间标准可能通过立法授权，也可经谈判或单方面确定（Berg, Bosch and Charest，2014）。

就工作时间标准进行谈判的国家，其集体协议覆盖面一般较高，且工会和雇主组织的组织水平较高。工会和雇主组织通常就灵活的工作时间达成广泛的监管框架，允许在企业层面由劳动委员会或工会和雇主针对具体情况调整工作时间。这使得工作时间方面的实践具有高度稳定性，也可以带来相当大的创新和"受监管的灵活性"（Berg, Bosch and Charest，2014）。这种模式不容易迁移到其他监管环境，例如在被分割的劳动力市场以及低组织水平的工会和雇主组织的环境中（Lee and McCann，2011）。对于法律在确定工作时间方面发挥主要作用的国家，协议可能有助于调整这些法定规范，通常是通过减少法定工作时间标准，偏离法律允许的条件，或考虑到企业和工人的需求，在法定规范下调整工作时间（Anxo and Karlsson，2019；Eurofound，2016）。

在发展中国家，集体协议经常照搬工作时间方面的法定标准。[②] 集体协议的这种监管作用在监测标准工作时间和促进遵守方面可能很重要。对来自菲律宾7个部门的37份企业协议的研究表明，集体协议照搬法定标准可以促进

---

① 例如，在比利时，根据2001年5月22日的第33号法令，雇员参与公司资本并为雇员设立利润奖金；在法国，关于工资增长、活动和平等的经济机会的第990号法令（2015年8月6日）；在巴西，2000年第10,101号法令规定了利润和成果分享方案，经2013年第12,832号法令修订；在埃及，法律赋予雇员分享利润的权利。

② 例如，柬埔寨、印度尼西亚、秘鲁、菲律宾、塞内加尔、坦桑尼亚、越南和赞比亚的企业层面的协定（附录4和附录5）。

良好实践的制度化（Serrano，2019）。

除了标准工作时间之外，许多集体协议还涉及加班补偿，可能是金钱上的补偿，也可能是以休假的形式代替工作时间。本报告所分析的协议中有一半（51%）都包括关于加班的规定。集体协议可以修改关于给定参考期间最大工作小时数的法定规范和/或降低加班计时的门槛（Anxo and Karlsson，2019）。在集体谈判覆盖率水平为中等和高水平的国家，协议可能会对加班工资适用浮动比例，加班工资随着加班工作时间的增加而增加。[①]企业层面的一些集体协议还规定，应在加班期间提供膳食。[②]

关于休息时间，集体协议一般会提供针对行业和工人特定需求的解决方案。例如，阿根廷针对石油和天然气平台建筑工人的集体协议规定，当工人在海上不间断地停留较长时间时，他们每有效工作21天，将获得9天的补偿性休息（ILO 2019d）。如果法律在调节工作时间方面发挥更大的作用，协议可能会规定超过法定天数的带薪休假天数。例如，在法国，肉类部门的企业层面的协议（2018年）规定了30天的假期，而法定最低假期为25天（Eurofound，2019）。

在许多国家，集体协议的范围已经扩大至包括灵活的工作时间安排。随着市场一体化和竞争的加剧，在不增加与加班相关的劳动力成本的情况下，雇主更愿意围绕不均衡的需求模式来组织工作时间。同时，越来越多的妇女和老年人加入劳动力市场，这意味着越来越多的人希望能在一定程度上选择工作时间的组织方式（Berg, Bosch and Charest，2014）。灵活的工作时间安排通常涉及持续时间的变化（例如，在时间平均计划或工作时间账户内工作更短或更长时间），工作时间的组织（例如，非标准工作时间表）和/或与工作时间组织相关的可变程度（如在随叫随到的工作中）（Campbell，2017）。**在本报告分析的协议中，有略超过一半（53%）的协议包括关于灵活工作时间的规定。**其中包括有关压缩工作周、减时工作、时间银行、平均小时计划（每月或每年）、弹性时间、长期休假和最短通知期的条款。

在有较长的集体谈判传统的国家，整合性谈判使各方能够达成协议，提供更广泛的工作时间选择，以满足企业对可变性的需求和工人对自治的需求。其中一些协议包括允许在生活过程中保持灵活性的创新性安排，特别是在生活过渡期间进行休假或减少工作时间的选择（如生育、再培训或照顾老年亲属）（Klenner and Lott，2016）。例如，在德国，金属行业中的集体协议通常规定了较短的工作时间，以获得更大的灵活性（Schulten and Bispinck，2017）。2018年的一项创新性协议为工人提供了一种可能性，即工人可以一次性支付以换取额外的假期，并在某些条件下将工作时间减少到每周最低28小时，这种情况最多可持续24个月。对于选择灵活工作的工人（在提供灵活工作的地方），该协议允许偏离雇主长期以来要求的法定休息时间，只要工人被允许自己选择何时开始或结束工作，就将工作时间从11小时减少到9小时，并有权获得补偿。[③]

当涉及非主流的兼职工作时，集体协议也可以使双方在可变的时间安排与工作时间表的可预测性和收入保障之间达成平衡，如提供每班的最低保证工作时间（在零时工合同的情况下）和最短通知时间（在随叫随到工作的情况下）。例如，在葡萄牙，陶瓷和玻璃行业的部门层面的协议规定每班至少工作6个小时（Portugal, CRL，2018）。在新西兰，快餐业在2015年达成一项企业层面的集体协议，保证兼职工人在过去3个月中至少有80%的工作时间（Campbell，2018）。

就灵活的工作时间安排进行谈判，可以成为复原力的重要来源。例如，为应对21世纪初的大衰退，谈判各方在奥地利、比利时、法国、德国、意大利、荷兰、瑞典和乌拉

---

① 其中一个实例是荷兰金属与技术行业的部门层面的协定（2019~2021年）。参见该协议第六章第42条（仅有荷兰语版本）。

② 例如，在企业层面（集体协议—澳大利亚60号，集体协议—特立尼达和多巴哥220号和集体协议—美国113号）以及在柬埔寨（附录4）。

③ 金属和电气工程行业的工资协议（2018年）。

主就减时工作谈判达成协议，以防止就业损失，并确保一旦经济回暖，企业能够恢复满负荷运行（González Fernández，2013；Flecker and Schönauer，2013；Glassner, Keune and Marginson，2011）。正如第5章所述，在新冠肺炎疫情席卷全球的2020年和2021年，这种机构适应能力被证明是至关重要的。

3.2
职业安全与健康

安全和健康的工作条件是体面劳动的基础。[①] 国际劳工标准高度重视预防性的安全与健康文化，强调通过和实施国家职业安全与健康政策，以及在制定、实施和审查这一政策时进行三方协商。[②] 职业安全与健康条例和政策结合了促进性、参与性和保护性标准，并利用它们之间的互补性，更有效地实现每种标准的目标（Sengenberger，1994：57）。促进性标准旨在通过建立国家机构来监督职业安全与健康管理，从而引发或支持被认为是可取的政策和行动。参与性标准涉及信息共享，协商以及联合决策和监督，通常通过职业安全与健康委员会或集体谈判本身来进行。保护性标准旨在保护工人免于置身于危险的工作环境中，免于遭受威胁其健康和安全的任何风险。

在大多数国家，职业安全与健康的监管主要由国家法律和政策框架驱动。准则、业务守则和技术标准也发挥了重要作用（ILO，

2009）。**集体协议一方面可以共同执行这些标准，另一方面可对这些措施形成补充，为职业安全与健康的全面有效管理做出贡献**。这包括一系列有效的职业安全与健康管理系统的关键要素：政策、规划、实施、评估和改进行动。集体谈判的双方都很关注预防职业事故和疾病。大约69%的协议包含一个或多个关于职业安全与健康的条款。如第5章所述，新冠肺炎疫情期间，集体谈判在公共卫生措施的实施方面发挥了重要作用，并有助于有效预防和控制工作场所的传染，从而支持企业持续经营并保护工人。

促进性和参与性标准

职业安全与健康的促进性框架反映了雇主和工人（及其代表）各自对工作场所安全与健康的责任，以及他们的权利、作用和合作领域（ILO，2005）。集体协议经常包括关于工人及其代表参加职业安全与健康委员会的规定，并重申这方面的法定标准。这有助于提升职业安全与健康管理系统的有效性。例如，美国教育部门的企业层面的协议要求职业安全与健康联合委员会为雇员整理和宣传安全信息，报告和讨论不安全的条件或做法，并就补救措施提出建议。[③] 在巴西，集体协议规定设立事故预防内部委员会，负责识别职业安全与健康危害，制定工作计划以防止事故发生并向雇员宣传安全信息。[④] 此外，本报告所审查研究的集体协议还包括以下条款：

• 建立职业安全与健康管理体系，包括参与危害识别、风险评估、风险防控等；[⑤]

• 职业安全与健康委员会的成员[⑥]，更具体地说，包括工会官员作为职业安全与健康委员会的成员；[⑦]

---

① 《百年宣言》（ILO，2019b：para. II.D）。
② 参见1981年《职业安全和卫生公约》（第155号）和1981年《职业安全和卫生建议书》（第164号）。
③ 集体协议—美国273号。
④ 例如，在地区层面的协议（集体协议—巴西266号；集体协议—巴西280号；集体协议—巴西286号；集体协议—巴西289号）和企业层面的协议（集体协议—巴西278号）。
⑤ 例如，在企业层面（集体协议—中国504号；集体协议—哥伦比亚87号；集体协议—日本337号）。
⑥ 例如，在部门层面（集体协议—芬兰204号、集体协议—塞内加尔511号）；在地区层面（集体协议—西班牙433号）；在企业层面（集体协议—加拿大341号、集体协议—哥伦比亚87号、集体协议—法国24号）。
⑦ 例如，在部门层面（集体协议—捷克388号）；在地区层面（集体协议—西班牙433号）；在企业层面（集体协议—加拿大334号、集体协议—哥伦比亚87号、集体协议—乌干达183号）。

- 职业安全与健康委员会中的工人安全与健康代表，有责任监测工作场所的安全，以及生产活动对工作环境的影响；①

- 协调整个部门的职业安全与健康委员会，以集中与职业安全与健康有关的知识、倡议和措施；②

- 承诺向所有工人提供安全和健康培训，并向安全与健康代表提供带薪假，以便他们能够参加相关培训活动；③

- 建立工效学委员会，以监测工人不断变化的工效学需求并评估风险；④ 提供有关工效学的培训，以防止工作相关的伤害；⑤

- 健康监测和促进工人的福祉（例如，通过提供健身中心）；⑥

- 当出现工伤或事故时，职业安全与健康委员会参与检查和调查；⑦

- 雇主在进行风险评估时需要咨询雇员。⑧

保护性标准

保护性标准关注工人的安全和健康，通常会加强法定标准。一些规定更直接涉及保护和控制工作环境，而另一些规定则涉及作为补充保护措施的个人防护设备。

© Wormphoto / iStock

---

① 例如，在部门层面（集体协议—丹麦397号）；在企业层面（集体协议—哥伦比亚#87号；附录4中阿根廷石油部门的协议）。

② 在部门层面（集体协议—法国325号）。

③ 例如，在部门层面（集体协议—丹麦397号、集体协议—斯洛伐克366号、集体协议—西班牙198号）和企业层面（集体协议—澳大利亚197号、集体协议—澳大利亚409号、集体协议—哥伦比亚87号、集体协议—日本342号）。

④ 在部门层面（集体协议—南非172号）和企业层面（集体协议—加拿大341号）。

⑤ 在部门层面（集体协议—哥伦比亚169号）和企业层面（集体协议—西班牙174号）。

⑥ 例如，在部门层面（集体协议—哥伦比亚169号、集体协议—葡萄牙281号），在地区层面（集体协议—澳大利亚237号）和企业层面（集体协议—加拿大336号）。

⑦ 例如，在部门层面（集体协议—捷克388号）、地区层面［集体协议—巴西280号，以及南非的协议（附录4）］和在企业层面（集体协议—柬埔寨170号、集体协议—中国427号、集体协议—乌干达183号）。

⑧ 例如，在部门层面（集体协议—捷克388号、集体协议—斯洛文尼亚475号）和企业层面（集体协议—中国504号）。

除了参与职业安全与健康的管理外，集体协议中最普遍的是关于工作环境的条款。这些条款关注保护工人，以及影响工作环境的因素。例如，柬埔寨制造业的企业层面的协议规定在工厂场所建造紧急出口，并定期进行火灾和紧急疏散演练。[①]本报告审查研究的集体协议中的其他条款涉及：

• 联合识别、评估和控制安全与健康风险（包括未经许可禁止进入工作场所中某些被认为是危险的区域，或仅能在此区域停留有限的一段时间等）；[②]

• 向雇员宣传有关职业安全与健康风险和预防的信息[③]，告知计划的工作场所变化可能对安全和健康带来的风险；[④]

• 合适的温度、清洁有序的工作场所，[⑤]以及报告工作场所空气质量和噪声水平的程度；[⑥]

• 对工人使用的工具引入工效学要求，对工作过程进行持续评估以确保其符合工效学标准，并承诺确保工作场所符合工效学标准并适应工人的需求；[⑦]

• 对单独或在密闭空间内工作的限制；[⑧]如果有合理理由认为工作会危害工人的健康或安全，或对同事产生类似危害，则有权拒绝工作；[⑨]

• 与工作有关的事故的记录，对此类事件的记录的维护以及在某些情况下进行事故报告（例如，造成三天以上缺勤的事故）。[⑩]

其他条款将个人防护设备作为补充保护措施来处理，以确保其满足特定行业或企业的具体需求。例如，一项覆盖意大利食品配送平台工人的协议包含向骑手提供相关个人防护设备的规定，包括头盔、雨具和高能见度外套。[⑪]加拿大石油部门的一项协议载有关于个人防护装备供应的相关规定，包括连体工作服、围裙、罩衫、手套、橡胶靴、安全帽、护目镜、呼吸器和防护耳罩，所有这些装备在处理有毒和危险材料时都至关重要。[⑫]此外，本报告审查研究的集体协议还包括以下方面的条款：

• 报销或支付工人购买适合工作的服装的津贴；[⑬]或雇主向工人提供此类设备的义务；[⑭]

• 工人有义务遵守安全与健康法规，佩戴适当的个人防护设备并传递潜在的安全与健康风险相关信息；[⑮]

• 正确使用个人防护设备，以及归还和维护防护服的规定；[⑯]

• 通过消除危险的矫正补救措施来确保在必要的情况下必须使用个人防护设备。[⑰]

---

① 集体协议—柬埔寨170号。

② 例如，在部门层面（集体协议—葡萄牙281号、集体协议—斯洛伐克366号）；在企业层面（集体协议—日本337号）。

③ 例如，在部门层面（集体协议—巴西289号、集体协议—意大利173号）；在企业层面（集体协议—加拿大341号、集体协议—墨西哥223号、集体协议—美国273号）。

④ 在地区层面（集体协议—澳大利亚237号）。

⑤ 例如，在部门层面（集体协议—捷克388号、集体协议—塞内加尔511号、集体协议—南非172号）；在地方层面（集体协议—澳大利亚237号）；在企业层面（集体协议—柬埔寨170号，集体协议—中国427号中的高温津贴，集体协议—印度59号）。

⑥ 例如，在企业层面（集体协议—加拿大329号、集体协议—加拿大334号）。

⑦ 例如，在部门层面（集体协议—荷兰195号、集体协议—西班牙326号）；在企业层面（集体协议—巴西279号、集体协议—智利223号、集体协议—印度尼西亚66号）。

⑧ 例如，在部门层面（集体协议—芬兰109号）和企业层面（集体协议—加拿大338号）。

⑨ 例如，在部门层面（集体协议—塞内加尔511号，集体协议—斯洛文尼亚475号）和企业层面（集体协议—巴西162号，集体协议—加拿大329号，集体协议—加拿大334号，集体协议—加拿大341号）。

⑩ 例如，在部门层面（集体协议—捷克386号，集体协议—捷克388号，集体协议—葡萄牙281号）和企业层面（集体协议—西班牙428号）。

⑪ 在企业层面（集体协议—意大利51号）。

⑫ 在企业层面（集体协议—加拿大331号）。

⑬ 例如，在地区层面（集体协议—美国153号）和企业层面（集体协议—加拿大336号、集体协议—美国113号）。

⑭ 例如，在部门层面（集体协议—奥地利389号、集体协议—捷克388号、集体协议—塞内加尔511号、集体协议—乌干达311号），在地区层面（集体协议—巴西286号）和企业层面（集体协议—加拿大331号、集体协议—加拿大333号、集体协议—特立尼达和多巴哥220号、集体协议—美国122号）。

⑮ 例如，在部门层面（集体协议—荷兰195号），在地区层面（集体协议—巴西280号、集体协议—美国370号）和企业层面（集体协议—加拿大334号、集体协议—日本335号、集体协议—斯里兰卡156号）。

⑯ 例如，在部门层面（集体协议—斯洛文尼亚475号）和企业层面（集体协议—加拿大333号、集体协议—加拿大341号）。

⑰ 例如，在企业层面（集体协议—加拿大341号）。

3.3
社会保护

社会保护规定减轻了与疾病、在工作场所受伤、失业和老年有关的风险。然而，2020年全球一半以上的人口（多达41亿人）仍然不享有任何形式的社会保护福利（ILO，2021b）。在本报告分析的集体协议中，**绝大多数协议在减轻这些风险的同时，都寻求补充现有的社会保护制度**。在支持社会保护方面，集体谈判机构发挥的作用在不同国家和体制环境中差异很大。在一些国家，多雇主谈判安排提供了通过集体融资创建职业福利计划的机会（Natali，Pavolini and Vanhercke，2018；Budlender and Sadeck，2007）。

获得医疗保健和疾病福利

在本报告分析的集体协议中，很大一部分（71%）对医疗保健、支付医疗费用的保险以及补偿因疾病造成的收入损失的保险做出了规定。在新冠肺炎疫情期间，这些与雇佣关系相关的益处被证明是极为重要的（见第5章）。

在实行全民医疗的国家，集体协议往往更侧重于具体治疗，如牙科保险。[1]而在提供全民医疗方面存在差距的国家，包括通过社会医疗保险提供全民医疗或者没有通过部门安排进行集体融资的国家，协议倾向于使企业接受健康保险计划，并规定雇主和雇员之间的费用分配。[2]在南非，一些部门层面的谈判委员会协议包含医疗福利计划和病假基金相关条款，由谈判委员会管理（Budlender and Sadeck，2007）。因为这些协议是社会保护的重要来源，就业和劳工部部长经常将其扩展到非谈判方。

在其他情况下，集体协议包括关于报销医院就诊或医疗费用的条款，[3]或在雇主与工人之间分担住院和医疗费用的条款。[4]一些企业层面的协议还规定了工人定期体检。[5]在孟加拉国和柬埔寨，双方同意建立内部医疗诊所，配备有资质的医生和护士，以应对紧急情况、突发疾病以及工人的其他医疗问题。[6]一些协议特别关注对流行病的预防。例如，在坦桑尼亚，集体协议包括艾滋病毒/艾滋病项目；在乌干达，不仅给待产妇女放假，以便于她们分娩，而且可以安排孩子接受免疫接种。[7]

关于因疾病造成收入损失的保险，一些集体协议补充了公共保险计划提供的部分病假保险。在加拿大、法国、荷兰、瑞典和瑞士，集体协议为疾病期间的法定收入替代提供了补充（Hemmings and Prinz，2020；Halima，Koubi and Regaert，2018）。还有一项重要的规定是丧葬费用的覆盖范围，这在发展中国家的集体协议中更为常见，高收入国家的某些协议中也包含这方面的规定。[8]

---

① 例如，在地区层面（集体协议—加拿大81号）和企业层面（集体协议—加拿大336号）。

② 例如，在企业层面（集体协议—哥伦比亚87号，集体协议—美国113号，集体协议—美国275号）。

③ 例如，在部门层面（集体协议—印度498号）。

④ 例如，在部门层面（集体协议—多哥468号）。

⑤ 例如，柬埔寨和韩国的协议（附录4）和企业层面的协议（集体协议—日本337号）。

⑥ 在企业层面（集体协议—孟加拉国499号、集体协议—柬埔寨170号）。

⑦ 在部门层面（集体协议—乌干达311号）和企业层面（集体协议—坦桑尼亚497号）。

⑧ 例如，在菲律宾（附录4），在部门层面（集体协议—北马其顿185号、集体协议—韩国480号、集体协议—斯里兰卡472号、集体协议—多哥468号、集体协议—乌干达311号），在地区层面（集体协议—巴西274号、集体协议—巴西280号、集体协议—巴西289号、集体协议—越南72号）和企业层面（集体协议—智利221号、集体协议—印度尼西亚66号、集体协议—日本342号、集体协议—巴基斯坦99号、集体协议—韩国110号、集体协议—坦桑尼亚497号、集体协议—乌干达112号、集体协议—越南77号）。

工伤

作为对现有保险的补充，一些集体协议涵盖了因工伤引发的医疗费用，并为因工伤事故造成的收入损失提供有时间限制的临时性的丧失工作能力现金补贴。[①]对于更严重的伤害，一些集体协议规定了永久丧失工作能力补贴和遗属抚恤金，在某些情况下对法定福利进行了补充。[②]集体协议还可以规范受伤或残疾工人重返工作岗位的条件，如轮班，以及调整工作时间和某些任务以更好地适应这些工人。[③]

失业保护

在比利时、丹麦、芬兰、冰岛和瑞典，集体协议已嵌入根特系统，工会据此管理国家补贴的自愿缴纳的失业保险。在其他一些制度中，部门层面的协议建立了补充法定失业保险的集中失业基金（如在法国、意大利和南非）。协议还可以通过使雇主承诺购买保险而为工人提供收入保护来应对失业风险。[④]第5章将探讨集体协议的这些特征如何在新冠肺炎疫情期间为法定的就业保留措施提供补充，并有助于增强复原力。

养老金

集体协议在是否包含养老金计划的条款取决于社会保障制度，以及该制度中产业关系行动方的作用（Ebbinghaus and Wiss，2011）。集体协议可能会重申雇主有责任为公共（缴费型）老年福利计划缴费，从而加强遵规守法。另外，集体谈判商定的职业养老金计划可以补充公共养老金，或者通过提供具有更高福利的

集体替代方案来补充这些养老金。**本报告审查的协议中，有一半（50%）包含有关养老金的规定。**

在一些国家和部门，跨职业或部门层面的协议通过职业养老金计划实现了集体融资（Trampusch，2013）。对于雇主而言，这可以将风险集中在部门内，从而改善投资组合管理并降低管理成本。对于工人来说，这种计划有助于他们在某一部门的各企业间流动，而不会有在养老金福利方面遭受损失或不利的风险（Ebbinghaus and Wiss，2011）。然而，职业养老金计划的可持续性取决于谈判机构的行政管理能力和协议各方的代表性（Trampusch，2009；Budlender and Sadeck，2007）。国家可以根据各方的"充分"代表性，将集体协议扩展到所有雇主，从而强制性缴费。[⑤]在其他情况下，企业层面的协议指向由企业或私人提供者经营的职业养老金计划，具体规定了雇主和工人应分别支付的费用。这在大型企业与组织和/或以企业层面的谈判为常态的国家和部门更为常见。

3.4
就业条款

本报告审查研究的许多集体协议都包含规范就业条款的规定，包括试用期、通知期、遣散费，以及临时和固定期限合同。试用期从三

---

① 例如，特立尼达和多巴哥的集体协议（附录4），在部门层面（集体协议—芬兰109号、集体协议—瑞士438号）、地区层面（集体协议—加拿大81号）和企业层面（集体协议—日本337号、集体协议—日本342号）。

② 例如，在地区层面（集体协议—巴西280号）和企业层面（集体协议—加拿大331号、集体协议—哥伦比亚87号、集体协议—法国23号、集体协议—西班牙428号）。

③ 例如，在跨职业层面（集体协议—塞内加尔196号）、部门层面（集体协议—阿尔巴尼亚104号）、地区层面（集体协议—巴西266号、集体协议—美国153号）和企业层面（集体协议—加拿大331号、集体协议—加拿大341号、集体协议—马来西亚490号）。

④ 例如，在部门层面（集体协议—奥地利389号）和企业层面（集体协议—澳大利亚60号、集体协议—加拿大334号）。

⑤ 例如，法国的跨职业层面协议、荷兰的部门层面协议和南非的谈判委员会协议。

个月以下①到一年以上不等。②有些协议规定了从六周到六个月不等的固定通知期，无论薪酬等级如何，③而另一些协议是以年资为基础的；④一些协议规定了对年长工人适用更长的通知期。⑤关于裁员程序，除了协商和通知期之外，一些协议还为工人在接到合同终止通知后寻找新工作留出了时间。⑥在韩国，冶金行业的部门层面的协议规定了六个月以上的培训，以便利工人换工作。⑦遣散费通常以服务年限为基础。⑧

集体协议还包括将临时、兼职和固定期限合同转换为长期的无固定期限合同的规定。这里的重点是"受监管的灵活性"，即确保企业对灵活性的需求与工人对就业和收入保障的需求相平衡，以使其能够应对不断变化的需求（见专栏3.3）。本报告分析的集体协议包括以下规定：

• 承诺参与社会对话，讨论临时工或分包的必要性；⑨

• 将已在企业工作满规定时间的劳动者的合同由临时合同转为长期合同；⑩

• 限制临时工的数量，或阐明需要这样做的情况，如紧急情况；⑪

• 承诺不使用分包商；⑫

> ▶ **专栏3.3 特立尼达和多巴哥就工作安全进行谈判**
>
> 在特立尼达和多巴哥，集体谈判主要在企业层面进行，但工会也进行一些谈判协调。例如，油田工人工会谈判达成的大多数协议都包含一项关于监管合同工作的规定。在这些条款中，雇主通常承诺不雇用承包商或不外包集体协议所覆盖的通常由雇员完成的工作。如果临时需要合同工，则应按与从事相应工作的雇员相同的费用支付工资。许多企业层面的协议还包含关于就业保障的程序性条款，根据该条款，雇主承诺在计划裁员时与工会协商，并尝试在终止雇员服务之前将其重新分配或转移到另一个部门。
>
> 资料来源：ILO，见附录4；集体协议—特立尼达和多巴哥220号。

• 承诺不因分包而解雇长期工人，并在工作外包前公布内部职位空缺；⑬

• 临时合同工应获得与从事相同工作的长期工人相同的工资。⑭

---

① 例如，在部门层面（集体协议—奥地利55号、集体协议—荷兰97号）和企业层面（集体协议—柬埔寨170号、集体协议—加拿大331号、集体协议—印度尼西亚66号、集体协议—印度尼西亚67号、集体协议—印度尼西亚206号、集体协议—新加坡324号、集体协议—乌干达183号）。

② 例如，在地区层面（集体协议—澳大利亚237号、集体协议—美国153号）和企业层面（集体协议—澳大利亚213号、集体协议—加拿大339号、集体协议—坦桑尼亚497号）。

③ 例如，在部门层面（集体协议—捷克388号）和企业层面（集体协议—新西兰470号、集体协议—新西兰471号、集体协议—韩国74号）。

④ 例如，在部门层面（集体协议—阿尔巴尼亚104号、集体协议—奥地利55号、集体协议—奥地利390号、集体协议—瑞典292号）和企业层面（集体协议—丹麦57号）。

⑤ 在企业层面（集体协议—澳大利亚238号、集体协议—澳大利亚409号）。

⑥ 例如，在部门层面（集体协议—奥地利55号、集体协议—丹麦397号）和企业层面（集体协议—澳大利亚238号、集体协议—新西兰470号、集体协议—新西兰471号）。

⑦ 在企业层面（集体协议—韩国74号）。

⑧ 例如，在部门层面（集体协议—捷克386号、集体协议—丹麦397号），在地区层面（集体协议—巴西280号）和企业层面（集体协议—澳大利亚60号、集体协议—澳大利亚409号、集体协议—澳大利亚466号）。

⑨ 在地区层面（集体协议—巴西280号）和企业层面（集体协议—印度尼西亚66号、集体协议—美国276号）。

⑩ 例如，在部门层面（集体协议—韩国75号、集体协议—韩国98号、集体协议—韩国107号、集体协议—韩国481号、集体协议—西班牙198号）和企业层面（集体协议—澳大利亚406号、集体协议—澳大利亚409号）；哥伦比亚的集体协议（见附录4）。

⑪ 在部门层面（集体协议—芬兰202号、集体协议—意大利147号、集体协议—韩国480号），在地区层面（集体协议—西班牙433号）和企业层面（集体协议—意大利51号、集体协议—意大利216号、集体协议—荷兰194号、集体协议—韩国69号、集体协议—美国275号）。

⑫ 在企业层面（集体协议—加拿大329号）。

⑬ 在企业层面（集体协议—美国113号）。

⑭ 例如，在菲律宾（附录4），在地区层面（集体协议—巴西274号、集体协议—巴西280号）和企业层面（集体协议—澳大利亚205号）。

3.5

劳动转型

技术进步和经济"绿色化"正在改变劳

动世界。尽管这些变化带来了新的机会，但那些因此而失去工作的人（主要是低技能工人）往往最不具备承担新工作的能力，新的工作可能需要完全不同的技能。[①]重要的制度性尝试正在发生，突出了产业关系行动方在影响正在进行的转型和在转型中可以发挥的作用（Ferreras et al.，2020）（见专栏3.4）。第5章将讨论集体谈判应对新冠肺炎疫情期间远程办公实践不断增加的方式。

▶ **专栏3.4　集体谈判：零工经济中的制度性尝试**

英国

与平台快递服务公司订立的企业层面的协议（2019年）包含"自雇+"的标准工作时间、奖金和假期工资。2021年的后续协议更新了先前有关工资率的协议（集体协议—英国190号）。

与打车劳动平台签订的企业框架认可协议（2021年）规定了协商、集体谈判和工会服务的程序（集体协议—英国402号）。

丹麦

与清洁服务平台订立的企业层面的协议（2018年）包含转换为雇员身份、时薪、社会保护，以及数据保护和处理等内容（集体协议—丹麦57号）。

关于平台翻译工作者的企业层面的协议（2018）设置了收费标准，规定了自由职业者工资的年度调整和数据保护，并要求评级参数和算法以及争议解决程序完全公开透明（集体协议—丹麦189号）。

关于外卖骑手的部门层面的协议（2021年）规定了时薪、每周工作时间、最短的换班时间、加班和夜班补贴、育儿假、里程报销、社会保护、个人防护、数据保护、防止解雇和遣散费相关内容（集体协议—丹麦397号）。

西班牙

关于酒店和餐饮业的部门层面的协议（2019年）的修正协议规定，该协议也适用于为数字劳动力平台工作的外卖员，并对工资和工作条件（三级）进行监管（集体协议—西班牙56号）。

关于外卖平台的企业场面的协议（2021年）包括工资、工作时间、职业安全与健康培训、个人防护设备、健康检查、意外保险、性别平等（包括同工同酬、机会与待遇平等），以及数字权利（断开连接权、隐私权、获取算法和数据保护相关信息的权利）等内容（集体协议—西班牙510号）。

瑞士

关于自行车快递员的部门层面协议（2019年）引入了最低时薪、加班、夜班和周末工作补贴、假期、里程报销、社会保护和数据保护等方面的内容（集体协议—瑞士188号）。

德国

根据关于外卖平台的企业层面的协议（2018年4月），建立了欧洲劳动委员会，并规定委

---

①　在2021年6月国际劳工大会通过的《全球行动呼吁》中，所有政府、雇主组织和工人组织承诺"利用公平的数字和生态转型机会推进体面劳动，包括通过社会对话和集体谈判"〔ILO，2021a：para.11（A）（j）〕。

员会应有雇员代表（集体协议—德国200号）。

挪威

关于外卖平台的企业层面协议（2019年9月）规定了最低工资水平、冬季奖金、设备报销，以及养老金相关内容（集体协议—挪威208号）。

奥地利

覆盖自行车快递员的部门层面的协议（2020年）规定了月薪、加班补贴、奖金结构、每日工作时间限制、休息和休假津贴。此外，还包括个人防护设备、里程津贴和手机使用津贴相关规定。协议中关于社会保护、陪产假和产假的规定反映了法定标准（集体协议—奥地利55号）。

意大利

关于外卖平台的企业层面的协议（2021年）规定了最低时薪和奖金结构。骑手可获得里程报销、休息时间，将加班时间存入时间银行，以及奖金。协议还包括培训、个人防护设备，以及获得事故保险和人寿保险相关内容（集体协议—意大利51号）。

韩国

涵盖外卖服务平台的企业层面的协议（2020年）规定，工人不再需要为进入该平台支付费用，并规定了每周付款、奖金、健康检查、安全培训，以及在恶劣天气下停止配送的权利相关内容（集体协议—韩国479号）。

近年来，数字劳动力平台上的新工作安排迅速增加（ILO，2021c）。在许多国家，有关这些工人的合同地位和集体权利的问题被搬上法庭（IOE，2021a；Planet Labor，2021），在此背景下，一些平台公司、雇主组织和工会正在尝试将集体谈判作为共同监管的手段。例如，在奥地利，雇主组织与工会于2020年签署了一项覆盖了自行车配送工人（快递员和外卖员）的协议，适用于配送平台的所有员工。在丹麦，关于清洁服务平台工人的企业层面的协议（2018年）规定将工作满100小时的自由职业者的合同转换为长期就业合同。丹麦关于翻译平台工人的企业层面的协议（2018年）也适用于自由职业者。丹麦关于外卖行业的部门层面的协议（2021年）和挪威关于外卖平台的企业层面的协议（2019年）都涵盖签订兼职合同的工人。在意大利，工会和外卖平台同意将物流、运输和航运的部门层面的协议（2021年）适用于外卖员。该协议规定，工人应根据"无固定期限的从属雇用合同"从事其工作，并规定了使用定期和长期合同的比例为35∶65。在英国，"工人"方面的工会与打车劳动平台公司在企业层面达成了一项框架认可协议（2021年）。在韩国，工会在企业层面与外卖平台签署了一项集体协议，基于这些人是《工会和劳动关系调整法》所定义的"工人"这一假定。在西班牙，通过劳工部（2019年）的一项决议，扩展了酒店行业的部门层面的协议，以涵盖送餐的骑手。这随后得到了与最高层面社会伙伴协商的法规的补充。[①]

①2021年5月11日第9/2021号皇家法令修正了2015年10月23日第2/2015号皇家立法令批准的《工人法规法》修正案，以保障在数字平台的送货工人的劳动权利。

3.5.1 技术转型

通过改善对可用资源的利用，技术进步使得生产率显著提高。同时，技术转型对就业的影响引发了社会关切。在提供新机会的同时，通过数字平台进行的工作通常与经济不安全的加剧有关（ILO，2021c）。人们越来越担心新技术被用来加强对工人进行监视和监控，这可能会影响工作质量（Edwards，Martin and Henderson，2018；Newman，2017；Levy and Barocas，2018）。基于算法的决策可以有利于对工人进行更有效的监控，但也可能产生歧视性影响。在以平台为媒介的工作中，因为这种自动决策而被终止合同的工人诉诸司法的问题是值得特别关注的（Leicht-Deobald et al.，2019；ILO，2021c；Gal，Jensen and Stein，2020）。目前，我们面对的是如何抓住新技术带来的机会，以提高生产率和生产质量，同时确保接受算法管理的工人的体面劳动。

在就引进或使用新技术进行谈判时，各方往往寻求通过为技术引进铺平道路，同时提供就业保障和体面的工作条件，最大限度地从技术投资中受益。

• 2020年，德国的三个行业工会发起了"劳动2020"（Arbeit 2020）项目，旨在筹备劳动理事会，以积极主动的方式参与工业4.0相关的技术变革，而不只是被动应对企业宣布其重新分配工作或裁员的打算。这种尝试性举措使得在几个工厂达成了创新的和高度一体化的"未来协议"，涉及培训、参与工作重组以应对数字化、灵活的工作时间、保障就业的措施和数据保护等问题（Bosch and Schmitz-Kiessler，2020；Haipeter，2020）。

• 在加拿大，最近对350份集体协议条款的调查发现，在多个部门都存在技术有关的条款。这些问题涉及程序性问题，例如发出技术变革通知，建立技术委员会来监督变革的引入，并承诺就技术变革进行真诚谈判。协议还覆盖了必须实施重组时的其他问题，包括如何保持收益、担当替代性角色的可能性、避免裁员的努力，以及裁员时的程序（Stanford and Bennet，021）。

在所分析研究的协议中，有超过1/3（35%）涉及与新技术有关的议题。这些协议特别包括以下关于预期技术变革及如何应对的规定：

• 雇主承诺，当要展开技术变革时会及时通知，并就变革的实施进行讨论和/或谈判，[1]工会和工人有权了解或咨询技术变革的引入；[2]

• 建立负责审查技术变革实施情况的委员会，确保变革顺利进行并减轻其对工人的影响；[3]

• 保持职能弹性和地域的可移动性，以换取就业保障，承诺在重新分配或重新分类的情况下维持工资水平，并承诺在转移到其他工作场所的情况下获得额外补偿；[4]

• 建立培训、资格和技能认证的行业框架，支持企业进行再培训，支持受某一部门活动数字化转型影响的工人的流动性；[5]

• 提供培训，作为支持因技术变革而面临裁员的工人所需的过渡措施的一部分；[6]

• 时间管理数字系统的实施准则；[7]

• 在非工作时间断开设备连接的权利。[8]

一些谈判方在努力改变未来的工作模式时明确承诺，在使用技术时要以人为本。例如，在英国，邮政服务业的一份企业层面的协议（2020年）强调，"技术将不会被用于使工作场所或运营决策丧失人性化"。在其他情况下，谈判方试图调和雇主对提高生产率和质量以及监测工作场所（出于安全目的）与工人的隐私权。例如，在西班牙，银行部门的一项协议包括关于工人对监测意识的规定；在安装摄像机、录音设备和全球定位系统设备之前，需要获得他们的同意；工人对记录（如截图、视频、录音和地理位置数据）的访问；并承诺保护隐私和数据（确认了法定标准）。

---

① 例如，在部门层面（集体协议—葡萄牙281号）和企业层面（集体协议—澳大利亚60号、集体协议—澳大利亚238号）。

② 例如，在部门层面（集体协议—丹麦407号）和企业层面（集体协议—澳大利亚197号、集体协议—加拿大334号、集体协议—加拿大338号、集体协议—韩国74号、集体协议—斯里兰卡474号）。

③ 例如，在部门层面（集体协议—丹麦407号、集体协议—南非172号）。

④ 在企业层面（集体协议—加拿大334号）。

⑤ 在部门层面（集体协议—法国246号）。

⑥ 例如，在部门层面（集体协议—丹麦404号、集体协议—丹麦407号）。

⑦ 在企业层面（集体协议—法国244号）。

⑧ 例如，在地区层面（集体协议—澳大利亚237号、集体协议—西班牙433号）和企业层面（集体协议—意大利358号）。

由于挑战算法决策的能力取决于对其运作过程的了解程度，因此该协议还包含了确保算法设计的透明度和维护知情权的规定。①

3.5.2 环境转型

在经济"绿色化"方面，已经缔结了集体协议，通过培训、积极的劳动力市场政策和正在推行的社会对话进程，在劳动力市场转型期间为工人提供支持。②尽管这一主题很重要，但本报告所分析的协议中只有不到1/4（23%）涉及环境转型。虽然高收入国家（尤其是欧洲）的协议中涉及环境转变条款的情况更为普遍，但其他地区的协议中也有这些条款。③

• 在西班牙，一项跨职业协议明确承诺各方支持有助于环境转型和创造高质量就业的公私合作伙伴关系。④

• 在瑞典，创新的部门层面的"就业过渡协议"支持求职、安置和培训，以促进向低碳经济的转型。这些协议将转型劳动力市场中与失业相关的风险集合起来（Jansson and Ottosson，2021）。私营部门最高层面的协议（2019年）规定资助40岁以上被裁员的雇员的学习，以便他们可以得到再培训。⑤

• 美国能源部门的企业层面的协议和丹麦覆盖私立医院护士的部门层面的协议都要求双方就与环境和转型相关问题开展社会对话。⑥

一些协议明确涉及缔约方开展的经济活动对环境的影响，并制定了评估风险以及减少或抵消碳足迹的联合承诺。

• 在菲律宾，农业部门的一项企业层面的协议规定，在中午关闭电源（基于地球一小时的概念），以减少排放；适当管理和处置废弃物；植树；以及清理海岸。⑦

• 在意大利，石油行业的企业层面的协议承诺开发碳捕获技术并转向新的发电方式。该协议包含一些具体承诺。例如，到2050年，确保天然气占上游投资组合的85%，其中大部分将用于生产"蓝色"氢气；升级精炼工艺，更多地利用城市固体废物；到2023年，放弃使用棕榈油，并转向生产生物甲烷和可回收光伏面板。⑧

• 在阿根廷，石油行业签订了一项集体协议，以加强对所有环境法规的遵守，减少对自然资源的消耗，并促进石油产品的回收和再循环。⑨

• 在韩国，金属行业的企业层面的协议要求双方维护安全，特别是在根据环境法规释放废物和废水方面的安全。

有一点很明确，即公司必须减少排放，因为这些排放是造成"全球变暖的原因"。⑩关于医疗保健的部门层面的协议规定，在医疗机构内建立劳资危机联合应对委员会。此外，还包括承诺减少一次性物品造成的浪费（例如，通过提供环保杯），增加可再生能源在医疗设施中的使用，并参加培训和宣传活动。⑪

---

① 在部门层面（集体协议—西班牙326号）。

② 特别地，《关于向人人享有环境上可持续的经济和社会公正过渡的指导方针》建议社会伙伴"酌情通过各级集体谈判和集体协议促进纳入具体的环境条款，作为促进雇主组织和工人组织之间合作并鼓励企业遵守环境法规（包括但不限于减排）的具体方式，以实现企业在可持续性方面的目标并对工人和管理人员进行培训"［ILO，2015e：para.18（d）］。

③ 例如，在部门层面（集体协议—乌拉圭454号），在地区层面（集体协议—哥伦比亚393号）和企业层面（集体协议—印度尼西亚206号、集体协议—韩国74号）。

④ 集体协议—西班牙422号。

⑤ 参见瑞典谈判与合作理事会（PTK）网站，https：//www.ptk.se/forhandling-och-avtal/avtal/omstallningsavtal-trr/（仅有瑞典语版本）。

⑥ 集体协议—丹麦407号和集体协议—美国113号。

⑦ 见附录4。

⑧ 集体协议—意大利446号。

⑨ 见附录4。

⑩ 集体协议—韩国74号。

⑪ 集体协议—韩国108号。

3.6

技能发展

培训领域有助于促进更综合的谈判。通过技能发展框架，雇主能够确保员工具备适合企业需求的技能。他们还可以使用这样的框架来解决技术升级和多技能相关问题。就工人而言，他们可以开辟进步的道路，获得更大的工作保障（Heyes and Rainbird，2011）。由于集体谈判可以确保协议覆盖的所有工人都能获得培训，因此也有助于提供技能发展的平等机会。集体协议还可以将这些机会扩展到此前可能无法获得培训的工人类别，如年轻工人，以及固定期限、兼职和临时合同工人（Heyes and Rainbird，2011）。

所分析协议中大约有2/3（65%）都涉及技能发展。这些协议包括以下条款：

• 在公司集团和公司一级建立联合委员会，以审查与培训有关的问题并提出建议；[①]

• 规定了雇主和工人在技能获取方面的责任，包括提供资金、验证和认证；[②]

• 规定每年应该有若干天用于培训；[③]

• 为进修提供财政支持[④]或为专业发展提供资金；[⑤]

• 在引入新技术时，支持工人再就业或提高技能。[⑥]

许多协议还包括学徒和培训条款：

• 以方便学徒完成培训后融入劳动力队伍，方法是在给定期限内设定招聘目标，或者在出现空缺时优先考虑学徒；[⑦]

• 通过提供财政激励措施[⑧]或通过确保遵守关于雇用年轻人的现行法律规定来促进对青年工人的招聘；[⑨]

• 规定将学徒期和职业培训的时间计入工龄；[⑩]

• 确保学徒获得与其他工人平等的待遇。[⑪]

集体协议还可以建立技能认证系统（见专栏3.5）。例如，法国金融部门的一项覆盖整个行业的协议规定，没有文凭或职称的工人有机会参加旨在获得"专业资格证书"的工作/学习项目。[⑫]

3.7

平等、多样性和包容性

近年来，许多国家、部门和企业层面的集体协议范围被扩大，以解决劳动力市场的不平等和排斥问题。这方面最突出的举措涉及对同工同酬的承诺，平衡工作和看护责任，解决工

---

① 例如，在企业层面（集体协议—法国21号）。

② 例如，哥伦比亚、科特迪瓦、斯里兰卡和越南的集体协议（附录4），在地区层面（集体协议—巴西280号、集体协议—美国235号）和企业层面（集体协议—法国21号）的集体协议。

③ 例如，在部门层面（集体协议—斯洛文尼亚475号、集体协议—瑞士438号）和企业层面（集体协议—新西兰470号）。

④ 例如，在部门层面（集体协议—斯洛文尼亚475号、集体协议—瑞士438号）和企业层面（集体协议—巴西278号、集体协议—新西兰470号）。

⑤ 例如，在部门层面（集体协议—瑞典300号）和企业层面（集体协议—加拿大336号、集体协议—智利223号、集体协议—哥伦比亚87号），以及菲律宾的集体协议（附录4）。

⑥ 附录4和跨职业层面（集体协议—塞内加尔196号）。

⑦ 例如，在企业层面（集体协议—法国21号、集体协议—法国54号）。

⑧ 例如，在跨职业层面（集体协议—塞内加尔196号）和在地区层面（集体协议—巴西267号）。

⑨ 例如，在地区层面（集体协议—哥伦比亚393号）。

⑩ 例如，在部门层面（集体协议—丹麦94号、集体协议—芬兰109号）和企业层面（集体协议—法国21号）。

⑪ 在企业层面（集体协议—法国21号，集体协议—韩国74号）。

⑫ 集体协议—法国246号。

▶ **专栏3.5　南非汽车行业就投资和再培训进行合作**

南非的汽车行业由22家生产汽车和商用车的公司组成，包括7家主要的汽车制造商，称为原始设备制造商（OEMs），以及另外15家参与新汽车进口和分销的公司。该行业贡献了南非国内生产总值的6.4%，制造业产出的27.6%和出口总额的15.5%。在整个价值链中，该行业雇用了112500多名员工。

7家原始设备制造商直接雇用了30250名员工。这些原始设备制造商都是跨国企业，由汽车制造商雇主组织代表，并与南非金属工人全国联盟一起构成了全国汽车工业谈判论坛（NBF）的谈判方。这不是《劳动关系法》（1995年第66号法案）中规定的谈判委员会，而是一个谈判论坛，这意味着集体协议仅对作为谈判论坛谈判方的原始设备制造商具有约束力。谈判论坛各方之间的信任度很高，这一点可以从一次达成多年工资协议而不诉诸行业行动的方式中得到证明。谈判论坛各方对遵守协议条款的情况进行监督。

此外，谈判论坛各方还与政府一起参加各种政策论坛。通过这种方式，它们能够建立一种支持该行业长期发展的关系。这7个原始设备制造商共同承诺，在自2019年起的五年时间里，在该行业投资390亿南非兰特。电动汽车的数字化和制造需要重新培训当前和未来的劳动力。原始设备制造商在该领域的投资得到了贸易、工业和竞争部的支持。由汽车价值链中的利益相关者（包括政府、行业和有组织的劳动力）共同制定的《南非汽车总体规划》（SAAM）于2018年发布，为该行业提供了政策框架。《南非汽车总体规划》的六大支柱之一是注重技术升级和相关技能发展。为了推进该总体规划的实施，双方同意建立一个多技能框架，旨在发展广泛的通用技能，而不是基于任务的狭隘能力，以使企业和工人能够适应不断变化的需求。每个级别的技能发展都包括认证过程，如7级多技能工匠证书。

资料来源：ILO，见附录4；Monaco et al.（2001）；南非全国汽车制造商协会网站，https://naamsa.net。

作中的暴力和骚扰，消除歧视，确保机会和待遇平等，促进包容性劳动保护（例如，移民工人和土著民）。**集体协议反映了雇主（及其组织）和工会对追求性别平等、多样性和包容性的共同承诺。**

3.7.1　性别平等

本报告所审查研究的集体协议一般通过三种方式寻求促进性别平等。首先是通过集体工资确定来解决性别工资差距。其次是通过解决工作—家庭冲突的条款（为男人和女人），包括育儿假和探亲假。最后是通过侧重于基于性别的暴力和工作中的骚扰的条款。**在本报告分析的协议中，超过一半（59%）包含关于性别平等的条款。**

同工同酬

有证据表明，集中的集体谈判压缩了工资结构，缩小了性别工资差距（Blau and Kahn，2003）。事实上，最近的研究发现，从集体谈判（公共部门）转向通过个人谈判制定灵活的薪酬与性别工资差距的扩大有关（Biasi and Sarsons，2022）。集体谈判也是解决一些无法解释的"结构性"不平等的有效方法，[①]诸如系统性地低估妇女的工作以及"母职惩罚"（ILO，2018e）。为此，集体协议可以使各方遵守同工同酬的原则，或者可以建立框架，以重估妇女占主导地位的部门或职业的工作（见专栏3.6）。

---

① 性别工资差距中无法解释的部分不能归因于诸如教育等特征（ILO，2018e）。

▶ **专栏3.6 新西兰：重新评估社会护理**

在新西兰的护理部门，长期机构照护的服务主要由经认证的私营实体提供，而居家护理服务由公共、私营和非营利性组织共同提供。公共资金对于这两种护理都至关重要。长期机构照护部门的私营实体对政府资金的依赖限制了这些雇主展开谈判以提高工资的能力。

在2017年《薪酬公平协议》达成之前，该行业展开了一项长期活动，以提高人们的认识，不再对从事老年护理工作的劳动者产生性别化的低估。在两个著名的案件中，法院公布了其裁决。一个案件的裁决是在2014年公布的，该裁决允许将通勤时间等同于工作而应支付报酬；另一项裁决于2016年公布，保证护理人员每天和每周的最低工作时间。代表护理人员的工会向就业法庭提出了另一项诉求，认为他们的工资低于以男性劳动力为主的行业的情况。最终，因政府与工会之间的谈判而庭外和解。

2017年6月一致通过了《薪酬平等协议》，55000名护理人员和帮工根据其资质和经验获得了15%~50%的加薪，最低工资工人的加薪幅度为21%。该协议为期五年，其中包括提供培训资金，以支持培养更优质的劳动力和加薪。该协议的缔约方是国家和地区层面的社会护理的主要国家资助者，以及该部门的三个工会；工会理事会作为利益相关方签署了协议。三个雇主协会派代表参加了会议，但不是该协议的缔约方。该协议增加了20亿新西兰元的资金，以在该行业实现薪酬平等。然而，尽管资金的增加广受欢迎，但一些雇主仍然认为资金不足，并在工作组织形式中进行了改革，以降低成本。

2020年11月生效的《2020年同酬修正法案》区分了同工同酬诉求（内容相同或相似工作中的性别薪酬不平等）和同值同酬诉求（内容不同，但具有同等价值的工作中的性别薪酬不平等），并规定了提交薪酬平等申诉的流程。该法案允许在个人或集体的基础上提出索赔，并鼓励集体代表和集体谈判作为解决薪酬平等申诉的一种手段。

2017年和2020年缔结了几项薪酬平等协议，在本报告撰写之时，四项此类协议正在谈判，包括针对护士、助产士、从事护理相关科学技术工作的工人，以及文书雇员的协议。已经谈判了两项原则协议，涉及护士和文职人员，预计将在2022年完成。2021年，政府宣布对公共部门工人实施一段时间的工资限制，以重新平衡公共财政。但是，由于低薪豁免和旨在促进薪资公平的工资增长的规定要求，护理帮工的工资受到了保护。

其他做法包括为女性主导的低薪职业加薪，使其工资高于平均水平（Müller，2019；Grimshaw，2009）。芬兰、挪威和瑞典的部门层面的协议包括解决性别工资差距的"平等津贴"；而在奥地利，协议中包含实现这一目标的"分配选择"（Glassner and Hofmann，2019；Pillinger and Wintour，2019）。2013年和2018年对位于斯特拉斯堡（法国）欧洲都会区的10家公司的集体协议和单方面计划进行了纵向研究，突出强调了为应对推进男女职业平等的立法改革的企业层面的谈判的演变（Bucher et al.，2021）。那些仅仅响应立法要求的企业产生了相对形式上的协议，在连续的谈判中重复照搬这些协议。相比之下，那些在改革之前就已经采取措施促进职业平等的企业则将这些良好实践载入集体协议。此外，经过谈判，协议的形式不断发展，质量不断提高。

性别、孕产妇保护、育儿假和探亲假

除了工资外，越来越多的集体协议涉及工作—家庭问题，包括育儿假和孕产妇保护（Baird and Murray，2014；Julén Votinius，2020）。此类协议可以在解决母职惩罚以及与护理义务可能造成的收入损失相关的"护理风险"方面发挥重要作用（Schiek，2020）。第5章强调，在新冠肺炎疫情期间，集体谈判在平衡工作和护理责任以及缓解危机对不平等的影响方面发挥了关键作用。在本报告审查研究的协议中，相关条款规定：

▶ 图3.3 在新西兰提出薪酬平等申诉

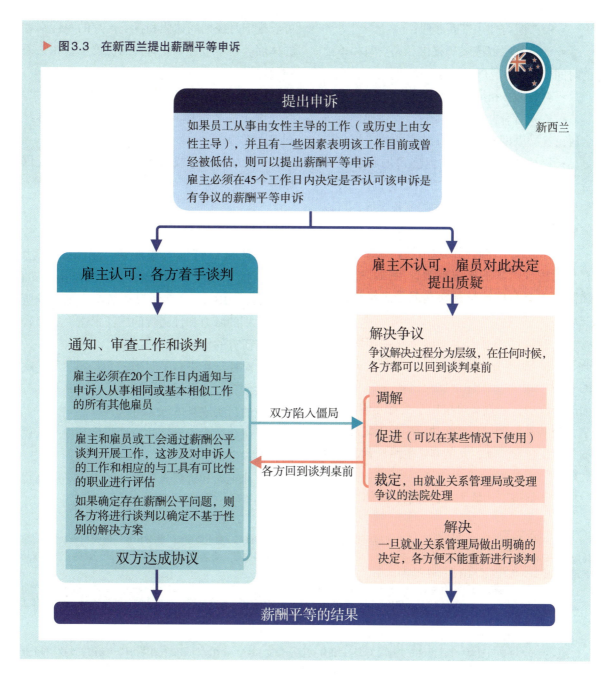

• 接受辅助生殖治疗或其他生育治疗的雇
员享有带薪假；①

• 防止孕期被解雇；②

• 为怀孕工人提供特殊便利；③

• 带薪产假；④

• 从怀孕开始到产后第24周的额外无薪
假期；⑤

• 为母亲提供"生育津贴"；⑥

---

① 例如，在地区层面（集体协议—澳大利亚237号）和企业层面（集体协议—韩国69号）。

② 例如，在跨职业层面（集体协议—塞内加尔196号）、部门层面（集体协议—意大利173号、集体协议—多哥468号）和地区层面（集体协议—巴西267号、集体协议—巴西274号）。

③ 例如，在部门层面（集体协议—捷克388号、集体协议—西班牙326号、集体协议—西班牙434号、集体协议—斯洛文尼亚475号、集体协议—多哥468号），在地区层面（集体协议—巴西267号、集体协议—西班牙433号）和企业层面（集体协议—加拿大334号、集体协议—中国427号、集体协议—巴西162号、集体协议—西班牙425号）。

④ 例如，在部门层面（集体协议—丹麦404号、集体协议—芬兰109号、集体协议—印度498号），在地区层面（集体协议—加拿大81号）和企业层面（集体协议—澳大利亚60号、集体协议—孟加拉国499号—未明确资金、集体协议—柬埔寨170号—未明确资金、集体协议—加拿大329号、集体协议—智利248号、集体协议—中国427号、集体协议—坦桑尼亚497号）。

⑤ 在企业级（集体协议—加拿大334号）。

⑥ 企业层面（集体协议—墨西哥103号）。

- 流产时可使用带薪产假；①
- 为母乳喂养或吸奶提供私人空间和单独的时间②或者母乳喂养津贴；③
- 育儿假④和带薪陪产假；⑤
- 工人就育儿假的协商权，确保他们有机会讨论在缺勤期间提议的工作场所的变化；⑥
- 机构支持（例如，在公司场所设托儿所），或雇用护理人员提供护理服务的津贴；⑦如果孩子生病或需要参加学校家长会等，可以休假；⑧
- 休假或工作时间的灵活性，以便于照顾有长期护理需求的家庭成员，包括那些已经住院、患有身体或精神疾病或身患绝症的家庭成员。⑨

一些协议还有关于确保育儿津贴能包含所有家庭的表述，超越了传统男女伴侣关系的关系。例如，在哥伦比亚采矿业的企业层面的协议中，同性父母可以享受育儿假。⑩加拿大公共部门的一项省级协议中关于父母休假的规定也包含了新生儿的非亲生照料者，如养父母。⑪

为了促进工作场所的包容性，集体协议还可以规定月经期间休假和接受治疗的跨性别者的休假。在本报告审查研究的协议中，相关条款规定：

- 通过确保向有需要的工人提供卫生巾⑫，并允许工人酌情休1~2天的月经假，⑬提供经期卫生支持；
- 为接受医疗或激素治疗的跨性别者提供休假⑭。

消除工作中的暴力和骚扰

集体协议可能寻求解决工作中的暴力对妇女的尤为严重的影响问题（Pillinger and Wintour，2019）。许多协议包括解决工作场所基于性别的暴力和性骚扰的广泛承诺。本报告所审查研究的集体协议：

- 对性骚扰进行了明确定义，如"不受欢迎的性侵犯，要求提供性帮助，以及其他具有性性质的口头或身体行为"；⑮
- 包含行为指导、防止性骚扰和提高认识的相关规定；⑯
- 让工人和管理人员参与对工作场所骚扰投诉的调查；⑰

---

① 例如，在部门层面（集体协议—印度498号、集体协议—乌干达311号）和企业层面（集体协议—澳大利亚197号、集体协议—巴西162号、集体协议—哥伦比亚87号、集体协议—印度尼西亚417号、集体协议—乌干达183号）。其中一些协议还规定了在堕胎的情况下使用这样的假期的可能性。

② 例如，在部门层面（集体协议—西班牙326号），在地区层面（集体协议—澳大利亚237号）和企业层面（集体协议—柬埔寨170号、集体协议—哥伦比亚87号、集体协议—摩洛哥354号、集体协议—韩国69号、集体协议—新加坡324号、集体协议—坦桑尼亚497号）。

③ 例如，在企业层面（集体协议—哥伦比亚269号）。

④ 例如，在部门层面（集体协议—奥地利389号、集体协议—丹麦404号），在地区层面（集体协议—美国235号）和企业层面（集体协议—加拿大331号、集体协议—加拿大341号、集体协议—美国273号）。

⑤ 例如，阿根廷的集体协议（附录4），跨职业层面（集体协议—塞内加尔196号），部门层面（集体协议—丹麦404号、集体协议—印度498号、集体协议—多哥468号）和企业层面（集体协议—哥伦比亚87号、集体协议—坦桑尼亚497号、集体协议—特立尼达和多巴哥220号、集体协议—乌干达183号—未明确资金）。

⑥ 在地区层面（集体协议—澳大利亚237号）。另见企业层面的集体协议—澳大利亚238号关于育儿假期间协商权利的类似规定。

⑦ 例如，在企业层面（集体协议—柬埔寨170号、集体协议—智利221号、集体协议—智利248号、集体协议—智利450号、集体协议—法国24号、集体协议—印度59号、集体协议—美国469号）。

⑧ 例如，在部门层面（集体协议—丹麦404号）和地区层面（集体协议—巴西267号、集体协议—加拿大81号）。

⑨ 例如，在部门层面（集体协议—塞内加尔511号、集体协议—西班牙434号）。

⑩ 例如，在企业层面（集体协议—哥伦比亚87号）。

⑪ 例如，在地区层面（集体协议—加拿大81号）。

⑫ 例如，在地区层面（集体协议—巴西286号）。

⑬ 例如，在地区层面（集体协议—越南82号）和企业层面（集体协议—印度59号、集体协议—印度尼西亚417号、集体协议—日本342号、集体协议—韩国74号、集体协议—韩国110号）。

⑭ 例如，在部门层面（阿根廷，资料来源：阿根廷政府）；在地区层面（集体协议—澳大利亚237号）。

⑮ 在企业层面（集体协议—美国242号）。

⑯ 例如，在部门层面（集体协议—葡萄牙281号、集体协议—韩国482号）和地区层面（集体协议—越南71号）。

⑰ 例如，在部门层面（集体协议—韩国482号）和地区层面（集体协议—越南71号）。

- 规定设立委员会，协助基于性别的暴力受害者，协调相关措施以有利于他们获得社会、法律、医疗、心理和经济支持；①
- 规定使用闭路电视进行监控，以防止公司场所的性暴力；②
- 宣布支持批准2019年《暴力和骚扰公约》（第190号），以有助于打击工作场所基于性别的暴力。③

一些企业层面的协议确保了家庭虐待受害者有5~20天的带薪假。④其他条款规定了工作时间表、地点和时间的变化，以确保员工的安全或减少工作时间。

一项涵盖意大利私人护理人员的部门层面的协议规定，如果女性工人在工作场所面临性别暴力，最多可以休三个月的特别假，假期期间的工资由社会保险支付。⑤

3.7.2　多样性和包容性

集体谈判可以成为消除歧视和促进工作场所多样性的重要工具。本报告所审查研究的协议中近2/3（62%）包含旨在促进多样性和包容性的条款。这些条款包括禁止基于种族、肤色、性别、宗教、族裔、残疾、艾滋病毒感染状况、性取向和性别认同等的歧视。集体协议可以规定保证机会和待遇平等的明确承诺，如在招聘和晋升方面，具体规定了支持妇女和少数群体的工人的措施。⑥一些协议还包含为残疾人提供合理便利的规定，包括雇用、调整工作时间安排和工作环境，以及分配可能更适合这些工人的工作职责。⑦

为了促进包容性，集体协议还可能包含确保工人享有参加各种宗教和精神活动的特殊假的条款（Hunter and Gray，2013）。本报告审查研究的澳大利亚、加拿大和新西兰的一些协议特别赋予土著居民享有休假参加相关仪式或庆典的权利。⑧

多样性和包容性涉及的另一个方面是年龄：年轻和年长的工人都可能面临直接和间接的歧视。除了前面讨论的学徒条款外，所审查研究的集体协议还包括以下条款：

- 通过开放参观日活动、学徒计划、青年毕业生研讨会，以及将雇用机会扩大到参与工作/学习项目的人员等机制，促进年轻人进入劳动力市场；⑨
- 确保年轻人有可预测的工作时间，使他们能够完成学业，保护他们免受任意裁员和被其他学生雇员取代，并为他们提供体面的第一份薪水；⑩
- 呼吁扩大针对年轻人的职业培训；⑪
- 重点关注老龄化劳动力的就业稳定情况，同时考虑老员工在被裁员时所面临的困难。⑫

集体协议还可以为移民工人提供包容性保护（见专栏3.7）。专门针对移民工人的条款规定，应将重要的政策和文件翻译成移民工人的母语，并规定了签证和移民身份方面的要求。⑬

---

① 在部门层面（集体协议—阿根廷148号）。
② 在企业层面（集体协议—韩国69号）。
③ 在部门层面（集体协议—南非251号）。
④ 例如，在地区层面（集体协议—澳大利亚237号、集体协议—西班牙433号）和企业层面（集体协议—加拿大341号、集体协议—新西兰470号、集体协议—新西兰471号）。
⑤ 集体协议—意大利173号。
⑥ 例如，在部门层面（集体协议—葡萄牙281号、集体协议—韩国480号、集体协议—西班牙326号、集体协议—乌拉圭454号），在地区层面（集体协议—加拿大81号）和企业层面（集体协议—孟加拉国499号、集体协议—加拿大341号、集体协议—荷兰194号、集体协议—西班牙429号、集体协议—西班牙510号）。
⑦ 例如，在部门层面（集体协议—丹麦397号、集体协议—芬兰109号、集体协议—约旦431号、集体协议—斯洛文尼亚475号）。
⑧ 例如，在部门层面（集体协议—新西兰171号），在地区层面（集体协议—澳大利亚237号、集体协议—加拿大81号）和企业层面（集体协议—澳大利亚238号）。
⑨ 例如，在部门层面（集体协议—丹麦397号、集体协议—法国246号）和企业层面（集体协议—法国3号、集体协议—法国21号）。
⑩ 例如，在部门层面（集体协议—斯洛文尼亚475号），在地区层面（集体协议—巴西267号）和企业层面（集体协议—法国21号）。
⑪ 在部门层面（集体协议—韩国484号）。
⑫ 例如，在部门层面（集体协议—丹麦397号，集体协议—瑞士441号）。
⑬ 例如，在企业层面（集体协议—柬埔寨170号，集体协议—美国485号）。

▶ **专栏3.7   约旦服装行业的集体谈判和移民工人**

服装制造业是约旦出口的重要来源，占出口总值的22%。该行业雇用了65000名工人，其中大约75%是来自南亚和东南亚的国际移民，女性工人占比为75%。虽然移民工人担任工会职位的资格仍然受到限制，但纺织、成衣和服装行业工人总工会和约旦服装、配饰和纺织品出口商协会就一系列覆盖整个行业的集体协议进行了成功谈判。

第一份协议是2013年谈判达成的，涵盖服装行业约55000名工人。2014年，该协议增加了一个附录，承诺各方在三年内逐步消除在计算该行业移民工人加班费和福利方面的歧视性做法。雇主同意在计算移民工人加班工资和其他福利时计入实物工资。第二个集体协议（2015年）包含在移民服装工人中实施统一合同的准则。这是一项里程碑式的举措，旨在解决移民工人就业中不符合规定的条款和条件。2017年3月谈判达成了第三项协议，该协议规定约旦工人和移民工人的工资在两年内递增。该协议还引入了在雇用具有难民身份的工人时应对难民使用统一合同的做法。当时有人对谈判进程的透明度和实施表示担忧。

因此，第四项集体协议的谈判过程就包含了在工人中开展包容性协商研讨，并从移民工人中选取了7个国家的代表。2019年缔结的第四项协议的范围更广，反映了该行业劳资关系日益成熟，其中包括遵守劳动法其他相关内容和解决立法未涵盖的新领域的条款。第四项协议规定应增加年薪，促进工人的心理健康，防止工厂中的暴力和骚扰。特别是，雇主必须制定处理暴力和骚扰的细则。最后这一项规定是业界和约旦向前迈出的重要一步，也是将2019年《暴力和骚扰公约》（第190号）付诸实践的一个早期例子。关于社会保护，该协定重申适用《社会保障法》及其修正案和实施条例的规定。

工会定期对工人进行集体协议关键条款的培训。根据2020年7月收集的调查数据，该行业一半的工人熟悉协议及其内容；另有15%的工人熟悉协议，但不熟悉其内容。移民工人比其约旦同事可能更熟悉集体协议中的规定。国际劳工组织和"更好的工作：约旦"正在共同努力，以促进对该协议的遵守。

资料来源：ILO。

3.8
健全的产业关系

集体协议确保健全的产业关系的主要方式之一是纳入指导和规范集体劳资关系的条款。一些雇主将集体协议视为维护稳定和劳资和谐的有效手段。为此，一些集体协议包括"和平条款"，其中各方同意在协议期间不提出额外要求，从而赋予集体劳资关系相当大的稳定性，并促进良好的劳资关系。就工会而言，这些条款除了有助于形成透明的和可预测的"游戏规则"外，还有利于确保承认工会作为工人代表的合法性。**本报告所分析的集体协议中，有很大一部分（78%）为集体劳资关系制定了框架。**

在一些国家，双方签署认可协议，承认工会是由以恰当的形式组成的工人的合法代表。协议中的条款包含从简单的声明到规定工会和雇主权利的全面条款，承认当选的地方工会代表，以及对良好劳资关系的承诺。[1]一些集体

---

① 例如，工会代表参加工务理事会或公司间委员会的权利（在部门层面：集体协议—斯洛文尼亚475号；在企业层面：集体协议—西班牙425号），雇主对当选的地方工会代表的认可（在企业层面：集体协议—哥伦比亚87号、集体协议—墨西哥231号、集体协议—新西兰471号、集体协议—葡萄牙270号、集体协议—美国242号）。

协议反映了企业层面的产业关系情况，包括承认工会为工人代表的条款[1]，以及工会作为唯一谈判代理的条款。[2]

集体协议还可以包含防止歧视工会会员的条款[3]，并重申工人享有自由加入工会的权利。[4]一些协议规定，工会会员不得在没有正当理由的情况下被解雇[5]，并包含与工会领导人的就业稳定性有关的条款。[6]

集体协议也可能侧重于机会均等，如在职业发展或获得培训方面。[7]在某些情况下，协议包括重申临时合同工享有加入工会权利的条款。[8]

集体协议经常制定一些行为准则并对工会管理提供支持。此类便利条款通常包括：

- 工会有权在不妨碍正常工作的前提下进入工作场所；[9]
- 信息和传播权；[10]
- 提供举行会议所需的设施；[11]
- 工会代表参加一般工会活动期间，用人单位应正常支付工资[12]和工人参加工会活动期间，用人单位应正常支付工资；[13]
- 工人参加工会相关教育活动的带薪假；[14]
- 雇主承诺向工会提供新雇用员工的信息及其联系方式；[15]

---

[1] 例如，在部门层面（集体协议—韩国483号）和企业层面（集体协议—柬埔寨170号、集体协议—加拿大334号、集体协议—特立尼达和多巴哥220号）。

[2] 例如，在企业层面（集体协议—加拿大334号、集体协议—韩国74号）。

[3] 例如，在跨职业层面（集体协议—阿尔巴尼亚105号、集体协议—塞内加尔196号），在部门层面（集体协议—阿尔巴尼亚104号、集体协议—斯洛伐克380号、集体协议—西班牙326号、集体协议—多哥468号）和企业层面（集体协议—加拿大336号、集体协议—哥伦比亚87号、集体协议—韩国110号、集体协议—美国113号、集体协议—美国268号）。

[4] 例如，在跨职业层面（集体协议—塞内加尔196号），在部门层面（集体协议—韩国483号、集体协议—瑞士439）和企业层面（集体协议—哥伦比亚87号、集体协议—韩国479号）。

[5] 例如，在跨职业层面（集体协议—塞内加尔196号），在部门层面（集体协议—丹麦397号、集体协议—立陶宛41号、集体协议—瑞士438号、集体协议—瑞士440号、集体协议—瑞士483号、集体协议—多哥468号），在地区层面（集体协议—美国235号）和企业层面（集体协议—哥伦比亚87号）。

[6] 在地区层面的（集体协议—巴西286号）。

[7] 在企业层面（集体协议—法国245号）。

[8] 例如，在部门层面（集体协议—多哥468号）和企业层面（集体协议—韩国74号）。

[9] 例如，在部门层面（集体协议—捷克388号、集体协议—斯洛伐克380号、集体协议—斯洛文尼亚475号、集体协议—斯洛文尼亚476号），在地区层面（集体协议—巴西280号）和企业层面（集体协议—澳大利亚60号、集体协议—法国24号、集体协议—新西兰470号、集体协议—新西兰471号、集体协议—斯里兰卡473号、集体协议—美国242号、集体协议—美国268号、集体协议—美国276号）。

[10] 例如，使用公司公告板的权利，并将公告板放在合适的位置（在跨职业层面：集体协议—塞内加尔196号、集体协议—美国459号；在部门层面：集体协议—捷克388号、集体协议—立陶宛41号、集体协议—多哥468号；在地区层面：集体协议—巴西267号；在企业层面：集体协议—澳大利亚60号、集体协议—葡萄牙270号、集体协议—韩国69号、集体协议—韩国74号、集体协议—西班牙428号、集体协议—美国113号、集体协议—美国242号、集体协议—美国268号）；使用复印设备、传真和/或电子邮件（跨职业层面：集体协议—塞内加尔196号；在企业层面：集体协议—澳大利亚60号、集体协议—加拿大344号、集体协议—法国245号）；以及接收信息的权利（在部门层面：集体协议—韩国482号、集体协议—斯洛文尼亚475号、集体协议—斯洛文尼亚476号、集体协议—瑞士438号）。

[11] 例如，在部门层面（集体协议—捷克388号、集体协议—芬兰179号、集体协议—芬兰180号、集体协议—葡萄牙281号）（仅在工作时间以外召开会议），在地区层面（集体协议—韩国74号）（如果在工作时间召开会议，需要提前通知）和企业层面（集体协议—葡萄牙270号）（在工作时间召开会议）。

[12] 例如，在跨职业层面（集体协议—塞内加尔196号），在部门层面（集体协议—斯洛文尼亚475号、集体协议—斯洛文尼亚476号、集体协议—南非251号、集体协议—斯里兰卡472号、集体协议—多哥468号、集体协议—乌拉圭454号）和企业层面（集体协议—新西兰470号、集体协议—西班牙428号、集体协议—特立尼达和多巴哥220号）。

[13] 在部门层面（集体协议—捷克388号）和企业层面（集体协议—澳大利亚60号、集体协议—哥伦比亚87号、集体协议—新西兰470号、集体协议—新西兰471号）。

[14] 例如，在部门层面（集体协议—丹麦397号、集体协议—芬兰109号、集体协议—韩国482号、集体协议—斯洛文尼亚475号、集体协议—斯洛文尼亚476号、集体协议—多哥468号），在地区层面（集体协议—巴西280号、集体协议—巴西286号）和企业层面（集体协议—澳大利亚60号、集体协议—哥伦比亚87号、集体协议—新西兰470号、集体协议—韩国69号）。

[15] 例如，在地区层面（集体协议—巴西280号）和企业层面（集体协议—新西兰470号、集体协议—特立尼达和多巴哥220号）。

• 对工会会费的扣除安排。①

总之，就所讨论的议题和如何处理这些议题而言，集体协议的覆盖面可以为工作的包容性和有效治理做出重大贡献。第一，集体协议有助于根据行业、企业和工人的具体需求制定相应的监管解决方案。在某些情况下，社会伙伴还可以开发新的监管方法来处理新出现的问题。第二，集体协议中的规定可以补充社会保护制度。第三，集体协议可以加强涉及职业安全与健康等关键领域的法律规范。第四，集体协议有助于减少收入不平等，促进性别平等，并促进妇女、年轻人、移民工人和其他弱势群体工人的融入。第五，集体协议可以加强对法律和法规的遵守，允许劳动管理机构将其稀缺的合规资源用于其他重要任务或部门。

---

① 这一扣除条款允许雇主能够从工人的工资中扣除工会会费，并在工人同意这种扣除的情况下将其汇给工会。例如，在部门层面（集体协议—斯里兰卡472号），在地区层面（集体协议—美国235号）和在企业层面（集体协议—新西兰470号、集体协议—新西兰471号、集体协议—斯里兰卡474号）。

该词云图是使用NVivo定性数据分析软件，对512个集体谈判协议进行的词频查询的结果。

第4章

▶ 雇主组织和工会：重组和重塑

雇主和企业会员组织与工会是劳动力市场的主要行动方，代表其成员（企业或工人）在一系列社会和经济政策方面的利益，包括管理集体谈判及其覆盖范围。雇主和企业会员组织与工会在集体谈判中发挥的作用包括制定监管环境和政策，协调谈判过程，为其成员提供相关服务，以及根据国家情况进行集体协议谈判。它们也是国际规范框架中的关键角色，促进工作中基本原则和权利得以实施生效，包括结社自由和有效承认集体谈判权。雇主组织和工会的代表性至关重要，无论是在社会对话（包括集体谈判）中如何有效地代表组织的利益，还是在社会对话结果的合法性方面。劳动世界正值变革转型期，雇主和企业会员组织与工会的组织能力也一直在发展，体现在其不断变化的成员、结构和服务上。本章研究了雇主组织和工会的代表功能，它们对劳动世界正在发生的变革的反应，以及组织本身重组和重塑的前景。本章基于2021年对雇主和企业会员组织与工会进行的调查（见附录3；ILO，2021d）、关于雇主组织和工会密度的现有数据，以及对二次文献的研究。

▶ 几内亚的工会代表参加了在多哥的洛美举行的国际劳工组织关于沟通的研讨会。

4.1
雇主和企业会员组织的发展

4.1.1　雇主和企业会员组织概览：它们代表谁？

雇主和企业会员组织是成员自愿加入的集体利益协会，在与国家、工会和整个社会进行交涉时，代表企业利益。专门处理产品市场问题（如贸易政策、商业法规和基础设施）的组织通常被称为"行业协会"，而专注于劳动力市场和就业关系的组织被称为"雇主协会"。但如今许多雇主和企业会员组织都是混合性的组织，其任务范围广泛，对产品和劳动力市场问题都有涉及。它们寻求通过宣传和社会对话来影响政策和监管环境，为企业取得成功创造条件。许多雇主和企业会员组织还提供旨在提高公司绩效的服务。这些服务可能包括提供法律相关信息、有关合规和人力资源管理的建议，培训，在法院或法庭中作为代表，以及提供交流的机会。文献表明，雇主和企业会员组织可以帮助改善其成员公司的经济表现。例如，一项针对葡萄牙的研究发现，在销售、就业和工资方面，成员公司比非成员公司的表现更好（Martins，2020）。

雇主和企业会员组织可以在不同的地理层面上运行：本地、区域/省、国家或国际。它们可能专注于特定行业，或者代表不同行业的企业。一些雇主和企业会员组织按协会进行架构，其成员仅为企业。其他雇主和企业会员组织是联合会或联盟，其直接成员是省级或部门的商业协会，或者是商业协会和企业的混合体。

最高层面、国家一级的雇主和企业会员组织通常包括代表不同规模、跨部门和地区/省的企业的利益的组织。这些企业的生产力有差异，参与国际竞争的程度也不同，这种成员的多样性可能对集体利益的代表构成挑战。此外，雇主和企业会员组织所处的社会经济环境因国情而异，并随时间而改变，这意味着必须定期审查服务和激励机制，以留住成员并吸引新成员。尽管面临这些挑战，有证据表明雇主和企业会员组织能够根据业务需求的变化进行调整（Brandl and Lehr，2019）。雇主和企业会员组织持续演进，不断扮演好三个主要角色：产业关系行动方、政策影响者和服务提供者（Demougin et al.，2019）。虽然数据很少，但经济合作与发展组织（经合组织）成员国（特别是西欧）的雇主组织成员密度的现有数据表明，近年来组织成员的数量相对稳定（OECD，2018；Brandl and Lehr，2019）；在亚洲，雇主和企业会员组织的成员甚至在一定程度上有所增长（Benson，Zhu and Gospel，2017）如表4.1所示。

文献还强调，一些雇主和企业会员组织在成员数量方面面临挑战，如组织的隶属率下降，组织的成员结构与经济中所有企业的结构之间存在差异。[①]这表明，雇主和企业会员组织需要采用专业的方法来发展成员，其中应包括使成员涵盖所有企业，包括传统上代表性不足的企业类别，如小微企业（见专栏4.1）。

4.1.2　雇主和企业会员组织应对社会经济趋势和长期挑战

最近，国际劳工组织和国际雇主组织（IOE）的一份联合报告确定了正在显著改变商业模式的五大全球趋势：技术创新、全球经济一体化、人口变化、气候变化和可持续性，以及熟练劳动力短缺（ILO and IOE，2019）。这些趋势为雇主和企业会员组织带来了机遇和挑战，并突显了组织对其活动、服务和成员战略进行持续调整的必要性。这些趋势也正在影响雇主和企业会员组织的政策议程。

---

① 例如，参见马图特山和马丁斯（Martínez Matute and Martins，2020）提出的"相异指数"概念；关于葡萄牙的雇主和企业会员组织成员数量，参见 Martins（2020）。

▶ 表4.1 部分国家的雇主组织密度　　单位：%

国家	2000年或最近年份	最新年份
奥地利	100.0	100.0
瑞典	83.0	88.0
荷兰	85.0	85.0
比利时	82.0	82.0
卢森堡	80.0	80.0
法国	74.0	75.0
西班牙	72.0	75.0
挪威	58.0	73.4
芬兰	66.0	69.8
捷克	35.0	65.1
葡萄牙	58.0	65.0
意大利	69.6	64.8
丹麦	60.0	62.0
爱尔兰	n/a	60.0
德国	68.8	60.0
希腊	n/a	58.4
斯洛文尼亚	100.0	56.0
斯洛伐克	n/a	37.5
英国	n/a	33.0
爱沙尼亚	35.0	25.0
波兰	n/a	20.0
韩国	n/a	15.1
拉脱维亚	30.0	n/a
以色列	45.0	n/a
匈牙利	60.0	n/a

注：衡量雇主组织密度是以作为雇主组织成员的私营部门公司的雇员人数占私营部门所有工薪阶层的比例为标准的。n/a=无可用数据。

资料来源：OECD（2019b）。

其中一些趋势，特别是自动化和数字化，在新冠肺炎疫情期间加速发展（ILO，2021e）。对雇主和企业会员组织而言，它们与成员的沟通和信息渠道受到的影响最为明显。数字化可以便利组织内部的程序和流程，如成员招募和参与、项目管理和内部沟通。许多雇主和企业

会员组织已经投资数字工具，如客户关系管理或会员管理系统。数字化可以支持雇主和企业会员组织的某些战略优先事项，包括改善和扩大服务以及实现更大的宣传影响。数字化也是雇主和企业会员组织在代表其成员利益时频繁遇到的关键政策问题。例如，西班牙企业组织联合会广泛吸纳数字技术企业，并积极代表其成员参与有关数字转型的政策辩论，尤其是在社会对话的框架内（见专栏4.2）。在国际层面，代表私营就业服务的世界就业联盟制定了一套政策建议，以促进平台工作的可持续增长，并提供高质量的在线人才平台服务，以支持各种工作形式的发展（WEC，2020）。

▶ **专栏4.1　雇主和企业会员组织与中小微企业**

微型、小型和中型企业（中小微企业）占全球企业的90%，其雇员占世界就业人口的一半以上。因此，中小微企业会员基础是雇主和企业会员组织代表性的重要组成部分。同时，最高层面的跨部门雇主和企业会员组织通常很难为中小微企业，特别是微型企业，制定价值主张。

在一些国家，有专门代表中小微企业的雇主和企业会员组织，在某些情况下还包括自营职业者，如意大利手工艺贸易和中小企业联盟、西班牙中小企业联盟。这些组织大多是服务型组织，提供咨询、信息和交流的机会，拥有大量的地方办事处，因为中小微企业往往高度重视邻近性。

国家层面的跨部门雇主和企业会员组织可以通过说服此类商业协会加入来加强其会员基础。例如，为中小微企业提供一个平台，通过国家级雇主和企业会员组织在董事会或相关委员会中的代表来表达其关切，这也是它们招募成员的手段之一。

资料来源：ITC（2021）。

▶ 专栏4.2　西班牙企业组织联合会：扩大数字技术行业的成员

成立于1977年的西班牙企业组织联合会在自愿的基础上，汇集了来自各个经济活动部门的大约200万家公司和自由职业者，这些公司和自由职业者通过4500多个协会与联合会相连。

与数字化有关的问题是联合会的优先事项。联合会成员包括数字技术领域的主要企业协会，特别是西班牙区块链公司协会、在线学习供应商协会、西班牙数字化协会和西班牙数字经济协会。此外，联合会的公司成员包括许多平台公司以及主要的技术公司。

西班牙企业组织联合会与其成员共同努力，促进经济和社会的数字化转型，提升数字技能并营造有利的商业环境。2018年9月，联合会发布了"数字计划2025"，这是一项基于创新、企业家精神和教育三大支柱的西班牙数字化综合战略。联合会还作为欧洲商业联合会（BusinessEurope）的成员积极参与了欧洲社会伙伴在2020年6月签署的《数字化框架协议》的谈判。

资料来源：西班牙企业组织联合会网站，https://www.ceoe.es/en。

为了应对熟练劳动力短缺的问题，雇主和企业会员组织越来越多地参与到教育和技能发展相关活动中。国际雇主组织的一份报告强调，教育和技能发展是就业能力的关键，也是私营部门的高度优先事项（IOE and WEC，2021b）。它建议决策者和社会伙伴设计符合劳动力市场需求的教育课程，激励企业和工人解决技能差距并促进终身学习。国际劳工组织对雇主和企业会员组织参与职业培训和技能系统的性质和程度进行了研究，结果证明这些组织愿意参与技能发展（ILO，2020b）。然而，并非所有雇主和企业会员组织都能充分参与这一进程。最重要的是，那些在技能治理方面发挥良好作用的组织可以支持建立和推进质量保证体系以及国家资历框架，共同制定国家技能战略，为劳动力市场信息系统做出贡献，并就培训资金分配提供建议。雇主和企业会员组织的影响范围往往取决于它们是否认为自己被当作合作伙伴，在政策制定和执行中受到了认真对待。

研究还发现，所有接受调查的雇主和企业会员组织都或多或少地认为劳动力市场需求与当前可用技能之间存在不匹配的问题。

另一个影响企业和劳动力市场的关键趋势与环境可持续性有关。由于其成员包含许多不同类型的企业，最高层面的雇主和企业会员组织可以发挥关键作用，提高企业界对于向更广泛的环境可持续性转型的重要性和实际影响的认识。雇主和企业会员组织可以倡导制定一致的政策框架和激励机制，鼓励企业使用可再生能源并采用低碳生产工艺和清洁技术。在这方面，中小微企业尤其需要帮助，以使其能够实现生产率增长，调整生产流程并加强管理实践（ILO，2021e）。国际雇主组织（IOE，2020）的一份报告提供了雇主和企业会员组织在具有可持续性的领域采取广泛举措的案例。例如，美国国际工商理事会建立了一个学习平台，分享关于公司在该领域的良好实践和相关信息；法国企业运动联盟宣布了一项可持续性投资协定；哥伦比亚国家商业协会设立了一个专门处理可持续性问题的部门，并参与了好几个关于循环经济和可持续发展的伙伴关系和项目；日本经济团体联合会（Keidanren）发起了"挑战·零"项目，鼓励会员公司在脱碳方面做出承诺。

经济和社会发展面临的一个长期挑战是世界某些地区劳动力市场的非正规程度。全球60%以上的工人仍在非正规经济就业。非正规就业占低收入国家总就业的90%，在中等收入国家占67%（ILO，2020c）。广泛的非正规性也对雇主和企业会员组织的代表性提出了挑战，因为大多数非正规经济单位不是此类组织的成员。非正规企业往往被视为正规企业的不公平竞争对手，所以雇主和企业会员组织通常并不直接组织非正规企业（ILO，2020d）。一些雇主和企业会员组织与非正规企业和政府合作，帮助非正规经济单位实现向正规经济转型（见专栏4.3）。促进从非正规经济向正规经济转型是国际雇主组织政策议程上的重中之重，在从新冠肺炎危机复苏的过程中更是如此。国际雇主组织和世界就业联盟在最近的一份声明中指出新冠肺炎疫情突出了非正规部门雇主和工人的脆弱性，重申迫切需要为即将成立的公司创造有利的商业环境，使这些新公司在正规经济中雇用工人并成长（IOE-WEC，2021）。

▶ **专栏4.3　加纳雇主协会和国际劳工组织：共同努力促进向正规性的转型**

加纳雇主协会通过旗下一家附属机构——本土企业协会理事会（CIBA），在组织非正规企业方面发挥领导作用。理事会汇集了15个非正规企业家商业协会，包括美发和美容师、理发师、裁缝、电子维修技术人员、汽车修理厂运营者、餐饮服务商、空调和制冷技术人员，以及珠宝商。

新冠肺炎疫情刚开始时，加纳雇主协会就意识到，尽管非正规企业是最脆弱的，但这些企业没有获得足够的关注和支持。如果该国要控制疫情的蔓延并减轻由此带来的经济和社会影响，对非正规经营者的援助至关重要。同时，加纳雇主协会将这场危机视为与本土企业协会理事会领导者和决策者进一步合作的机会，以促进非正规经营者向正规经营者转型。正如一名加纳雇主协会代表解释的那样：

> 一般来说，非正规性有低生产率和低收入的特点。非正规经济中的雇主和企业也面临着严峻挑战，如获得融资、信贷、技术和政府政策支持的机会有限。与非正规经济经营者的合作使加纳雇主协会有机会确定他们的需求，代表他们倡导并支持向正规经济转型，实现生产率的增长并创造体面工作。

在国际劳工组织的支持下，加纳雇主协会在本土企业协会理事会的成员中开展了需求评估调查，以确定需要支持以减轻疫情影响的主要领域。此外，还就向正规经济转型提出了建议，包括如何解决多重收费和征税问题，简化获得商业许可的程序以及法律要求领域的能力建设等方面。关于最后一个，加纳雇主协会的代表指出：

> 由于他们长期处在非正规经济，大多数经营者完全不了解那些指导其商业和雇佣关系活动所必需的现行法律、法规和政策。因此，面临一个主要挑战是需要提高他们对各种法律和政策问题的认识。

资料来源：ILO（2020e）；与加纳雇主协会的电子邮件往来。

新冠肺炎危机对雇主和企业会员组织的影响

国际劳工组织和国际雇主组织在2020年5~6月开展的一项联合调查表明，就服务提供、会员和收入而言，许多最高层面的雇主和企业会员组织受到新冠肺炎危机的影响（ILO and IOE，2020）。截至2020年6月，所研究的雇主和企业会员组织中有1/3因危机而遭受会员流失。尤其是亚洲和太平洋地区以及美洲的组织受影响较大，其中约一半的组织报告其成员减少。同时，雇主和企业会员组织通过提供旨在保留成员的激励措施，迅速适应危机。其中，特别包括免费提供服务（在接受调查的雇主和企业会员组织中，有58%的组织这么做）和推迟缴纳会费的截止日期（51%）。其他激励措施包括引入分期付款的安排，以及暂停缴纳或减少会费。

危机期间经济收缩和企业活跃度下降也对雇主和企业会员组织的收入来源产生了直接影响。在所研究的组织中，2020年3月和4月，超过80%的组织的收入缩水。目前尚不清楚

2021年度的会费是否会减少，因为企业正在继续努力恢复工作和生产并优先考虑基本支出。

为了应对这些挑战，雇主和企业会员组织一直在全面改革其服务提供，加强宣传工作，建立新的伙伴关系并加强现有伙伴关系。实际上，到2020年6月，我们所研究的全世界各雇主和企业会员组织中有80%以上已经调整了其服务交付。大多数组织开始提供虚拟咨询、法律和咨询服务（83%），一半以上的组织（54%）成功地将培训服务转移到了在线平台（见专栏4.4）。

> ▶ 专栏4.4 服务数字化：菲律宾雇主联合会推出在线学习平台以应对新冠肺炎疫情
>
> 2020年7月，菲律宾雇主联合会（ECOP）在国际劳工组织雇主活动局和国际培训中心的支持下，启动了数字校园（eCampus）学习平台。通过该平台，联合会开展了各种各样的远程培训，包括劳资关系、人力资源管理、职业安全与健康，以及企业家精神等。该平台的推出使菲律宾雇主会能够在疫情期间继续有效地提供培训服务，并增加培训规模和扩大培训范围。
>
> 资料来源：ILO（2020f）。

雇主和企业会员组织可以为保护雇主免受经济逆境的影响做出重大贡献。公司可以从共享信息和协调中受益，尤其是在遭遇不确定性和危机的时候（Brandl and Lehr，2019）。新冠肺炎疫情期间，雇主和企业会员组织为其成员提供了实际支持，如工作场所安全与健康的相关信息，以及有关获得政府支持措施的建议（ILO，2021e）。它们还促进了企业之间的互助。此外，在危机期间，绝大多数雇主和企业会员组织利用现有资源，大幅增加宣传和努力参与政策设计。它们一直积极帮助制定即时政策干预措施，特别是通过适当的支持措施，以确保工作场所安全，保障业务连续性。雇主和企业会员组织还参与制定了旨在实现强劲经济复苏的长期路线图和相关运动（见专栏4.5）。

在许多国家，雇主和企业会员组织已经建立或加入了伙伴关系，特别是与工人组织的伙伴关系。通过这种方式，它们能够向政府提出联合意见，并提出支持企业和工人的想法。三方和两方社会对话在应对疫情以及减轻疫情对经济和劳动力市场的影响方面发挥了相当大的作用。

> ▶ 专栏4.5 "重新启动和重新想象"：爱尔兰雇主联合会开展国家复苏和可持续经济运动
>
> 2020年5月，爱尔兰最高层面的雇主和企业会员组织爱尔兰雇主联合会（Ibec）发起了"重新启动和重新想象"运动，制定了爱尔兰经济复苏的愿景和路线图。该组织提出的主要建议围绕六大主题领域：危机管理；财政政策和刺激措施；让人们重返工作岗位；刺激投资；重新构想一个更好的爱尔兰；抓住国际机遇并应对英国脱欧。通过这一运动，爱尔兰雇主联合会呼吁政府以更结构化的方式，就一系列长期存在的社会问题，如气候变化、社会保护模式、住房和生活质量有关的其他方面问题等，与社会伙伴开展协商并使之参与决策。爱尔兰雇主联合会强调，运作良好的社会对话模式将有助于建立对公共政策响应的信心和信任。
>
> 资料来源：爱尔兰雇主联合会"重新启动和重新想象"运动网站，https://www.ibec.ie/influencing-for-business/ibec-campaigns/reboot-and-reimagine。

4.1.3 作为集体谈判参与者的雇主和企业会员组织

如第2章（见图2.5）所述，在除一些欧洲国家之外，以及阿根廷、巴西、塞内加尔、南非、突尼斯和乌拉圭等其他国家，企业层面的单一雇主谈判在决定工作条件和雇主与工人之间的关系方面发挥着主导作用，至少在私营部门如此。在其他国家，企业层面的谈判是在部门和/或跨职业多雇主谈判的背景下进行的。相关文献表明，对于公司而言，多雇主谈判的优势包括节省交易成本，为工资和工作条件创造公平的竞争环境，建立全行业的职业培训计划、有效的冲突解决机制，以及在更大范围内适用企业层面的合作策略。

另外，单一雇主谈判也可以使公司受益，特别是通过缩短沟通渠道，更快地解决问题以及赋予公司更大的自主权，以使工作条件与当地的生产力水平和不断变化的环境相适应（Zagelmeyer，2005）。

▶　乌干达雇主联合会第42届年度大会。

2021年4月和5月，国际劳工组织对最高层面的跨职业雇主和企业会员组织[①]进行了一项调查，研究会员组织及其附属成员协会（如部门层面的组织和地方组织）在集体谈判中的作用，以及其对集体谈判议题的看法。调查收到了来自五个地区70个国家的70个雇主和企业会员组织的回复：非洲（18.6%）、美洲（20.0%）、阿拉伯国家（1.4%）、亚洲和太平洋地区（31.4%）、欧洲（28.6%）。

在所调查的雇主和企业会员组织中，不到一半（46%）的组织表示，它们在过去五年中直接参与了跨职业（跨部门）层面的集体谈判。[②]这包括除阿拉伯国家以外的所有地区的组织。最高层面雇主和企业会员组织的专家还参与了部门一级（占受访者的21%）或企

业一级（也占21%）的集体谈判。谈判涉及工资（特别是新冠肺炎疫情封锁期间的工资调整）、工作条件、劳资关系、劳动法改革、职业安全与健康、远程工作和社会保障等问题。在参与集体谈判的雇主和企业会员组织中，17%的组织表示，谈判未能达成协议；37%的组织表示，在某些情况下签署了集体协议；39%的组织表示，所有的谈判都达成了协议。

超过一半（54%）的组织表示，其附属或成员协会在过去五年中直接参与了部门层面的集体谈判。在某些情况下，这仅涉及特定部门（如建筑、运输、采矿、旅游、银行和金融），而在另一些情况下，谈判覆盖了大部分经济活动部门。

---

①　调查涉及指定国家中最具代表性的雇主和企业会员组织，样本包括国际劳工组织的雇主成员。而代表特定群体的商业协会（如部门协会、区域或省级协会）不是本调查直接针对的调查对象。

②　向调查对象提供了第154号公约所载的集体谈判定义。然而，一些受访者可能对这个术语有不同的理解。

雇主和企业会员组织是良好的劳资关系和协调良好的集体谈判的核心

雇主和企业会员组织作为劳资关系参与者、政策影响者和服务提供者的角色正在不断发展

2021年4~5月，国际劳工组织在最高层面的雇主和企业会员组织中进行了一项调查，研究其在集体谈判方面的作用是如何演变的。*

▶ 雇主和企业会员组织或其附属协会参与集体谈判

46%的受访者直接参与跨职业层面的集体谈判

54%的受访者表示，其附属协会直接参与了部门层面的谈判

21%的受访者表示，其专家为部门层面的集体谈判提供了支持

21%的受访者表示，其专家为企业层面的集体谈判提供了支持

▶ 雇主和企业会员组织进行谈判协调

76%的受访者表示，他们参与了提供相关信息，如向参与集体谈判的成员组织提供关于工资变化和生产率等信息

24%的受访者参与协调由部门或区域雇主协会进行的集体谈判

34%的受访者参与协调由公司进行的集体谈判

*n = 70.

除了参与多雇主谈判外，雇主和企业会员组织还发挥了为集体谈判过程提供各种相关服务和支持的作用。根据各国产业关系的情况，这些作用可能包括提供相关信息（如工资调查）、参与集体谈判相关政策和监管讨论、提供法律咨询或组织相关培训（如谈判技能）。

受访者对一些职能提及相对较少，如协助解决集体争议，在劳动行政管理官员或劳资法院面前作为代表，促进在各个级别开展社会对话，以及协调由部门或区域协会进行的谈判（见图4.1，以及专栏4.6、专栏4.7）。

▶ 图4.1　雇主和企业会员组织提供的与集体谈判有关的服务

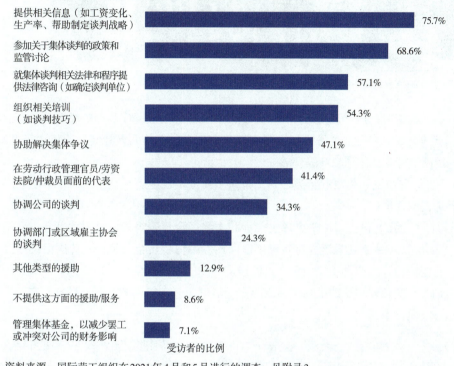

服务	比例
提供相关信息（如工资变化、生产率、帮助制定谈判战略）	75.7%
参加关于集体谈判的政策和监管讨论	68.6%
就集体谈判相关法律和程序提供法律咨询（如确定谈判单位）	57.1%
组织相关培训（如谈判技巧）	54.3%
协助解决集体争议	47.1%
在劳动行政管理官员/劳资法院/仲裁员面前的代表	41.4%
协调公司的谈判	34.3%
协调部门或区域雇主协会的谈判	24.3%
其他类型的援助	12.9%
不提供这方面的援助/服务	8.6%
管理集体基金，以减少罢工或冲突对公司的财务影响	7.1%

受访者的比例

资料来源：国际劳工组织在2021年4月和5月进行的调查。见附录3。

展望未来，在所调查的最高层面的雇主和企业会员组织中，超过一半的组织预计，对它们来说，与集体谈判有关的问题将在未来几年内变得更加重要。大约41%的组织称，这些问题的重要性将保持不变，而7%的组织认为其重要性将下降。在这方面也存在一些地区差异。例如，60%的欧洲受访组织预计集体谈判问题的重要性将保持稳定，而14%的美洲受访组织则预计其重要性将下降。来自亚洲（64%）和非洲（77%）的相当一部分受访组织报告称，对雇主和企业会员组织而言，集体谈判将成为日益重要的问题（见图4.2）。

调查还询问了雇主组织在进行集体谈判时面临的障碍和困难。各国的法律、体制和经济背景差异显著，受访组织的回答也反映了这一点。然而，受访者都强调了三个共同的挑战：（1）经济形势的不确定性使缔结长期协议变得困难；（2）成员公司的经济状况和需求存在很大差异；（3）公司不愿接受多层级集体谈判（如部门、地区和公司各个级别）。其他经常提到的困难包括：工会要求就超出集体谈判范围的问题进行谈判；社会伙伴之间缺乏信任；工会的多样性；公司没有看到集体谈判的好处。较少的受访者提到了与劳动法有关的障碍（如劳动法过于宽泛或过于详尽；不可能通过集体协议克减劳动法相关规定或这种可能性有限）。

▶ **专栏4.6　喀麦隆雇主组织和工人组织同意促进两方社会对话**

▶ 签署构成喀麦隆两方社会对话长期框架的《宪章》。

2021年7月，喀麦隆的两个雇主组织——喀麦隆企业家联合会（GICAM）和喀麦隆企业集团——与最具代表性的工会联盟[1]签署了一项宪章，为各个层级的两方社会对话建立了框架。雇主组织之一的喀麦隆企业家联合会强调：

"社会对话是促进民主和善政的当务之急，有助于促进实现经济和社会权利，推动经济行动方参与发展进程的管理。"

在国家层面，《宪章》设立了由十名雇主代表和十名工会代表组成的全国委员会，两类代表的任期均为三年。《宪章》还规定为特定经济部门设立部门委员会，并在企业层面设立工作场所委员会。希望该协议将有助于加强各个层面经济活动的社会对话，以期促进可持续的经济发展和体面劳动。社会伙伴讨论的主题包括职业安全与健康，支持创造就业的举措，应对工作场所的骚扰和反歧视行动。

[1] 喀麦隆工人总工会、喀麦隆工人工会联合会、喀麦隆自治工会联合会、喀麦隆自由工会联盟和喀麦隆工人全国协议。

资料来源：关于喀麦隆企业家联合会签署《宪章》的网站，https://www.legicam.cm/index.php/p/une-chartenationale-de-dialogue-lie-desormais-patrons-et-travailleurs（仅提供法语版本）；与喀麦隆企业家联合会的电子邮件往来。

▶ **专栏4.7　挪威企业联盟：冲突基金的管理**

在挪威，工资和其他工作条件由有关各方谈判达成。在私营部门，工资可以在中央、部门或公司层面进行谈判。如果谈判失败，各方有权在遵守相关法律规定的情况下采取劳工行动（罢工或停工）。尽管总体上挪威的劳动力市场关系较为平和，并且大多数谈判最终都签订了协议，但也确实发生了罢工。

挪威最大的雇主组织挪威企业联盟（NHO）自2013年起就拥有自己的冲突基金，以减少罢工或劳资纠纷对公司的财务影响。该基金的战略理由是加强成员公司在集体谈判中表现出抗拒的能力和意愿，并在制定集体协议时支持雇主目标的实现。

直接受到合法劳工行动影响的成员公司有权获得基于其工资成本的标准化补偿。如果发生非法罢工，公司将获得对其利润损失的全额赔偿。

该基金资金来源于受集体协议约束的注册成员公司的捐款（上一年支付工资的0.045%）和基金资本的股息。

资料来源：https://www.nho.no/en/；与挪威企业联盟的电子邮件往来。

▶ 图4.2 展望未来，集体谈判对雇主和企业会员组织的重要性

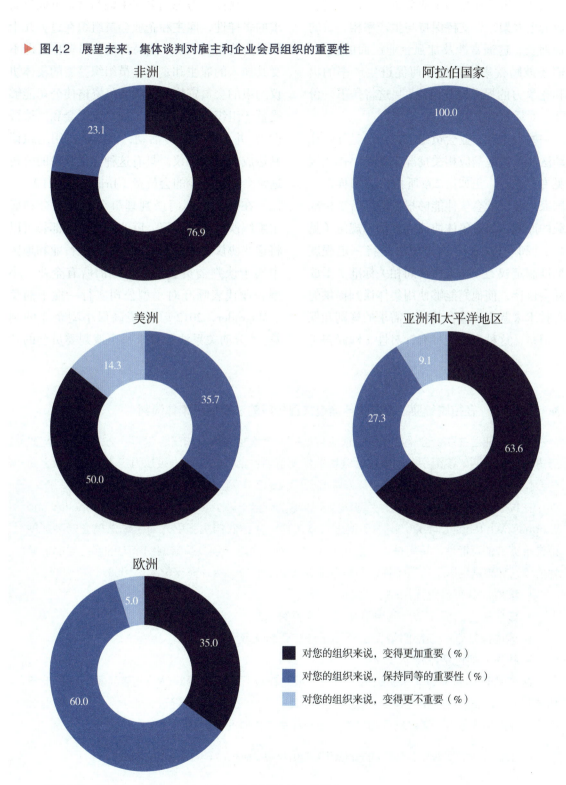

资料来源：国际劳工组织在2021年4月和5月进行的调查。见附录3。

雇主和企业会员组织参与各种倡议，以解决与其国情相关的困难。在进行多雇主谈判的几个欧洲国家，雇主和企业会员组织主张调整产业关系框架，以支持保持与生产率相一致的工资增长，这通常涉及加强企业层面的谈判。它们还鼓励就集体谈判如何促进生产率的提高和竞争力的提升展开讨论，[①]这将是下一份《社会对话报告》的重点。

一些雇主和企业会员组织试图通过呼吁让劳动法能更快地响应相关情况来促进集体谈判（见专栏 4.8）。正如第 2 章所指出的那样，一些国家规定，社会伙伴能够根据国际劳工标准所载的原则，通过集体协议克减法律规定（见专栏 2.1 和专栏 2.8）。这个想法是将一定程度的标准制定权力（如工作时间相关标准）下放给社会伙伴，使他们能够使用集体谈判提供的监管技术来制定更适合其特定需求的规则和保护。但是，这种克减应具有针对性（即涵盖工作条件的特定方面），并且仅以有限和合理的方式适用（见专栏 2.1）。

在德国，考虑到多雇主谈判背景下成员需求的多样性，雇主和企业会员组织在过去几十年里为公司引入了一类特殊的会员资格，即不受其加入的雇主和企业会员组织签署的集体协议约束的会员资格。此类会员资格使公司能够受益于组织提供的服务（如交流机会和法律援助），并参与其宣传活动，而不必适用组织谈判达成的集体协议。具有这种会员身份的公司通常会支付较少的会员费（Jirjahn，2021）。

在南非，部门谈判理事会中的工会和雇主组织谈判达成协议，就业和劳工部部长可以将这些协议扩大到非缔约方，即该行业和地区中属于谈判委员会指定范围的所有企业。小型企业代表呼吁对小型公司实行一揽子豁免（Magruder，2012）。为了确保小型企业的利益，《劳动关系法》要求每个谈判委员会的章

▶ 专栏 4.8　在拉脱维亚，社会伙伴通过快速反应的法规促进集体谈判

拉脱维亚雇主联合会是拉脱维亚最高层面的一个雇主组织，与工会进行两方对话，并与政府进行三方对话。该组织在社会对话领域的优先事项包括：在公司一级加强工人和管理层之间的合作，在市一级发展社会对话，以及加强部门级的自主两方社会对话。

在拉脱维亚，雇主组织认为劳动法过于详尽，以至于减少了社会对话的空间（Ghellab and Vaughan-Whitehead，2020）。为了促进集体谈判，社会伙伴主张引入对劳动法确立的某些规范进行克减的可能性。特别是，社会伙伴一致认为，通过一项具有普遍约束力的部门层面的集体协议，如果满足以下所有条件，则有可能降低法定的加班费补充支付率（100%）：

- 该协议具有普遍适用性；
- 该协议由隶属于最大工会联盟的工会签署；
- 该协议规定的该部门最低工资高于法定最低工资；
- 补充的加班费不低于 50%。

这是 2019 年对《劳动法》进行的修正，鼓励在拉脱维亚的建筑部门签署了第一份行业集体谈判协议。根据拉脱维亚建筑商伙伴关系项目，该协议将有助于促进公平竞争，支持保留合格员工并提高竞争力（通过减少加班费和延长计算工作时间的参考期限）。

资料来源：ETUC（2019）；拉脱维亚建筑商伙伴关系项目网站，https://www.latvijasbuvnieki.lv/。

---

① 例如，参见欧盟的雇主组织于 2018 年 9 月 17 日和 18 日在罗马举行的关于集体谈判和竞争力的特设雇主研讨会上所做的介绍，可在雇主资源中心网站获取：http://erc-online.eu/previous-projects-date/projects-on-the-social-dialogue-projects-2016-2018/。

程都要对"中小企业的代表"做出规定〔第30（1）（b）条；另见Godfrey，2018〕。[1]2006年对九个谈判理事会进行的一项研究发现，其中六个理事会的雇主代表提名了一个或两个雇主代表，以专门代表小企业的利益（Godfrey，Theron and Visser：2007）。[2]2014年提出了一项对《劳动关系法》的修正案，要求在扩展谈判理事会的协议前，部长必须确信理事会有处理非缔约方的豁免申请的有效程序；独立机构能够在30天内裁决非缔约方提出的上诉。研究表明，豁免制度运行有效，小型企业获得豁免的比例高于其他所有企业获得豁免的比例（Godfrey，Maree and Theron，2006；Godfrey，2018）。

在国际层面，雇主组织认识到各国产业关系模式的多样性，并强调不同模式可以带来有利的劳动力市场成果。例如，经合组织工商联合会（Business at OECD）最近建议政策制定者应"基于其为企业和员工提供增值的能力，对产业关系进行评估"，"避免推广某种特定的产业关系模式"，并"承认并整合国家机构、社会、和文化传统中关于工作场所关系的政策建议"（Business at OECD，2021）。

4.2 工会和工人组织的发展

4.2.1　工会概览：工会代表谁？

工会是世界上最大的自愿加入的会员组织之一。[3]2019年，也就是新冠肺炎疫情全面暴发的前一年，工会代表了公共和私营部门共计2.51亿多名工人。[4]这一庞大的数字包括少数但不断增加的自营职业者和专业人士，以及大约4000万名已经退休和退出劳动力市场的成员。表4.2将全球工会会员数量与现有就业数据进行了比较。

▶ 表4.2　2008年和2019年全球工会会员数量、就业人数和工会密度率

类别	工会会员数量			就业人数			工会密度（%）	
	2008年（千人）	2019年（千人）	变化（%）	2008年（千人）	2019年（千人）	变化（%）	2008年	2019年
报告总数	242 771	251 452	+3.6	—	—	—	—	—
不活跃者	40 241	39 907	−0.8	—	—	—	—	—
失业者	711	720	+1.3	—	—	—	—	—
受雇者	202 189	210 825	+4.3	1 639 763	1 887 837	+15.1	12.3	11.2
自营职业者	5 790	16 033	+176.9	659 445	726 089	+10.1	0.9	2.2
领薪人员	196 399	194 792	−0.8	980 318	1 161 747	+18.5	20.0	16.8

注："—"表示未纳入分析。这些数字包括来自187个国际劳工组织成员国中142个国家的工会会员和就业数据：非洲40个，美洲29个，亚洲和太平洋地区34个，欧洲39个。不包括处于战争冲突的国家和无法获得可靠数据的国家。就业数据来自国际劳工组织统计局，基于尽可能新的年份的家庭调查和预测，以及估计的自营职业者的比例。

资料来源：国际劳工组织统计数据库（ILOSTAT）；经合组织—阿姆斯特丹高级劳动研究所关于工会机构特征、工资确定、国家干预和社会协定的数据库（OECD–AIAS ICTWSS）；2016年11月国际劳工组织的模拟估值。

[1]　2002年的《劳资关系法修正案》更加注重小型企业的代表性。第54（2）（f）条要求谈判理事会提交属于理事会指定范围内的小型企业的数据。这些信息应包括小型公司雇用员工的数量，明确其中有多少是工会会员，有多少小型公司是理事会缔约方的雇主组织的成员，并包括小型公司提交的豁免申请的数量。

[2]　只有一个谈判理事会拥有一个代表小型企业的雇主组织。

[3]　本节参考了即将为国际劳工组织工人活动局编写的工作文件（Visser，即将出版）。

[4]　这不包括数据不可靠的国家的工会会员情况。

自2009年以来，全球工会会员人数增加了3.6%，如果仅计算在职会员，则增长了4.3%。这种增长完全归因于自营职业者中工会会员的增加。自营职业者是指为自己工作，"自己雇用自己"且不聘请他人为其工作的人，如拾荒者、翻译、记者、演员、音乐家、口译员和一些其他职业（如一些国家的社会护理工作者）。工薪族是工会的传统目标群体，但此类会员数量停滞不前，跟不上就业的增长。因此，疫情前的工会密度水平低于十年前的水平。按就业人口计算，有1/9的工人加入工会（11%），而在雇员中，这个比例是1/6

（16.5%）。自营职业者的工会组织才刚刚开始出现，该群体的密度仍然很低（2.2%）。

区域差异

图4.3显示了全球工会会员的分布情况。2008年欧洲和中亚的工会会员数量占全球总数的44.2%，但2019年这一比例已降至35.5%。相比之下，亚洲和太平洋地区以及非洲的工会会员比例都有所增加。从目前的情况来看，全球工会会员有36.5%位于亚洲，35.5%位于欧洲和中亚，17.9%位于美洲，10%位于非洲，0.2%位于阿拉伯国家。

▶ 图4.3   2008年和2019年工会会员分布，按区域划分

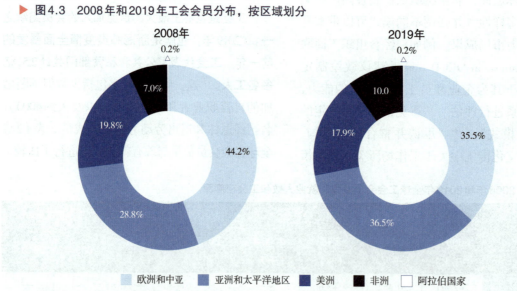

资料来源：国际劳工组织统计数据库（ILOSTAT）和经合组织—阿姆斯特丹高级劳动研究所关于工会机构特征、工资确定、国家干预和社会协定的数据库（OECD-AIAS ICTWS），基于140个国家的数据。

世界各地的工会密度差异显著（见图4.4）。如果按整个就业劳动力（即包括自营职业者）计算，工会密度从中部非洲的3.9%到北欧的31.4%不等，或者从布隆迪的不到1%到冰岛的79%不等。如果只计算雇员，工会密度率从阿拉伯国家的6.7%到北欧的33.1%不等，或者从阿曼的不到1%到冰岛的91%不等。在世界许多地方，特别是在撒哈拉以南非洲和南亚，考虑到这些国家非正规经济的规模，基于就业中的领薪工人计算的"标准"工会密度率显得虚高。因此，图4.4给出了用于区域比较的两种密度率。

部门差异

从历史上看，大多数工会运动都起源于制造业和采矿业、运输业（港口、铁路和邮政服务）以及部分公共部门（教育、市政服务和公用事业）。各地工会面临的长期挑战之一是跟上就业结构的演变——从体力劳动到非体力劳动，从工业到服务，以及最近从模拟服务到数字服务。或多或少，工会在这方面取得了成功。今天，大多数工会会员从事非体力劳动，在服务业工作。除了少数几个国家，如德国、日本和韩国，以及南非、赞比亚和津巴布韦这几个采矿部门庞大的国家，只有不到30%的工会会员从事工业工作。

▶ 图4.4　2019年工会密度率，按区域和次区域划分

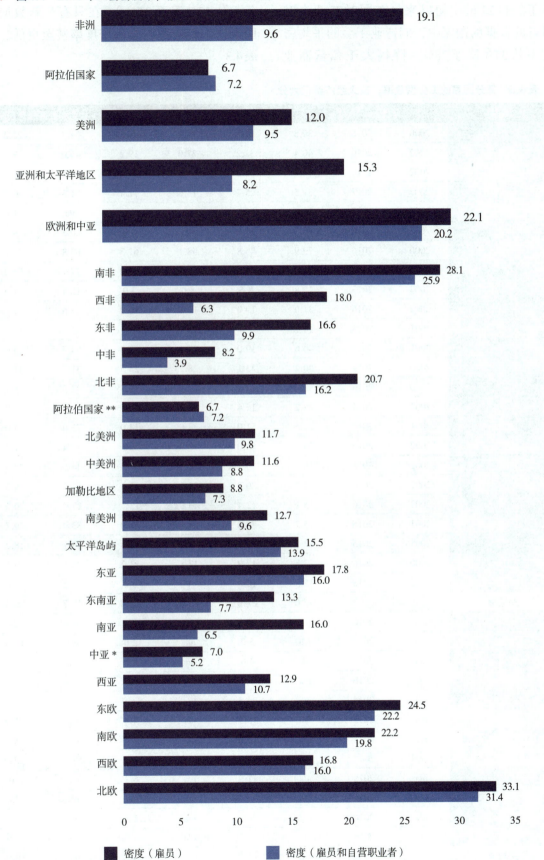

注：＊数据仅适用于哈萨克斯坦。＊＊基于三个国家的数据。

资料来源：国际劳工组织统计数据库（ILOSTAT）和经合组织—阿姆斯特丹高级劳动研究所关于工会机构特征、工资确定、国家干预和社会协定的数据库（OECD–AIAS ICTWS）。

几乎所有地方的制造业工会密度率都下降了。自21世纪初以来，在同时有两个时间点的数据的国家中，制造业工会的平均密度率从37%降至28%，降幅大于私营商业服务（从26%降至20%）或社会和社区服务（从43%降至35%）。在只有最新数据的国家中，制造业工会的密度率甚至更低（见表4.3）。

▶ 表4.3　部分国家的工会密度率，按大经济部门划分

国家	年份		工业（%）		私营商业服务（%）		社会和社区服务（%）	
澳大利亚	2000	2016	30.8	14.1	16.9	8.0	34.7	22.2
奥地利	2002	2016	40.4	32.2	27.0	19.2	46.0	33.1
比利时	2002	2016	77.8	63.2	53.2	44.6	49.7	51.8
加拿大	2002	2017	31.5	25.7	13.6	12.4	51.3	50.5
智利	2005	2015	20.2	18.5	n/a	13.3	n/a	11.0
捷克	2002	2016	26.5	10.8	24.5	8.8	20.2	19.4
丹麦	2000	2016	79.9	75.8	58.1	61.3	83.8	72.2
芬兰	2000	2016	78.0	66.0	64.1	54.0	77.1	71.0
法国	2003	2013	12.8	8.5	8.6	7.0	12.4	14.0
德国	2002	2016	31.0	19.0	17.1	10.9	25.6	21.8
匈牙利	2001	2015	14.7	7.0	16.9	7.0	31.6	16.0
爱尔兰	2001	2016	40.6	19.0	25.8	17.0	54.7	35.6
意大利	2000	2014	40.2	43.1	28.2	23.5	31.7	41.5
荷兰	2000	2016	32.0	22.1	17.1	12.7	32.5	21.7
新西兰	2001	2014	25.2	14.4	8.3	8.5	45.7	35.7
挪威	2001	2014	52.5	51.0	33.0	34.0	75.0	76.0
波兰	2002	2016	19.8	14.0	10.8	7.0	32.4	21.0
葡萄牙	2002	2016	16.8	10.1	16.7	7.7	34.6	38.3
斯洛文尼亚	2002	2016	52.2	20.2	33.0	13.6	53.0	29.3
西班牙	2002	2016	15.1	12.4	13.0	12.1	27.0	20.5
瑞典	2001	2016	75.7	70.6	65.0	61.0	83.0	70.7
瑞士	2005	2015	32.3	25.3	11.5	14.4	23.7	18.2
英国	2000	2016	27.8	17.0	17.8	13.2	36.1	40.1
美国	2000	2018	15.5	10.8	7.7	6.0	20.2	18.0
平均值			37.0	27.9	25.6	19.9	42.7	35.4
巴西	n/a	2016	n/a	25.0	n/a	n/a	n/a	n/a
哥伦比亚	n/a	2015	n/a	5.0	n/a	2.0	n/a	12.0
哥斯达黎加	n/a	2015	n/a	4.0	n/a	4.0	n/a	37.0
爱沙尼亚	n/a	2016	n/a	3.9	n/a	2.2	n/a	6.6
日本	n/a	2014	n/a	24.5	n/a	16.4	n/a	10.6
墨西哥	n/a	2015	n/a	13.9	n/a	4.4	n/a	23.0
韩国	n/a	2013	n/a	12.3	n/a	7.4	n/a	13.4
南非	2007	n/a	52.0	n/a	12.0	n/a	58.0	n/a
土耳其	n/a	2015	n/a	11.9	n/a	6.2	n/a	6.0
乌干达	n/a	2016	n/a	6.7	n/a	6.7	n/a	18.8
坦桑尼亚	n/a	2016	n/a	6.6	n/a	1.3	n/a	28.6
赞比亚	n/a	2016	n/a	16.2	n/a	7.0	n/a	27.0
平均值			n/a	11.8	n/a	5.8	n/a	18.3

注：n/a=无可用数据。

资料来源：Visser（即将出版）；经合组织—阿姆斯特丹高级劳动研究所关于工会机构特征、工资确定、国家干预和社会协定的数据库（OECD–AIAS ICTWSS）。

2019年

工会是世界上最大的、最具代表性的自愿加入的组织之一

▶ **工会代表了2.51亿工人 ***

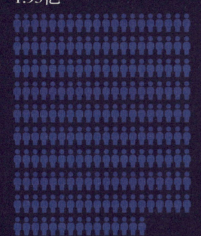

1.95亿

雇员

4000万

退休和失业者

1600万

自营职业者

+870万名 工人在2008~2019年间加入了工会

▶ **工会密度 ***

工会密度与集体谈判覆盖率密切相关

工会中领薪工人（雇员）会员的比例高于自营职业者，但自营职业者的工会会员人数在2008~2019年间增加了176.9%。

16.8% 雇员

2.2% 自营职业者

注：工会密度率衡量的是作为工会会员的工人（雇员或自营职业者）占工人总数（雇员或自营职业者）的百分比。

如今女性工会化率高于男性工会化率

17.7%
女性工会密度率

16%
男性工会密度率

* 基于142个国家的数据。

资料来源：国际劳工组织统计数据库（ILOSTAT）和经合组织—阿姆斯特丹高级劳动研究所关于工会机构特征、工资确定、国家干预和社会协定的数据库（OECD–AIAS ICTWS）。

成员日益多样化

工作安排（包括固定期限合同和临时中介派遣工作）和工会会员的多样性日益增加，这对工会组织者来说是一个重大挑战。例如，在年龄较大的工人中工会密度较高的情况下，工会需要找到代表年轻工人利益的方法（见图4.5）。

绝大多数工会是由领薪工人组成并为其服务的组织。然而，许多工会联合会，尤其是在西欧，也代表着领取养老金和伤残抚恤金的退休工人。还有只占一小部分但不断增长的工会会员是自营职业者（见图4.5）。虽然在高收入国家中只有1/10的工人在建筑、公路运输、金融服务、税务和商业咨询、信息技术、媒体和艺术等部门从事传统的自营工作，但自营工作在发展中国家非正规经济中占主导就业地位。工会中自营职业者会员的数量在十年内几乎增加了两倍（见表4.2）。在一些国家，工会或工会联合会为了接纳自营职业者而修改章程，通常也是为了提前应对劳动法剥夺这些工人和非正规经济中工人结社自由的变更。在其他国家，如意大利、荷兰和英国，为此目的设立了特别工会或部门。

当前，全球女性工会化率高于男性。 在可获得数据的86个国家中，有40个国家的女性工会化率较高；在另外40个国家中，女性工会化率低于男性；在剩下6个国家中，女性和男性的工会化率没有差异。几十年前，女性在工会中仍是少数，她们与男性在工资、福利、职业前景、解雇保护和养老金权利方面存在明显差异。随着大量职业的女性化，情况发生了很大变化，大多数工会的反应是更加关注女性的需求和一般的工作家庭问题。尽管现在女性更多地参与了就业、政治、商业和工会（包括有更多的女性在工会中担任领导职务），但解决其利益相关问题仍然存在许多障碍。在中国、印度、韩国和南非，妇女组织者建立了专门的女性网络或工会，以挑战传统上由男性主导的工会领导层（Agarwala，2014；Broadbent and Ford，2008）。

与私营部门相比，**公共部门的工会密度更高**，这也是在密度率方面女性比例较高的原因。平均而言，全职工人加入工会的可能性几乎是兼职工人的两倍。然而，毫无疑问，女性工会会员比例的增加使得兼职和临时工人工会密度率增加（见图4.5）。在高收入国家，平均17%的雇员从事兼职工作，其中70%是女性（OECD，2017）。在这些国家，兼职工人在工会中的比例稳步上升，目前平均为13%，各国的比例从2%（希腊）到33%（荷兰）不等。

© SACTWU

▶ 图4.5　2015年的工会密度率，按就业状况、性别、机构部门、合同地位和年龄划分

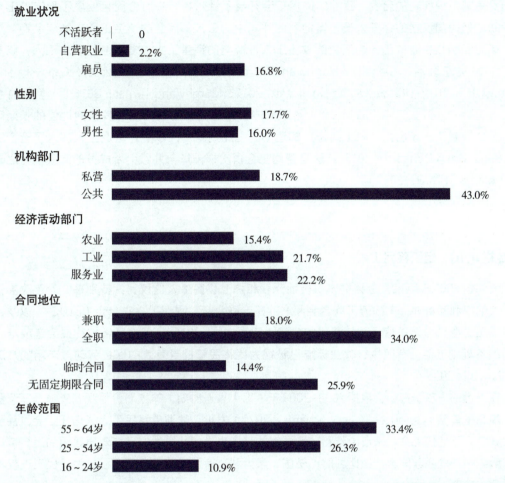

就业状况
- 不活跃者　0
- 自营职业　2.2%
- 雇员　16.8%

性别
- 女性　17.7%
- 男性　16.0%

机构部门
- 私营　18.7%
- 公共　43.0%

经济活动部门
- 农业　15.4%
- 工业　21.7%
- 服务业　22.2%

合同地位
- 兼职　18.0%
- 全职　34.0%
- 临时合同　14.4%
- 无固定期限合同　25.9%

年龄范围
- 55~64岁　33.4%
- 25~54岁　26.3%
- 16~24岁　10.9%

资料来源：国际劳工组织统计数据库（ILOSTAT）和经合组织—阿姆斯特丹高级劳动研究所关于工会机构特征、工资确定、国家干预和社会协定的数据库（OECD–AIAS ICTWS）。对于就业状况和性别，工会密度的数据是经过加权的。而对于其他数据，由于数据缺乏，使用了全国工会密度率的未加权平均值（见Visser，即将出版）。

4.2.2　当前工会面临的挑战：它们将如何应对？

在高收入国家，大多数工会会员签署的是无固定期限合同。签订固定期限合同或临时合同的比例目前仅为11%，但这一比例正在增长。现实生活中许多年轻人从事临时代理工作和定期就业，这是工会调整政策的另一个原因（见专栏4.9）。例如，日本工会改变了对兼职工人的态度，其中大多数是仅享有有限就业保护的年轻女性。它们针对这些工人的招募活动仅取得了一些成功，但也暴露了许多内部障碍，这一问题也在韩国（Durazzi, Fleckenstein and Lee，2018）显现出来。这两个国家都建立了临时工人联盟和社区工会以帮助工人，特别是女性工人。

估计2019年有2.72亿国际移民，其中1.69亿人是移民工人，自2013年增加了1900万人，即12.7%（ILO，2021f）。这一趋势与越发显著的劳动力移民女性化趋势齐头并进，因为越来越多的女性是作为工人而非陪同家庭成员移民的。劳工移民的普遍增加对工会的组织战略提出了重大挑战（见专栏4.10）。

▶ **专栏4.9 组织临时工**

受美国组织模式的启发，欧洲的许多工会开展了针对持有临时合同且处境不稳定的工人的活动，如德国汉堡的保安人员、奥地利的呼叫中心工人、荷兰的清洁工和肉类包装商、法国快餐店和购物中心的工人、波兰的零售工人、瑞典的销售工人、爱尔兰的酒店工人，以及英国的肉类包装商（Connolly, Marino and Martinez Lucio, 2017; Czarzasty, Gajewska and Mrozowicki, 2014; Holtgrewe and Doellgast, 2012; Murphy and Turner, 2016）。德国的金属工人工会——五金工会（IG Metall）意识到中介派遣工作已成为削弱其谈判地位的长期问题，而是发起了一场名为"同工同酬"的运动。在此期间，许多中介派遣工人加入了五金工会（Benassi and Dorigatti, 2015）。这是帮助工会再次提升形象并吸引新成员的政策变化之一（Schmalz and Thiel, 2017）。

▶ **专栏4.10 组织移民工人**

大约自2000年以来，工会更加积极地代表和捍卫移民工人的权利。特别是，为了改善移民工人的权利和条件，美国劳工联合会和产业工会联合会、欧洲工会联合会（ETUC），以及各种全球工会联合会都采取了支持移民的立场（Donnelly, 2016）。因移民管控往往会造成难以监测的不规则流动，有效执行就业标准已被视为比移民管控更有效的保护劳动力市场的方法（Milkman, 2006）。

在最近的一项研究中，根据2008~2009年（即大衰退时期）的欧洲价值观调查数据，戈罗德斯基和里查德（Gorodzeisky and Richards, 2020）发现，欧洲的移民工人很信任工会，甚至比家庭工人更信任工会。来自中欧和东欧国家的移民也是如此，他们可能对原籍国的工会持怀疑态度。在一些西欧国家，如比利时、法国、意大利、荷兰和英国，工会已成为移民工人权利的坚定支持者（Marino, Roosblad and Penninx, 2017; Jacobson and Geron, 2008; Tapia and Turner, 2013）。

在中国，非正规工人为改善权利以及在从农村迁移到城市后获得认可而奋斗。2003年之前，这些人还无法加入正式的工会组织。到2007年，移民已经有7000万名农民工登记为中华全国总工会（ACFTU）的会员。他们还建立了替代性组织，如农民工文献资料中心。该中心收集有关工作条件的数据，组织开展有关国内和国际法律的研讨会，监督行为准则，并在劳资纠纷和索赔拖欠工资方面提供法律援助（Agarwala, 2014）。在中国香港，当地的家政工人与菲律宾、尼泊尔和泰国的移民妇女一起成立了亚洲家务工工会联会。

工会要组织平台工人也很有挑战性（见专栏4.11）。平台经济的规模无法轻易衡量，但它正在增长（ILO, 2021c）。在疫情期间，平台工作进一步突显出来，如在食品、包裹和药品的运输方面。显然，这种工作的激增不是一个孤立的趋势，而是代表着为应对新技术给消费者、公司和工人带来的机会，雇佣关系发生了重大改变。由于平台工人往往处于不安全的工作形式中，通常很难将他们组织起来。正如国际劳工组织《百年宣言》中所强调的那样，所有工人应享有结社自由和集体谈判权（ILO, 2019b）。此外，国际劳工组织的监督机构强调需要确保平台工人也享有这些基本权利（ILO, 2020a: para.327；另见第2章，专栏2.4）。

工会与平台工人并肩作战，在一些重要的案件中获得了胜利，将平台工人重新归类为雇员，这样平台企业就能承担为这些工人提供劳动法所赋予的保护的责任（Vandaele, 2018）。

▶ 专栏 4.11　针对平台工人的工会措施

德国的金属工人工会——五金工会（IG Metall）以及奥地利和瑞典的各种工会联合推出了一个名为"公平集群工作"（http：//faircrowd.work/）的网站，平台工人可以在该网站对他们的平台工作经历进行评估。这些工会在说服各种平台签署众包行为准则方面取得了一些成功。截至2021年9月，已有9家平台公司签署了行为准则，德国众包协会作为官方支持者加入了该项目。

欧洲食品、农业和旅游工会联合会与柏林的弗里德里希·埃伯特基金会（Friedrich Ebert Foundation）未来工作能力中心一起，在2021年9月为东欧和东南欧农业食品部门的大多数年轻零工工人组织开设了一门在线培训课程（Klinkenberg，2021）。

印度尼西亚基于应用程序的运输业主要在正式产业关系制度的法律和组织框架之外运作。近年来，在线司机在自我组织、互助和基层社区参与能力方面的特点突出，这与工会会员的减少和正规部门的参与下降形成鲜明对比（Ford and Honan，2019）。

在西班牙，新成立的平台工人协会["骑手的权利"（Riders X Derechos）和"自由的骑手"（Free Riders）]与传统工会合作，如巴伦西亚国际医学联合会、加泰罗尼亚国际医学联合会、工人总工会和工人委员会等。

在加纳，大约16个网络叫车司机协会（最早的协会于2018年成立）将网约车司机组织在一起，其中一些协会隶属于加纳工会大会。

2021年12月，印度最高法院同意听取一个代表20000名配送工人的工会提交的请愿书，该请愿书要求将社会保障福利扩大到应用程序平台的工人（Chaturvedi，2021）。2020年7月，英国高等法院批准了英国独立工人联盟的上诉，并随后在同年11月裁定，因政府未恰当实施欧盟指令而导致未能在疫情期间将卫生和安全相关保护规则扩展到平台工人。2021年2月，英国最高法院的一项裁决支持了就业法庭的裁决，即为相关平台公司工作的司机属于《就业权利法》第230（3）（b）条所规定的情况，因此有权获得一系列法定就业权利。[①] 2021年5月，在工会与雇主和企业会员组织进行社会对话后，西班牙政府批准了"骑手法"，认定平台的配送工人是具有结社、代表、集体行动和谈判等所有传统权利的雇员。随后，经代表大会批准，新法律规定了此类工人休假的权利，并要求公司代表他们支付社会保障金。欧洲工会联合会在欧盟层面提出了类似的立法，规定了可反驳的平台工人的雇佣关系推定，以及由平台公司承担举证责任（ETUC，2021a）。2021年12月，欧洲委员会解决了平台工人就业状况错误分类的问题，并提出了一系列措施，包括欧洲工会联合会要求的可反驳的雇佣关系推定。这一就业地位将保证平台工人有权获得最低工资（如果有的话）、结社自由和集体谈判权、工作时间和健康保护、带薪休假、防止工伤事故、失业和疾病福利，以及缴费型养老金（EC，2021）。

国际劳工组织（ILO，2018f）估计，全世界总就业人口的61%是非正规就业，即没有登记或缺乏适足的社会保护的工人，非正规率从86%（非洲）到25%（欧洲和中亚）。在最近的一项研究中，斯普纳、蒙塔格-尼尔森和韦利根（Spooner，Montague-Nelson and Whelligan，2021）列出了许多阻止工会与非正规工人接触

---

① 英国，最高法院，优步诉阿斯拉姆等案（*Uber BV and others v. Aslam and others*），2021年2月19日判决。在稍晚的裁决中，上诉法院（英国最高法院以下的最高级别法院）没有将在另一个平台工作的自行车送货骑手归类为工人，从而阻止了对其集体谈判权的有效承认 [英国，上诉法院，英国独立工人工会诉中央仲裁委员会和户户送案（*Workers' Union of Great Britain v. Central Arbitration Committee and Roofoods Ltd trading as Deliveroo*），2021年6月24日判决]。

的因素，包括没有特定雇主，担心数量上占绝对优势的非正规工人会接管工会，地位和声望问题，以及非正规工人无力支付工会会费的问题。自2000年以来，非洲、亚洲和拉丁美洲的许多工会已扩大其活动范围，将非正规经济中的工人吸纳进来，并开始与捍卫这些工人利益的其他组织合作。阿加瓦拉（Agarwala，2014）概述了巴西、加拿大、中国、印度、墨西哥、南非和美国对家政工人、流动工人、非正规工人和移民工人、农民工的组织工作，并观察到从21世纪初开始工会主义出现了从排他性到包容性的转变。在东非和西非，教学和运输工会曾尝试组织自营职业者，如自行车送货员和小巴司机。其他例子涉及玻利维亚、哥伦比亚、多米尼加共和国、洪都拉斯、尼泊尔和巴拉圭的农业工人和临时工。在加拿大，食品和商业工人联合会以及农业工人联盟建立了十个移民农场工人中心，其中一个为外国临时工人提供获得永久居留权的途径。

在过去的30~40年中，高收入国家的年轻人的工会率急剧下降（OECD，2019b；Visser，2019）。在28个高收入国家中，年龄在16~25岁之间的人的平均工会密度在一个代际内减少了一半，从1995年的21%下降至2015年的11%（见图4.5），其中有一半国家，加入工会的年轻人不到7%。结果就是，工会会员的平均年龄已上升至45岁以上，平均而言，所有工会会员中有1/5接近退休年龄：这一人数是过去5~10年加入工会的会员人数的3~4倍。低出生率和进入劳动力市场的人口不断减少这一人口趋势给高收入国家的工会带来了额外的压力。而非洲不存在这一问题。在非洲，许多国家超过一半的人口年龄在25岁以下，其工会面临的紧迫问题是缺乏体面的就业和年轻人的移民。

必须基于具体情况来看待工会在组织方面付出的努力。世界各地的工会的一些努力是相似的，如招募新成员；与非工会组织一起建立关于特定主题的联盟；组织上的重塑；建立劳资伙伴关系；跨国互助；以及各种形式的政治活动。然而，这些努力面临一些相当严峻的挑战，如不尊重基本的工人权利、缺乏有利环境、执法机制不足、种族和宗教冲突，以及存在大量的非正规工人。

可持续发展目标的指标8.8.2（国际劳工组织是该指标的监管机构）衡量一个国家遵守工作中基本权利的程度，特别是第87号和第98号公约规定的结社自由和集体谈判权。这一指标的范围为0~10，其中0是最好的（表明遵守结社自由和集体谈判权的程度较高），10是最差的（表明遵守这些权利的程度较低）。该指标以国际劳工组织监督机构和国家法律的文本

> **▶ 专栏4.12　组织年轻人**
>
> 组织年轻人是工会复兴战略的关键。欧洲工人联盟青年委员会最近与弗里德里希·埃伯特基金会合作发起一项倡议，指出："工会面临着生存危机：要么我们招募大量新的年轻成员，要么在几十年内我们将不再作为群众会员组织存在"（FES，2021：2）。青年委员会敦促其附属组织开展青年运动，收集有关年轻人状况的数据，确定潜在成员及其生活和工作场所，并采取年轻人常用的点对点联系等交流方式，并在交流时注意采用年轻人常用的话语。青年委员会还建议工会在内部建立和发展青年组织，向年轻人分配资源并促进其参与决策。最后但并非最不重要的一点是，在工会运动内部和外部建立联盟，以解决年轻人关心的问题。这类联盟的例子包括美国的"零售行动项目"、英国的"快餐权利运动"、新西兰的"站起来运动"和澳大利亚的"青年工人中心"。在21世纪初的大衰退之后，许多年轻人受到紧缩措施和创纪录的青年失业率的沉重打击，开始进行抗议，有时甚至反对工会。例如，在美国，城市工人中心成立了青年工人联合联盟；意大利的有"圣普雷卡利奥"运动，西班牙的"无前途的年轻人"运动，该运动谴责年轻人的不稳定状况（Antenas，2014；della Porta，Baglioni and Reiter，2015）。

信息编码为基础（见第2章，专栏2.4）。^①比较可持续发展目标的指标8.8.2的2020年措施与国家层面的工会密度可以发现，在有可用数据的国家，遵守结社自由和集体谈判权的程度较低的国家（即可持续发展目标的指标8.8.2得分较高），其工会密度也较低。虽然这不是一个充分的条件，但可以得出结论：**遵守结社自由和集体谈判权在很大程度上是包容性工会的必要条件**（见Visser，即将出版）。

4.2.3 工会：在集体谈判和其他方面的作用

国际、国家和地区等不同层级的工人组织可以进一步划分为区域性和国家以下级别的工会，以及跨行业和跨职业的工会。

全国性的工会联盟通常执行共同的任务，如代表劳动者进行游说，并在国家和国际政治和行政机构中代表工会，为其附属组织和个人成员提供服务（包括培训和教育、法律咨询、研究，以及在某些情况下的招聘活动），并裁定附属组织之间在领域划分和谈判管辖权方面的争议。许多联盟都具备协调职能，包括在年度谈判中制定议程，提出工资要求并提供统计数据、研究和信息。如今，联盟很少自己谈判核心协议——如果谈判的话，主要是就非工资问题进行谈判，如新冠肺炎疫情期间缔结的协议和社会契约（例如，关于减少工作时间和待工计划、远程工作，以及安全与健康措施方面的协议）。然而，协调集体谈判的关键作用是由全国性的工会通过其选举或任命的官员来发挥的，即使谈判是在企业层面进行的。在过去的几十年中，工资谈判的权力下放使基于工作场所的本地工会代表（或者在某些情况下，由企业全体员工选举产生的劳动理事会）更多地参与进来。

为公平的工资和体面的工作条件进行谈判

集体谈判是工会的核心活动。通过这种谈判，工会旨在为特定职业、部门或国家在劳动力市场上建立工资下限，并随着时间的推移，逐步协商达成高于该下限的工资。工会还努力使工人的工资标准化，并争取同工同酬，以减少工人之间的竞争（Visser and Checchi，2011；Streeck，2005）。通过将工资增长与生产率挂钩，工会力求确保工人能分享其所在国家或企业收入增长的公平份额。工会的这些努力有助于减少不平等，特别是当工会强大并能够将少数群体纳入其中时。

一些工会还通过确保遵守最低工资标准，并代表这些工人与地方当局进行谈判来帮助减少非正规经济工人的收入不平等（见专栏4.14）。

> ▶ **专栏4.13 工会与不平等**
>
> 文献中一致发现，在不同的国家和时期，以工资分布的百分位数比率衡量，工会化与较小的收入差异有关（Blau and Kahn，1996；Card，Lemieux and Riddell，2004；Farber et al.，2018；Pontusson and Rueda，2010；Pontusson，2013；Western and Rosenfeld，2011）。
>
> 艾尔奎斯特（Ahlquist，2017：426）在他的文献摘要中写道："在政府税收和支出之前与之后，工会与差距更小的工资和收入分配有关"。他接着提出："在他们的行业和集体谈判活动中，工会能够提高工资和压缩整体收入分配，包括减缓最高收入的相对增长。"图4.6通过将数

---

① 国际劳工组织（ILO，2018d：17-18）通过了可持续发展目标的指标8.8.2，"旨在衡量国家对基本劳工权利（结社自由和集体谈判权）的遵守程度。该指标基于六个劳工组织监督机构的文本来源和国家法律。颁布国家法律不是为了生成遵守基本权利的统计指标，也没有为此目的创建任何国际劳工组织的文本来源。指标8.8.2是基于这些来源汇编的，使用该指标并不构成放弃国际劳工组织各成员对来源结论的不同观点。……并不打算将可持续发展目标的指标8.8.2作为比较国际劳工组织成员国遵守情况的工具。应当特别指出的是，国际劳工组织成员国对国际劳工组织监督系统负有报告义务，因此批准和不批准文本的国际劳工组织成员国所能使用的国际劳工组织文本来源不同。"

据扩展至2020年和35个经合组织国家，更新了艾尔奎斯特（Ahlquist, 2017）提出的类似图表。该图绘制了每个国家和年份的工会密度率与工资不平等的关系（总共697个观察值），图A（左）显示总工资分布的下半部分（中位数与总收入的第10个百分位数的比率），图B（右）显示上半部分（第90个百分位数与中位数的比率）。这种关系显然是负相关：较高的工会密度率与较低的收入不平等水平有关，下半部分（r=-0.63）比上半部分（r=-0.54）的相关性更强。庞杜松（Pontusson, 2013）也报告了基于一组经合组织国家的发现，即随着时间的推移，收入不平等与工会密度之间的这种负相关性在国家之间和国家内部都存在，尽管国家内部的这种关联似乎正在减弱。

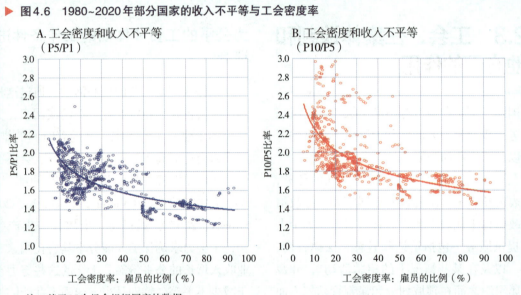

▶ 图4.6　1980~2020年部分国家的收入不平等与工会密度率

注：基于35个经合组织国家的数据。

资料来源：经合组织—阿姆斯特丹高级劳动研究所关于工会机构特征、工资确定、国家干预和社会协定的数据库（OECD–AIAS ICTWSS）关于工会密度率的数据；经合组织收入差异统计平台。

▶ 专栏4.14　印度非正规部门的工会与收入

在一项罕见的对非正规部门的研究中，查特拉吉（Chattaraj, 2016）借鉴了2004~2005年印度就业和失业状况调查的数据，发现工会会员身份与显著的收入优势相关。这与其说是工会与雇主集体谈判的结果，不如说是工会向当局施加压力，以确保最低工资的规定得到执行的结果。此外，由于印度的政治网络，工会能够为其成员在街头售货，以及在建筑和运输行业中获得更多有报酬的工作机会。但是，由于许多工会是男性主导的，因此从这些优势中受益的首先是男性工人。印度的非正规劳动力非常多样化，包括街头小贩、日薪建筑工人、为全球价值链工作的家政工人、小规模企业家、计件工人和打零工的人、工匠和工艺品生产商，以及在家经营业务的中产阶级专业人士。然而，这些劳动力的共同点是，他们缺乏正规就业中的工人可获得的福利、社会保障和健康保护（Unni and Rani, 2002）。虽然男性工人在所有非正规劳动力中都有分布，但女性工人却大都集中在最底层。非正规劳动力中的男性和女性往往属于不同的工会。如果可以的话，非正经济中的男性工人加入传统工会（Sen, 2012），而女性工人倾向于加入仅限妇女的组织，如自营职业妇女协会，该协会明确表示招募和组织贫困和低收入妇女。

社会对话、社会协定与新冠肺炎疫情

工会不仅是集体谈判的参与者，而且还影响了进行这种谈判的监管环境。它们争取权利和更好的条件；游说政党和政府提供支持，立法，以及执行最低工资和生活工资；并代表工人参加各种理事会或委员会（其中一些是三方性质的，它们与雇主和部长、政府官员或政府任命的专家进行谈判；其他则是两方性质的，它们只与雇主谈判）。除了谈判和游说之外，工会还通过其当地组织参与执行和监测遵守已商定的工作场所相关内容的情况；它们在法院、法庭和仲裁委员会中代表其成员。此外，许多工会为会员提供教育和培训，并为企业中当选的工人代表提供建议和支持。有些工会向其成员提供失业和疾病保险，以及当发生工会会员在工作场所死亡的情况时，向其家人支付抚恤金。

社会对话和三方论坛可以成为工会之间合作的重要平台，并成为社会和政治参与的跳板。此类举措的相关实例是印度尼西亚的社会保障改革行动委员会，这是一个成功开展社会保障制度改革运动的国家工会联盟；加纳的反对水私有化全国联盟，该联盟汇集了几个工会和民间团体组织，对会员进行工资收入以外的问题的教育，并提升会员的整体政治素养。

欧洲的许多工会联盟与雇主和政府就非工资协议和社会协定进行谈判，从而为积极老龄化和养老金改革方面的立法、就业保护、职业教育和培训政策、职业安全与健康策略、失业保险，以及批准和实施国际劳工公约等铺平道路（Avdagic, Rhodes and Visser, 2011）。自1996年以来，欧洲工会联合会谈判达成了十项框架协议，制定了有关育儿假（1995年和2009年）、兼职工作（1997年）和固定期限合同（1999）等主题的条款，为随后的相关欧盟法律或国家法规奠定了基础。其中一些是"自主性的"协议，由社会伙伴自己实施，涉及远程工作（2002年）、工作相关的压力（2004年）、工作中的骚扰和暴力（2007年）、包容性劳动力市场（2010年）、积极老龄化（2017

年），以及数字化（2020年）等主题。上述协议中最后提及的协议涵盖数字技能和确保就业，连接和断开连接的方式，确保"人类掌控"人工智能的原则，尊重人的尊严和监控。此外，欧洲的社会伙伴谈判了三个行动框架，涉及能力和资格的终身发展（2002年）、性别平等（2005年）和青年就业（2013年）。工会和其他合作伙伴在国家层面采取了许多"现代化"协议（ETUC, n.d.）。

事实证明，在新冠肺炎疫情期间，工会通过社会对话开展共同行动的能力特别重要（ILO, 2021g）。在有些政策问题上，工会的投入是极为重要的，这包括减时工作和待工计划；远程工作的条件；与同事、顾客和病人密切接触的一线工人的安全准则；提高居家工人的病假工资；为临时中介派遣工人、自由职业者和合同工、自营职业者和非正规工人提供更好的保护；农业和肉类加工厂的季节性工人的

> ▶ **专栏 4.15　工会在执行标准中的作用**

研究发现，在美国，工会在工作场所的存在可以提高遵守最低工资法和其他劳动力市场标准的程度（Weil, 1999; Fine and Gordon, 2010）。在印度可以观察到类似的作用，工会一直在组织非正规部门的工人，并向公职人员施加压力，要求其执行相关标准（Chattaraj, 2016）。独立工人组织的存在有益于确保国际供应链中劳工标准的执行质量（Berliner et al., 2015）。工会还可以提供专业知识，包括如何在优惠贸易协议①中使用劳工条款，或者由国际劳工组织或经合组织提供的监督机制，等等（Raess, Dür and Sari, 2018）。在医疗保健领域，护士的工会化程度与健康结果的改善相关，如较低的死亡率（Seago and Ash, 2002），以及较少的医院内感染疾病（Dube, Kaplan and Thompson, 2016）。

①关于工会参与贸易协定的例子，见ILO（2017b）。

> ▶ **专栏4.16　国际工会联盟全球权利指数**
>
> 　　国际工会联盟2021年全球权利指数根据国际公认的指标对149个国家进行排名，以评估哪个国家的工人权利在法律和实践中得到最佳保护。[①]权利指数突出显示了一些负面趋势。与前几年相比，2021年报告了更多的侵犯和排除工会权利的事件。不少于110个国家（与2016年的82个相比）阻止了一些工人群体行使其建立和加入工会的权利。2021年的全球权利指数还提到了许多在疫情期间集会和罢工的基本权利被削减或剥夺的例子，有时是工会组织者试图确保在封锁期间提供关键服务的工人有安全的工作条件，或者为被迫自我隔离的工人争取疾病津贴。
>
> ① 参见国际工会联盟网站上的2021年全球权利指数页面，https：//www.ituc-csi.org/2021-global-rightsindex。

工作和生活条件（ILO，2020g）。[①]不幸的是，工会报告了很多在疫情期间其权利遭到损害或受到限制的情况。根据国际工会联盟2021年全球权利指数，存在政府绕过工会的情况（如在印度、波兰、泰国或英国）。还有一些国家将疫情用作限制工会和工人权利的借口（如在缅甸、尼日利亚和津巴布韦），并暂停磋商和避免社会对话（如在克罗地亚、匈牙利、印度尼西亚、波兰、罗马尼亚和土耳其）（见专栏4.16；ETUC，2020）。

　　工会不仅把它们的专业知识带到了谈判桌上，还带来了至关重要的社会支持和为困难的或不受欢迎的措施提供合法性的能力。通过代表工人的集体利益，工会可以促进对政策的信任和遵守，而这些政策本来需要通过法律或劳动行政管理工作来执行，需要付出相当大的代价。疫情封锁和重新开放期间的抗议活动表明，政府不能自行实施此类措施，而需要中介。政府和社会伙伴能够从谈判商定的政策中找到有针对性的和公平的解决方案，这往往会得到更大的支持。

4.3
重组和重塑

　　雇主和企业会员组织与工会都在努力应对劳动力市场正在发生的变革。技术进步、经济绿色化、人口变化和日益加剧的全球竞争都显著改变了它们各自寻求代表企业和工人利益的格局。在这些挑战之外，某些地区可能还面临技能短缺问题，以及其他地区长期存在的非正规性问题。新冠肺炎疫情，包括相关的封锁措施，严重考验了社会伙伴组织的运营能力和韧性。这些转型和持续存在的问题给这些组织带来了机遇和困难，无论是在组织和代表其成员的利益方面，还是在发展应对新出现的挑战的能力方面。**在过去的20年中，雇主和企业会员组织与工会一直在进行重大的重组和重塑。它们已经适应了日益多样化的成员，并正在提供新的服务。**

---

① 另见国际劳工组织应对新冠肺炎疫情国家政策资料库中的"工人组织的活动"，https：//www.ilo.org/global/topics/coronavirus/regional-country/country-responses/lang--en/index.htm#AL。

雇主和企业会员组织最初是在部门、国家和国际各层级专注于劳动力市场政策的组织，现已发展成为在产品和劳动力市场有关事务中代表企业利益的组织（Brandl and Lehr，2019）。这种内部重组一方面使它们的成员得以巩固，另一方面有助于它们调整服务。例如，最近雇主和企业会员组织一直处于正在进行的数字化转型和远程办公相关主题的政策讨论的最前沿。支持技能发展和生产率增长的政策也是其宣传议程的重中之重。通过组织非正规企业和与其合作，雇主和企业会员组织促进了这些企业向正规经济转型。在拥有多层级谈判制度的国家，由于集体谈判已经分散化，雇主和企业会员组织的作用已从通过集体协议的直接治理发展为通过共享信息和提供其他服务进行间接治理，从而促进横向和纵向协调。同时，它们进行调整以满足中小企业和大型跨国企业的利益。

工会仍然是世界上最大的会员利益组织，其会员人数远远超过了任何政党。经过长时间的下降，近年来工会会员人数趋于稳定，在某些国家甚至有所增加。**一个重要的新趋势是，工会正在演变以吸纳劳动力市场中最脆弱的工人和低薪工人、非正规工人、移民工人、家政工人、不同工作安排中（包括固定期限和临时合同）的工人，以及最近兴起的平台工人。**如今，在各个国家中，女性在工会会员中所占的平均比例要比历史上任何其他时期都高得多。

如第3章所述，这对集体谈判议程产生了直接影响，使得一些国家在缩小性别工资差距、育儿假以及打击工作中暴力和骚扰的措施方面取得了重大进展。然而，在疫情期间，除了平衡工作和家庭之间的冲突之外，对性别平等的关切再次被搁置（见第5章）。作为互助型组织，工会还与其他组织结成战略联盟，以促进对社会正义的追求。

总之，雇主和企业会员组织与工会在整合日益多样化的成员的利益方面都面临着巨大的挑战。然而，它们的反应能力和机构资源使其能够在正在进行的变革相关的政策讨论中发挥关键的代表作用。它们在集体谈判中的作用包括决定和影响监管环境与政策、协调谈判过程、为其成员提供相关服务，以及集体协议的谈判。它们也是国际规范框架中的关键角色，该框架使工作中的基本原则和权利得以实施生效，包括结社自由和有效承认集体谈判权。雇主和企业会员组织与工会为工作的包容性和有效治理做出贡献的前提在于，能确保这些基本权利的监管框架得以实施。如第5章所述，在有结社自由的地方，在这些组织有能力履行其代表、领导和宣传作用的地方，雇主和企业会员组织与工会能够同各国政府一道，共同面对2020年和2021年新冠肺炎疫情带来的前所未有的挑战。它们的力量、能力和代表性、合法性对于实现以人为本的包容、可持续和有韧性的复苏至关重要。

第5章

▶ 集体谈判与新冠肺炎疫情：培养复原力

2020年3月11日，世界卫生组织宣布新冠肺炎构成全球大流行。新冠肺炎疫情和为遏制病毒传播采取的公共卫生措施对劳动世界、业务连续性以及工人的健康和收入保障（取决于部门和活动）产生了巨大影响。数百万人在抗击疫情的一线工作，直接暴露在病毒和相关健康风险之下。国际劳工组织估计，2020年第二季度有5.57亿人从现场工作转向在家远程办公，占全球就业人口的17.4%（ILO，2021h）。但是，许多工人从事的职业是无法远程执行的，这导致数百万人的工作被暂停或完全失业。国际劳工组织的数据显示，2020年的工时损失惊人，相当于3.55亿个全职工作（ILO，2021i）。

由于实施了疫情防控相关的公共卫生措施，企业面临着巨大的收入损失，债务水平上升。[①]许多企业不得不将资金转用于购买个人防护设备和支付其他疫情相关的成本，这不利于增加旨在提高生产率的投资（ILO，2021i：92）。疫情防控措施对小企业的打击最大，许多企业称因资金不足而无法维持业务连续性（ILO，2020h：22）。在餐饮和住宿、批发和零售贸易，以及建筑业和制造业等受影响严重的部门，疫情对业务连续性、就业和收入的影响最为明显（ILO，2021i：88）。危机对工人的影响是灾难性的，2022年劳动力市场形势仍然严峻：相较于2019年第四季度，全球工时赤字相当于5200万个全职工作（ILO，2022）。

虽然所有企业和工人都受到了影响，但受影响的程度不同。许多工人无法谋生，而另一些工人能够维持收入，部分原因是政府采取了非常措施——在某些情况下与工人组织和雇主组织进行了协商。其结果是加深了国家内部和国家之间的不平等（ILO，2021i；OECD，2021；ECLAC，2021；ILO，2021j）。处于不安全工作形式中的工人、非正规经济中的自营职业者，以及从事只有少部分工作可以在家完成的职业的工人更有可能面临工作时间的减少（Adams-Prassl et al.，2020；ILO and ECLAC，2020；ILO，2020i）。危机对女

性占主导地位的部门产生了尤为严重的影响，如家务劳动、餐饮服务、住宿和招待，以及一些地区的服装和纺织品生产部门（ILO，2020j）。加上无报酬护理工作负担的增加，这有可能逆转最近在性别平等方面取得的成就（Eurofound，2020b；ILO，2021k；ILO and ECLAC，2020）。

接连不断的感染浪潮挫败了2020年和2021年经济快速好转的希望，于是集体谈判的各方来到谈判桌前或通过网络连接，共同面对极度不确定的经济和社会前景。

先前的研究表明，集体谈判可以在增强复原力方面发挥重要作用（OECD，2017；Aidt and Tzannatos，2002）。集体谈判使各方能够达成协议，并建立为雇主和工人提供程序上和实质上的确定性的安排（Marginson，Keune and Bohle，2014）。这可以促进在控制成本与保障就业和收入之间达成必要的权宜之计，特别是在进行整合性和协调性谈判的情况下（Glassner and Keune，2012）。

本章分析了集体谈判在新冠肺炎疫情期间在培养复原力[②]方面所起的作用，特别是在疫情暴发后的前18个月中，集体谈判为具有吸收和适应危机影响的机构能力的国家、部门和工作场所提供了应对危机的手段，改变做法以面向以人为本的复苏（见图5.1）。

▶ **图5.1　在新冠肺炎疫情期间培养复原力**

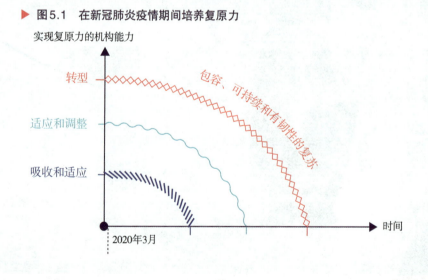

---

① 这些措施包括封锁（即居家令、卫生警戒线、宵禁，以及关闭工作场所和学校）、关闭边境，以及其他非药物干预措施。
② 对于国际劳工组织而言，"复原力"一词的意思是"一个受危害影响的系统、社区或社会以及时和高效的方式，抵御、吸纳、调和、适应和改变危害的影响或从中复苏的能力……"〔2017年《面向和平与复原力的就业和体面劳动建议书》（第205号），第2（b）条〕。

通过本章，读者可以深入了解谈判各方在面对前所未有的卫生、社会和经济危机时所采取措施。本章还讨论了短期内商定的变革性解决方案，这些方案可能确实会在中长期缓解疫情对不平等的影响。展望未来，本章研究了集体谈判如何影响未来的远程工作和混合工作实践，使雇主和工人能够抓住未来的机会。**报告发现，尽管集体谈判可以促进包容、可持续和有韧性的复苏，但这种贡献的规模和方向在很大程度上取决于制度框架和对集体谈判的支持。**

本章基于对来自世界不同地区、不同发展水平的 21 个国家的研究（见附录 4）；对 2020 年 1 月至 2021 年 12 月之间签署的 500 多份集体协议的文本分析（见附录 5）；对雇主组织（见附录 3）和工会的调查（ILO，2021d）；对公共机构、雇主组织和工会代表的半结构化访谈；以及二次文献。

尽管雇主及其组织和工会使用集体谈判来应对新冠肺炎疫情的程度差异很大，但通过分析，报告发现了五个广泛涉及的内容（见表 5.1）。第一，谈判和协议的快速响应能力使各方能够吸收并适应危机的冲击。第二，商定了相关举措，以确保民众卫生和安全所需服务的连续性并保护和重视一线工人。第三，商定了确保现场和远程工作场所安全和卫生的措施。第四，商定了保障业务连续性、保留技能和专门知识、保障就业和保护收入的对策。第五，集体谈判在决定未来工作模式中的作用，如体面的远程工作和包容性的混合工作模式，可以从疫情期间尝试的各种安排中吸取许多教训。

▶ 表 5.1 集体谈判：实现复原力的机构能力

	主题	集体谈判和集体协议对包容、可持续和有韧性的复苏的贡献
吸收	使集体谈判适应新冠肺炎疫情背景	• 对协议续期的调整 • 对程序和实践的调整 • 集体协议的快速响应
	维持服务，保护一线工人	• 商定职业安全与健康保护措施以保护直接暴露于新冠肺炎病毒中的工人 • 促进工作组织形式的改变、工作时间的调整和重新部署，以确保服务的连续性 • 获得医疗保健和病假 • 为临时就业和分包（第三方）工作安排中的工人提供包容性劳动保护 • 及时预防和处理劳资争议，确保稳定性和连续性 • 协调谈判，以系统应对日益增长的医疗服务需求 • 解决以女性为主的低薪职业被低估的问题 • 改进工作流程、增加投资，以维持服务
	确保工作场所安全与健康	• 促进实施旨在预防和控制的国家、行业和组织层面的职业安全与健康协议 • 促进定制和遵守国家职业安全与健康协议和指南 • 获得医疗保健和带薪病假 • 为处于危险中的工人提供保护并持续将其纳入保护范围 • 快速调整和实施工作组织形式和做法（如远程工作），以及安全重返工作的规定
适应	保就业、保收入、保业务连续性	• 迅速实施就业保留措施，支持业务连续性并保护收益 • 根据部门、雇主和工人的需求调整收入替代和就业保留措施 • 促进在一段时间内采取权宜之计，如为了换取就业保障而调整工资、临时裁员和减少工作时间

续表

	主题	集体谈判和集体协议对包容、可持续和有韧性的复苏的贡献
适应	保就业、保收入、保业务连续性	• 在临时裁员和减时工作期间维持社会保护，以降低风险和保护集体投资 • 建立互助基金，以保护低薪工人收入达到最低收入门槛（缓解对不平等的影响） • 固定期限合同或临时合同的续签（缓解对不平等的影响） • 平衡工作和护理责任，以解决危机对妇女尤为严重的影响（缓解对不平等的影响） • 促进就业保留和技能发展，以实现包容性复苏 • 与复苏有关的程序性条款有助于工人做出承诺并保留特定技能
转型	影响未来的远程工作和混合工作	• 从新冠肺炎疫情期间远程工作的尝试中吸取经验和教训，为未来体面的远程工作和混合工作实践提供借鉴 • 就为雇主提高生产率和获得成本收益，以及为工人提供更大自主权的工作安排达成协议 • 促进现场工作人员和远程工作人员的平等待遇（缓解对不平等的影响） • 对现场和远程工作人员的整合 • 共同监管为实现生产性和体面的远程工作而采用的工作时间表和职业安全与健康要求 • 培训和技能发展，以促进包容性转型 • 参与提高绩效的工作实践和分享生产率增益

5.1

在疫情期间进行谈判

社会政策响应一直是新冠肺炎疫情管理的核心，无论是在加强遵守公共卫生措施方面，还是在确保在工作中断期间有充足的收入，并在限制措施解除后恢复正常生活和工作方面（Greer et al.，2020）。**产业关系行动方通过集体谈判为应对危机做出贡献的程度，与先前存在的制度模式相符。**在疫情暴发之前，产业关系制度已将某些社会政策议题委托给雇主、雇主组织和工会，在应对疫情危机时，产业关系制度往往依赖这些机构作为其应对机制的一部分，特别是让最高层面的行动方参与三方和两方社会对话，以及促进集体谈判。在这些情况下，集体谈判被积极地采用，并有证据表明集体谈判对突发卫生事件和不断恶化的经济形势都做出了响应。

尽管疫情施加了种种限制，但各方能够通过调整进程和程序来应对其产生的影响。这得到了法定措施（如就业保留计划）的支持。然而，在其他情况下，前所未有的国家行动减少了集体谈判的空间（Ford and Ward，2021；O'Neil，2021）。还有一些国家的集体权利受到紧急措施的限制（见专栏 5.1）。

> ▶ **专栏 5.1　实施公约与建议书专家委员会的意见**
>
> 在 2020 年 11~12 月和 2021 年 11~12 月的会议上，实施公约与建议书专家委员会注意到，20 个国家[①]的政府和/或社会伙伴提供的信息中包括新冠肺炎疫情对集体谈判的影响，以及集体谈判在应对危机方面发挥的作用。
>
> 在对好几个国家的单独评论中，委员会乐见积极采用集体谈判和产业关系应对新冠肺炎危机的情况，[②]或者对在保持社交距离的情况下举行谈判遇到困难时采取举措作出具体回应的情

况，③并为迅速缔结有助于解决危机的协议提供便利。④同时，委员会还获悉，存在采取单方面紧急措施导致中止或暂时搁置现有集体协议的情况。⑤最后，委员会还注意到工会提出相关意见，指出由于缺乏健全的集体谈判机制，很难以平衡的方式应对新冠疫情的社会和经济影响。⑥鉴于以上这些考虑，委员会重申了国际劳工组织相关文书中的一些原则，指出各国应考虑这些原则，以确保尽管需要采取某些紧急的临时措施，但在应对危机时既要尊重集体谈判权，又要充分利用集体谈判机制面向恢复阶段。以下是专家委员会所强调的主要内容。

《2022年实施公约与建议书专家委员会总报告》摘录

"委员会回顾了其长期声明。根据该声明，危机局势'不能被用来证明对公民自由的限制是合理行使工会权利所必需的，除非在极端严重的情况下，并且任何影响（其）应用的措施的范围和持续时间都应受到限制，且是处理所涉及情况所必要的。委员会一直重申，在经济危机背景下，与最具代表性的工人组织和雇主组织保持长期和深入对话的重要性，结社自由委员会也强调了这一点，特别是在立法过程中，可能影响工人权利和旨在缓解严重危机局势的那些法律。

……

委员会注意到，在新冠肺炎疫情背景下，保持社交距离和对集会自由的限制直接或间接地影响了组织权利和集体谈判权利的实现。……在这方面，委员会注意到，一些国家在疫情防控措施带来限制的情况下，为促进继续行使集体权采取了积极措施，包括延长工会代表的任期；调整集体谈判的最后期限；更多地使用视频会议，以确保社会对话和集体谈判机构活动的连续性；对工会同远程工作者进行沟通和交流的设施进行改造。

……

委员会指出，在一些国家，特殊措施导致了临时限制，包括搁置集体谈判机制和由此产生的协议。委员会认为，这些特殊措施只有在发生严重危机的情况下才可被接受，而且就其性质而言，这些措施必须只在限定时期内实施，与所需应对的客观限制相称，并进行严格的调整，包括为受影响最大的工人提供保证，并与最具代表性的雇主组织和工人组织进行协商。同时，委员会注意到，在一些国家，集体谈判机制在确定应对危机的方式方面发挥了重要作用，如通过签署协议，确定了暂时减少工作时间和保持工人收入的方式。

……

鉴于这些进展，并根据2017年《面向和平与复原力的就业和体面劳动建议书》（第205号）提供的指导，委员会强调了工会和集体谈判权的重要性，为当前的卫生、经济和社会危机提供公平和有力的解决方案，并确保国际劳工组织标准保障的所有权利得到尊重"（ILO, 2021I: paras 52, 71, 72, 75）。

①阿根廷、澳大利亚、孟加拉国、波黑、巴西、加拿大、智利、哥伦比亚、克罗地亚、多米尼加共和国、厄瓜多尔、法国、危地马拉、马尔代夫、毛里求斯、新西兰、巴基斯坦、斯里兰卡、越南、津巴布韦。

②例如，参见实施公约与建议书专家委员会关于阿根廷实施第154号公约的意见（2021年）和澳大利亚关于实施第98号公约的意见（2021年）。

③参见实施公约与建议书专家委员会关于波黑实施第98号公约的直接要求（2021年）和关于智利实施第98号公约的意见（2021年）。

④参见实施公约与建议书专家委员会关于法国实施第98号公约的直接要求（2021年通过，2022年公布）。

⑤参见实施公约与建议书专家委员会关于巴西实施第98号公约的意见（2021年）和关于加拿大实施第98号公约的意见（2021年）。

⑥例如，参见实施公约与建议书专家委员会关于马尔代夫实施第98号公约的意见（2022年）。

资料来源：ILO。

2020年和2021年，**在集体谈判行之有效的国家，各方调整了谈判的流程和程序，以应对高度不确定的情况**。然而，不同国家和部门之间存在很大差异：一些谈判方称新冠肺炎疫情对集体谈判没有影响，而另一些则提到协商花费的时间以及集体协议适用方面的变化。在许多国家，三方和两方的最高层面社会对话在国家应对雇主和工人面临的紧迫挑战方面发挥了重要作用，有助于国家形成有针对性的、前所未有的应对方案（ILO，2021g）。

调整协议的续签和适用性

隔离措施使原定于2020年进行的集体谈判和续约变得困难。在许多国家、部门和企业，**缔约方推迟续签协议**，特别是那些原定于2020年3~9月间续签的协议，因为这段时期具有相当大的不确定性。比较性证据表明，这种推迟经常伴随着**延长现有协议适用性**的协议。例如，在瑞典，新的三年期谈判回合原定于2020年5月年开始，双方因为疫情将其协议延长至2020年10月，届时可以恢复谈判。同样地，在挪威，社会伙伴与国家仲裁员和政府协

商，同意将谈判回合推迟到2020年秋季，并延长了先前商定的条款的有效性（Allinger and Adam，2021）。在哥伦比亚，大多数缔约方同意延长现有的企业协议。在塞尔维亚，缔约方同意将某些即将到期的集体协议（覆盖中小学和大学宿舍的工作人员）再延长一年（见附录4）。

在一些协议到期而没有续签的国家，**法律和集体协议中的超期效力条款提供了监管确定性**（如在西班牙和斯洛伐克）。在葡萄牙，2021年3月9日颁布的第11/2021号法令防止了在只有一方提出退出时集体协议到期的情况，集体协议终止后将适用集体协议"存续期"，例外暂停时限为24个月。[①]经双方同意的撤销仍然是可能的。在新西兰，紧急立法修改了过期的集体协议继续有效的期限（12个月），以排除紧急流行病通知所涵盖的任何期限，从而延长了其后效期。[②]在希腊，21世纪初大衰退期间的改革已将后效期缩短至3个月（适用于某些条款）。封锁措施的实施使谈判程序冻结，这引发了人们的担忧，担心工资和工作条件协议到期可能产生负面影响（Kousta，2020）。

© Chris Marchal

▶ 2022年2月2日，国家劳动理事会主席鲁迪·德拉鲁（Rudi Delarue）参加促进在雇主组织和工会之间开展关于更新远程办公方面的国家集体协议的在线谈判。

---

①　根据2009年2月12日第7/2009号法令批准的《劳动法》第501条，当一方提出退出一项协议时，后效期开始，在此期间，协议继续适用12个月，使双方能够就新协议进行谈判。

②　新西兰，《疫情准备（2000年就业关系法——集体谈判）紧急修改令2020》（LI 2020/61）。

调整集体谈判程序

在集体谈判得以进行的地方，对谈判**流程和程序进行了调整**。许多谈判方转向**在线谈判，**如在比利时、巴西、保加利亚、哥伦比亚、哥斯达黎加、格鲁吉亚、印度、意大利、荷兰、菲律宾、斯里兰卡（见专栏5.2），以及特立尼达和多巴哥。在比利时，2021年在国家劳动理事会的框架内缔结了18项跨职业层面的集体协议，其中许多协议是在线上进行谈判和缔结的。加拿大和英国的企业层面协议以及阿根廷的部门层面协议特别提到通过使用电子签名来缔结和批准这些协定。在巴西，通过虚拟在线会议批准了石油和金属部门的重要协议。2020年，巴西银行部门的约150000名工人参加了全国各地的虚拟在线会议，以批准"新冠肺炎集体公约"，参与人数比正常情况下的会议要多得多（见附录4）。

> ▶ **专栏5.2　斯里兰卡在疫情期间展开有韧性、迅速响应的工资谈判**
>
> 　　锡兰雇主联合会会员和工会会员在2020年3月至2021年3月期间签订了多项集体协议。疫情期间，这些成员在协调谈判中发挥了重要作用，是斯里兰卡复原力的关键来源。谈判采用线上的形式，并以数字方式签署。尽管劳工处处长没有在公报上刊登这些协议，但它们证明了雇主组织、雇主和工会在集体谈判中具有高度的程序响应能力。如果任何一方违反条款，则劳工处处长不会强制执行这些协议。尽管如此，双方认为这些条款具有约束力。
>
> 　　在本报告分析的24项集体协议中，有20项包含加薪条款。企业层面的协议中有很大一部分包括基本工资增长相关规定，其他协议则通过降低工资以换取福利改善，如医疗保健、额外的病假和照顾性休假。一些协议还提到灵活的工作组织形式和生产率激励措施。工会报告称，在新冠肺炎疫情威胁到业务连续性的情况下，它们接受调整工资或临时停职，以换取长期的就业保障（如旅游业）。而有些雇主能够继续经济活动并同意加薪（如银行和制造业），它们表示这样做是为了确保劳资和谐（避免临时停工和工会行动）、稳定劳动力成本（缓冲企业免受法规要求加薪的影响），并保持承诺和良好的工作实践。工会共同负责提高各方对集体协议内容的认识，从而加强雇主对协议的遵守。
>
> 　　在其他情况下，各方缔结了短期谅解备忘录，以延长即将到期的协议，直到条件得到充分改善再续签完整协议。
>
> 　　资料来源：ILO，见附录4。

在一些国家，**调整程序性规定**为新背景下的谈判提供了便利。例如，在法国，减少了谈判集体协议的法定最后期限，以确保企业能够应对新冠肺炎疫情。[①]此外，劳动部还发布了一份通知来说明视频会议、音频会议和电子签名的使用程序。[②]在新西兰，根据2000年的《雇佣关系法》，紧急立法修改了集体谈判的程序性规定。特别是，考虑到公共卫生防控措施带来的挑战，暂时延长了开启谈判的时限。紧急立法还授权工会将批准集体协议的新程序（如在线投票、视频会议或电话会议）通知另一方（或另几方）。[③]

集体协议的响应能力

在某些情况下，在可以谈判全面续签常规协议之前，**各方在商定或规定期限之外就特别**

---

① 法国，2020年3月25日通过的第2020-306号法令（随后多次修订）。
② 法国，劳动、就业和经济包容部，《常见问题：集体谈判》。
③ 新西兰，《疫情准备（2000年就业关系法——集体谈判）紧急修改令2020》（LI 2020/61）。该法令规定，这些临时变更将在《2020年疫情准备（新冠肺炎）通知》到期或被撤销三个月后撤销。

协议进行了谈判。在加拿大的某些部门，如护理服务部门，各方通过谈判达成了"过渡"协议，将即将到期的协议延长一年，直到可以就其续签进行有效谈判为止。[①]在南非，金属与工程行业谈判理事会的谈判原定于2020年3月26日首次封锁生效时开始。通过线上谈判，双方商定了为期一年的"新冠肺炎暂停协议"，该协议在不增加成本的基础上延长了现有协议。2021年，在一次罢工后，双方达成了一项为期三年的协议，规定工资涨幅应高于通货膨胀率。由于过去一直存在不遵守集体协议的问题，新协议包含了程序方面的创新，以加强企业对协议的遵守。[②]在乌拉圭，由部门层面的工资委员会缔结的许多协议于2020年到期。在建筑、医疗保健和运输部门，集体谈判能够正常进行并达成了协议，协议有效期通常为三年。然而，其他15个部门的工资委员会通过了为期一年的过渡协议。

在欧洲的多雇主谈判体系中，**在一些情况下可以援引适应性条款，包括克减条款和困难条款**，以确保某些部门（如医疗保健）服务的连续性，并促进其他部门的调整。在丹麦，私营工业部门的社会伙伴签署了一项部门层面的协议，承认根据适用于蓝领工人的集体协议中的长期条款，疫情相关的业务活动的中断属于不可抗力的情况。[③]该协议允许暂时中止雇佣合同，以便工人可以领取失业救济金，条件是一旦经济活动恢复就让工人复职的承诺。[④]在法国，一些协议引入了特别的克减条款，以支持业务连续性。例如，2020年家具行业的国家层面集体协议包括一项克减条款，使面临现金流困难的企业可以减少、推迟或错开对人寿保险基金的缴款（France, Ministry of Labour, Employment and Economic Inclusion, 2021：93）。[⑤]

在意大利，法律规定在公司和地区层面缔结"接近协议"，允许克减部门层面的协议，并在一定程度上克减法律。[⑥]截至2021年3月，已正式提交792项此类协议。此类协议数量最多的是服务业（64%），其次是工业（35%）和农业（1%）（Italy, Ministry of Labour and Social Policy, 2021：10）。在挪威，医疗保健和护理部门的谈判各方就对工作时间有关的较高级别协议的克减进行了谈判，以使在疫情最严重的时候增加工作时间。[⑦]在西班牙，2020年就大约560项"不适用"或困难协议进行了谈判，以允许偏离较高级别协议中关于工资和工作时间的条款。这些协议有时间限制，影响了约20300名工人（Spain, Economic and Social Council, 2021：453-455）。然而，"不适用"协议的数量仅是前三年此类协议平均数量的一半，这反映出2014年之后此类条款的使用有所减少。[⑧]2020年谈判达成的大多数克减条款涉及小企业（407家），其次是中型企业（101家）和大型企业（42家），其中大多数是服务部门的企业（348家）。据观察，在阿根廷、克罗地亚和塞拉利昂的部门层面集体协议以及巴西的地区层面协议中，有一些条款促进了协议根据预定标准（如财务困难）进行的此类谈判和有时限的调整。[⑨]

2021年对雇主和企业会员组织（见附录3）

---

① 2021年8月30日对加拿大某工会代表的采访。

② 企业可以向谈判委员会申请免除对集体协议中工资规定的全部适用性。这使它们能够分阶段引入规定的工资率，从60%（或更高）开始。这项豁免需要满足一个条件，即雇主仍然对目前支付给工人的工资率实施协商的货币增长（例如，每月100兰特），即使这低于集体协议中的规定费率。分阶段引入规定在协议期限内（2021~2024年），旨在促进采取渐进和务实的方法来加强行业的遵规守法（见附录4）。

③ 丹麦，"新冠肺炎疫情暴发而导致的行业协议下的不可抗力和待工相关的集体协议"，2020年3月17日（仅提供丹麦语版本）。

④ 该协议规定，六个月后未被重新雇用的工人应被视为其雇用合同已终止，这将使他们有权获得遣散费。

⑤ 原始协议："1986年1月14日的制造业全国集体公约，根据1986年5月28日的命令延长（JORF，1986年6月22日）。——文本附件——2020年5月26日对2005年4月26日关于公积金制度协议的第9号修正案"。

⑥ 根据第138/2011号法令第8条，转换为第148/2011号法令。

⑦ 2020年之后医疗保健部门的部门层面的协议（集体协议—挪威45号、集体协议—挪威46号、集体协议—挪威47号）和2020年之后公共行政部门中的部门层面的协议（集体协议—挪威48号）。

⑧ 前几年的数据请参见CCOO（2019：33-38）。

⑨ 集体协议—阿根廷262号，集体协议—巴西274号，集体协议—克罗地亚11号，集体协议—塞拉利昂362号。

和工会（ILO，2021d）进行了调查，征集社会伙伴对集体谈判在应对新冠肺炎危机中的作用的看法（见专栏5.3）。虽然雇主和企业会员组织的看法不太一致，但工会倾向于认同集体谈判是应对工会及其成员面临的挑战的重要工具，具有灵活性且反应迅速。

▶ **专栏5.3　雇主组织和工会关于新冠肺炎疫情期间集体谈判的观点**

雇主和企业会员组织报告称，各组织在疫情期间开展集体谈判的经验有好有坏

国际劳工组织在2021年4月和5月对雇主和企业会员组织进行了调查，调查对象为最高层面的跨行业雇主和企业组织，以了解它们关于集体谈判在应对新冠肺炎疫情的社会经济后果中的作用的看法（见附录3）。大约41%的受访者认为，总体上集体谈判对经济复原力有积极影响（如保持了企业的竞争力和生产率，促进了就业保留），37%的受访者认为有消极影响，还有21%受访者报告称没有任何影响。世界各区域之间也存在差异，非洲的受访者对此持最积极的看法，而拉丁美洲和亚洲的受访者持最具批评性的态度。

在评估疫情对集体谈判的影响时，约17%的受访者同意危机为集体谈判提供了新动力；41%的受访者表示"在某种程度上"是这样。同样，约17%的受访者认为危机前的协议足够灵活，可以适应危机造成的影响；43%的受访者表示"在某种程度上"是这样。大约27%的受访者表示，由于经济的不确定性，最近缔结的这些协议往往期限较短。同样，27%的人报告称，最近的协议在总体上支持工资调整；44%的人认为"在某种程度上"是这样。好几位受访者指出，这场危机导致原定应开始或正在进行的谈判都被推迟了。一些人提到，谈判双方的沟通受到了负面影响。事实上，大多数受访者表示，至少在"某种程度上"，劳资冲突有所增加（见图5.2）。

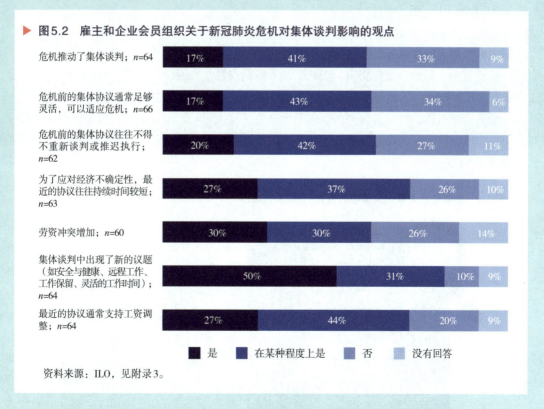

▶ **图5.2　雇主和企业会员组织关于新冠肺炎危机对集体谈判影响的观点**

资料来源：ILO，见附录3。

工会和工人组织报告称，集体谈判在疫情期间被证明适应性强且反应迅速

2021年3~5月，代表国际劳工组织对200多个工会开展的调查（ILO，2021d）强调，集体谈判在应对疫情期间面临的紧迫挑战方面反应迅速。超过1/3的受访者（36%）表示，疫情促进了开展更正式的谈判，而不到1/3的受访者（31%）表示，正式集体谈判的数量有所下降。有一半的受访者指出，疫情导致非正式谈判（在集体谈判的正式程序之外）增加，但却促进了集体协议的缔结（见图5.3）。

至于现有协议的续签，一些工会报告称，谈判仍正常进行，只是转为在线形式。其他人提到了推迟谈判，将现有协议"延期"一年，以及应对紧急情况的其他临时安排。还有一些人报告称，劳资关系变得更加紧张，这使谈判变得漫长。受访者对线上谈判有效性的看法各不相同。一半的受访者认为远程在线谈判效果较差，并指出这种形式使得理解其他参与者的观点和情绪以及解读他们的肢体语言变得更加困难。此外，很难举行非正式的"不留记录的"边会，而这些会议往往对谈判的成功至关重要。其他人则表示怀念传统谈判的仪式，但觉得线上谈判更集中，各方准备也更加充分。一些人报告称，线上谈判在节省成本、减少交通时间以及与通常不参加面对面会议的成员进行互动的能力方面具有显著优势。然而，很难量化这种形式对建立信任的影响。

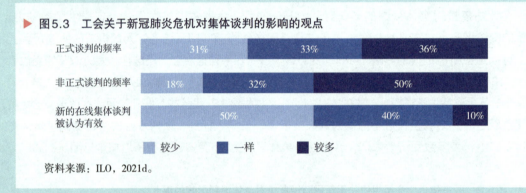

▶ 图5.3　工会关于新冠肺炎危机对集体谈判的影响的观点

	较少	一样	较多
正式谈判的频率	31%	33%	36%
非正式谈判的频率	18%	32%	50%
新的在线集体谈判被认为有效	50%	40%	10%

资料来源：ILO，2021d。

雇主和企业会员组织与工会都反馈称谈判重点发生变化

一半接受调查的会员组织指出，谈判出现了新的议题，如安全与健康、远程工作、就业保留和灵活的工作时间。另有31%的人认为只是在某种程度上是这样（见图5.2）。

工会方面报告称，疫情对谈判的优先事项产生了重大影响。职业安全与健康已成为谈判议程的重中之重。而有一些议题似乎不太受关注，尤其是性别平等（除了调整工作时间安排以适应护理责任）（见图5.4）。

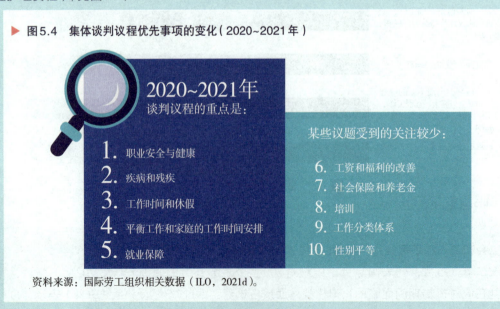

▶ 图5.4　集体谈判议程优先事项的变化（2020~2021年）

2020~2021年
谈判议程的重点是：

1. 职业安全与健康
2. 疾病和残疾
3. 工作时间和休假
4. 平衡工作和家庭的工作时间安排
5. 就业保障

某些议题受到的关注较少：

6. 工资和福利的改善
7. 社会保险和养老金
8. 培训
9. 工作分类体系
10. 性别平等

资料来源：国际劳工组织相关数据（ILO，2021d）。

5.2

维持服务，保护一线工人

在 2020 年早期与随后的几波感染浪潮中，随着公共卫生措施的实施，公共和私营部门有数百万工人和雇主被要求确保那些被认为对公众的健康、安全和保障至关重要的服务的连续性。许多人从事需要社会接触和直接暴露于病毒中的职业，他们面临很高的感染风险（见专栏 5.4）。在所有劳动年龄人口中，护士和其他医护人员的新冠肺炎感染率更高（Chou et al., 2020；Gómez–Ochoa et al., 2021；Stringhini et al., 2021）。新冠肺炎在养老机构中的快速传播也导致社会护理工作者感染率的较高（ILO, 2020k；Pelling, 2021）。

诚然，对于一线工人而言，集体谈判在疫情期间发挥了保护作用，但必须指出各部门之间存在显著的制度差异。公共部门（医疗保健和社会护理）的集体谈判覆盖率往往很高，运输部门的集体谈判覆盖率处于中等水平，而食品零售和清洁服务部门的覆盖率通常较低。总的来说，一个国家集体谈判的主要级别反映了该国的普遍做法。然而，在医疗保健和社会护理被纳入公共部门的地方，集体谈判很可能是集中的，即使在企业层面谈判盛行的国家也是如此。根据现有的国家模式，本报告所分析的集体谈判响应在医疗保健和公共社会护理服务等部门更加协调，而在食品零售和清洁服务等部门则不太协调。

停工和劳工抗议对世界许多地方服务的连续性构成威胁。 对工资的不满、个人防护装备不足和工作强度增大是 2020 年和 2021 年间频繁触发一线工人停工和其他形式劳工动荡的因素（见专栏 5.5）。集体行动不仅限于罢

▶ **专栏 5.4　谁是一线工人？**

许多工人从事的职业要求他们在抗击新冠肺炎疫情的前线工作，因所从事工作的需要，他们通常直接暴露于病毒中并与其他人近距离工作，这使他们面临相当大的暴露风险。这些就是一线工人。布鲁德尼（Brudney, 2020）确定了六大类一线工人：医护人员；零售工人（杂货店、便利店和药店）；公共交通工作人员；看门人和建筑清洁工；邮政、仓库和卡车送货工人；儿童保育和社会护理工作者。

国际劳工组织的分析数据表明，最容易受到感染或疾病影响以及需要与他人近距离接触的职业包括但不限于卫生专业人员，如护士和医生；社会护理工作者；服务和销售人员，如收银员和其他食品零售和药房工作人员；保护性服务人员，如警察、消防员和保安；公共汽车司机和售票员；看门人和清洁工。女性在一线工人中所占比例过高，占所有医疗保健工作者的 2/3 以上，占社会护理工作者的 88%，占清洁部门工人的 74%。[①]

①国际劳工组织统计数据库（ILOSTAT），"按性别和职业划分的就业（ISCO–08）"，使用了 121 个国家最近一年的数据的加权平均值。

工，还包括其他集体行动模式，如公开示威（Vandaele 2021；IOE 2021b）。这严重影响了服务的连续性。

有关零售、医疗保健和社会护理服务部门的详细案例研究（见附录 4），以及对一线工作人员所属关键部门数据的专题分析表明，在 2020 年和 2021 年间，**集体谈判的对策集中在三个主题上：（1）保护健康和安全，以及与此相关的医疗保健和带薪病假；（2）工作组织形式，包括就工作时间和工作分配相关规则进行谈判，以促进服务的连续性；（3）重视一线工作**（见图 5.8 和表 5.2）。

▶ 图5.5 部分国家疾病暴露风险最高且与他人有密切接触的职业

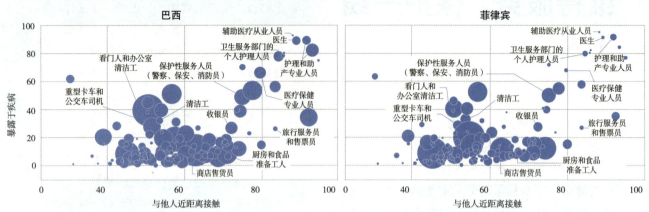
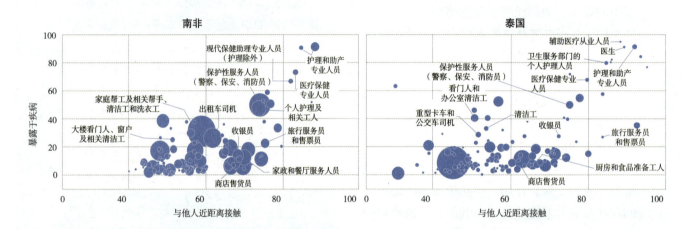
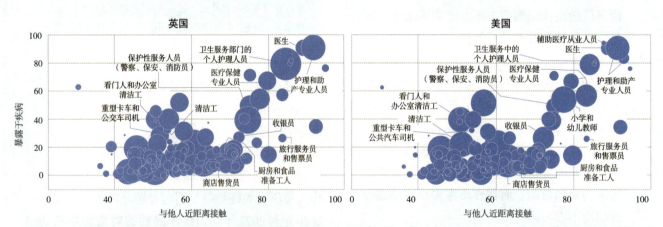

注：O*NET数据库包含美国的以工作和工人为导向的数据（例如，如何在任务和工作活动方面执行工作）。某些职业典型的工作背景（即体力劳动条件，包括暴露于疾病和与他人近距离接触）的近似值被应用于巴西、菲律宾、南非、泰国、英国和美国的职业数据。

资料来源：国际劳工组织统计数据库（ILOSTAT）和O*NET数据库。

▶ **专栏5.5　疫情期间医疗保健和零售业劳工动荡的触发因素**

　　根据利兹劳工抗议指数，2020年3月至2021年5月，在被分析的90个国家中，在医疗保健部门观察到3873次劳工抗议，在零售部门观察到466次劳工抗议（Trappmann et al., 即将出版）。这些抗议活动通常涉及不止一个问题。在医疗保健部门，劳工动荡第一个也是最常见的诱因与薪酬有关（28.9%），包括要求提高薪酬，对工资下降以及不支付工资和奖金的不满。第二个主要诱因是个人防护设备不足和其他安全与健康问题（24.8%），接着是人员短缺（8.9%），以及工作强度（7.3%）和对患者安全的担忧（6.7%）。"其他原因"（9.4%）包括希望改善整体工作条件、对人寿保险的需求，以及优先获得治疗和疫苗接种的需求（见图5.6）。

▶ **图5.6　2020年3月~2021年5月全球医疗保健部门集体行动的触发因素**

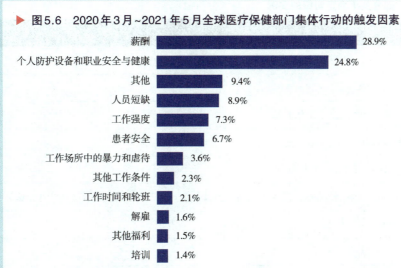

　　注：对于医疗保健部门，有3873个事件（N=6525），这是出于编码的原因（编码中允许的每个事件有多个原因）。本图没有报告低于0的观察结果。

　　资料来源：Trappmann et al.（即将出版）。

　　在零售业，在所研究的90个国家中，对薪酬不满是引发劳工动乱的最常见诱因（41.4%），然后是与个人防护设备以及安全与卫生有关的问题（32%），接着是工作时间（6.2%）和工作强度（4%）（见图5.7）。对工作场所暴力和虐待的投诉也引发了医疗保健和零售部门的集体行动。

▶ **图5.7　2020年3月~2021年5月全球零售业集体行动的触发因素**

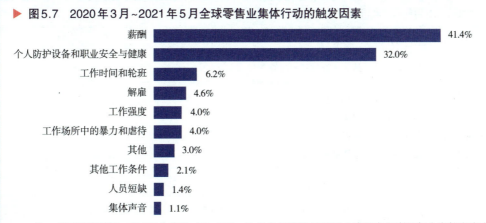

　　注：对于零售部门，有466个事件（N=657），这是出于编码的原因（编码中允许的每个事件有多个原因）。本图没有报告低于0%的观察结果。

　　资料来源：Trappmann et al.（即将出版）。

▶ 图5.8　维持服务，保护一线工人：2020~2021年集体谈判对策的专题分析

▶ 表5.2　关于一线的谈判：部分关于商定对策的实例

部分集体协议条款的实例	
保护一线工人	确保能获得适足的个人防护设备且存量充足（防护口罩、消毒剂）
	工作场所安全措施（安装物理屏障、无现金支付）
	保护高危工人（怀孕工人、残疾工人、老年工人）
	由雇主承担疫苗接种和检测的费用（医疗保健）
	承诺保留带薪休假（假期）权利和标准病假权利
	在国家法定条款基础上改善带薪病假条款；提供特殊的新冠肺炎休假（用于自我隔离或执行公共卫生措施）
	支付一线工人的医疗费用（卫生和社会护理）
	社会心理支持，包括心理治疗
	增加社会保障（人寿保险）
	承诺将临时和固定期限合同转换为长期合同，以实现包容性劳动保护（医疗保健、社会护理和运输）
	保护工作场所免受暴力和骚扰
确保服务的连续性	改变工作组织形式和医疗保健部门的轮班（"新冠疫情轮班"）
	为参与新冠肺炎疫情轮班的工人提供加班津贴
	重新部署医疗保健部门的工人，以避免人员短缺
	临时延长工作时间和加班（医疗保健）
	充分休息的权利（医疗保健、运输）
	为工作时间较长或轮班的一线工人提供子女托管
	快速推出数字解决方案，特别包括： • 使卫生专业人员能够在线与患者进行协商 • 促进数字招聘服务，以确保关键职能部门的招聘工作继续 • 提供培训和在线学习，以维持基本服务的供应
	保证在危机期间保留就业和不解雇正式工（医疗保健）
重视一线工作	对承担额外负担的工人提供"新冠肺炎疫情轮班奖金"；发放危险环境工作的风险津贴/奖金
	结构性工资增长

保护一线工人

疫情暴发早期阶段资源有限和难以获得充足个人防护设备影响了对疫情的应对（ILO，2020h，2020g，2020l；McMahon et al.，2020；McGarry，Grabowski and Barnett，2020；Ranney，Griffeth and Jha，2020；Chersich et al.，2020）。鉴于一线工人直接暴露于新冠病毒，获得个人防护设备以及在工作场所预防和控制感染是许多国家一线工人谈判议程的首要议题。

报告审查了医疗保健、社会护理、教育、食品零售和交通运输等部门缔结的协议，这些协议都包括了确保个人防护设备充分供应及其正确使用的承诺。[①] 例如，在韩国，在经历了2020年初的几个月的个人防护设备短缺后，医疗保健部门达成了一项协议，以优先为医疗保健工人储存此类设备。[②] 协议还包含了其他保护措施，如安装适当的物理屏障以及好的工作组织形式，以保护处于危险中的工人。例如，挪威为公共交通工人达成了一项部门层面的协议（2020年），包括关于封闭前门和无现金付款等保护公共汽车司机的规定。[③] 在智利和匈牙利，零售部门的企业层面的协议包含在收银机上安装物理屏障的条款。[④] 在奥地利，零售部门的一项部门层面的协议包括一项规定，将处于风险的工人，如怀孕的工人，重新分配到不用接触客户的区域，或免除全薪工作。[⑤] 从2020年初到2021年中，有关检测、自我隔离和疫苗接种的问题也频繁出现在谈判议程上。例如，意大利的一项针对医护人员的部门层面的协议规定对那些暴露在病毒威胁下的人进行定期检测。[⑥] 一些协议还包括相关条款，规定当雇主要求时，医护人员应告知自身的健康状况（是否感染新冠肺炎）。[⑦] 此外，还达成协议，将公认的自我隔离时间视为有权获得全额报酬的工作时间。[⑧] 其他协议则制定了特殊条款，为自我隔离期提供全薪的"隔离假津贴"或"疫情假"。[⑨] 在捷克，在公共部门达成了一项涉及医疗保健的跨职业层面的协议，为医疗保健工作人员设立了与疫苗接种相关的病假。[⑩] 在芬兰，针对医护人员的部门层面的协议赋予了他们在工作时间接种疫苗的权利。[⑪] 随着更具传染性的新冠病毒变体的出现，在2021年末和2022年初，一些国家引入了疫苗和检测任务，引发了劳工抗议和不稳定。[⑫]

随着疫情蔓延，一线工人的感染率增加，承认新冠肺炎是一种职业病并确保一线工人享有医疗福利和带薪病假成为一个紧迫的问题。在肯尼亚的医疗保健部门，2020年在县一级签署的几项协议规定将护士纳入国家健康和伤害保险的覆盖范围。[⑬] 在菲律宾，医疗保健部门的企业层面的协议为感染了新冠肺炎的工人提供免费医院护理，并为需要自我隔离的人提供免费住宿（见专栏5.10）。[⑭] 在斯里兰卡，医疗保健部门的一项企业层面的协议为患新冠肺炎

---

① 例如，在跨职业层面（集体协议—奥地利123号和集体协议—奥地利355号）、地区层面（集体协议—哥伦比亚393号）和部门层面［医疗保健：集体协议—意大利173号、肯尼亚的集体协议（见附录4），集体协议—韩国481号；在公共和省级行政部门：集体协议—哥伦比亚169号；教育：哥斯达黎加的集体协议（见附录4）］；以及企业层面（医疗保健：集体协议—美国128号；零售：集体协议—澳大利亚205号；运输：集体协议—西班牙428号；教育：集体协议—智利450号）。

② 集体协议—韩国107号。

③ 集体协议—挪威356号。

④ 见附录4。

⑤ 集体协议—奥地利4号。

⑥ 集体协议—意大利173号。

⑦ 例如，集体协议—新西兰471号、集体协议—美国128号、集体协议—美国129号。

⑧ 例如，在部门层面（医疗保健：集体协议—奥地利5号）和企业层面（零售：集体协议—智利225号）。

⑨ 例如，在部门层面（医疗保健：集体协议—韩国75号、集体协议—韩国107号）和企业层面（医疗保健：集体协议—澳大利亚238号、集体协议—美国128号、集体协议—美国129号）。

⑩ 集体协议—捷克384号。

⑪ 集体协议—芬兰204号。

⑫ 欧洲的工会对这些任务表示关注，支持自愿接种疫苗和宣传运动（ETUC，2021b）。在2021年10月，国际雇主组织举行了题为"新冠肺炎：雇主在疫苗接种和预防方面需要知道什么"的会议。

⑬ 附录4。

⑭ 附录4。

的工人提供免费住院治疗，工人还能获得长达两个月的全薪休假。[①]在澳大利亚和美国，鉴于新冠肺炎疫情相关情况，零售业的企业层面的协议纳入了新的病假权利。[②]

医疗保健部门的一些集体协议还涉及提供心理支持，纳入了监测工作场所的心理社会风险、获得心理咨询以及为精神卫生问题提供治疗和支持的条款。[③]

在一些谈判中，出现了关于被认为很重要但受雇于临时安排的工人的合同地位和培训的议题（见专栏5.6）。一些集体协议包括将劳动保护扩大到临时和其他工作安排中工人的条款。

· 在西班牙，工会要求政府执行一项国家层面的集体协议，该协议最初于2017年签订并在2021年进行了重新谈判。该协议规定，减少公共部门的临时就业率，以确保医护人员处于长期合同中。[④]

· 格鲁吉亚的运输部门于2020年商定，以前根据服务协议签约的微型客车司机将被招聘为雇员，这意味着他们将能够享受适当的医疗保健和职业安全与健康保护。协议的这一变化影响了第比利斯约3000名工人[⑤]。

出现了其他的工作场所安全问题。特别是，据报告，一线工人面临更多的暴力和骚扰（ILO，2020l；ICRC，2020；BRC，2021；以及图5.6和图5.7）。在新西兰的一项集体协议中，各方承认工作场所的骚扰是不可接受的，并同意实施打击骚扰的政策。[⑥]其他一些协议还包括防止工作场所骚扰的承诺。[⑦]

确保服务的连续性

随着医院承载能力达到极限，开始有工作

人员感染病毒，工作强度大大增加。2020年，许多谈判方来到谈判桌前，以期解决人员短缺问题，并同意改变工作组织形式、工作时间和有关工作分配的规则。医疗保健部门的集体协议包括承诺提高人员编制水平和重新部署工作人员，以应对医疗卫生和社会护理服务提供者工作负担的增加（例如，在爱尔兰——见专栏5.8）。[⑧]一些国家还达成了部门层面的协议，延长了工作时间（和加班）并改变了轮班轮换，以满足对医疗卫生和社会护理服务的要求，同时限制了暴露在病毒下的工作人员数量。[⑨]

长期护理设施资源不足使护理部门无法应对所面临的重大挑战。瑞典政府新发布了促进老年人护理倡议，并在2020年和2021年间为此分配了22亿瑞典克朗的资金。这项投资在老年人护理领域设立了约10000个新职位。此外，该倡议为现有工作人员提供了在带薪工作时间接受护理助理或护士培训的机会。工会与地方政府之间的集体协议对此进行了补充。根据该协议，在2020年和2021年间参加该倡议的工人都将获得全职工作（Sweden，Ministry of Health and Social Affairs，2020）。

机构协调能力有助于增强复原力，从某种意义上说，这能使政府系统性应对疫情导致的日益增长的医疗服务需求。例如，在挪威，一项覆盖私营机构护士和护理人员的协议（2020年3~9月）增加了所能允许的最大加班量（在从7天内10小时增加至25小时），暂时偏离了工作时间的法定标准。[⑩]随后签订了私营幼儿园服务的部门层面的协议（2020年3月31日至9月29日），允许延长幼儿园开放时间和夜间工作，以防有

[①]　附录4。

[②]　集体协议—澳大利亚205号；美国的企业层面协议（来源：实时更新，最后一次访问是在2021年12月20日）。

[③]　例如，在部门层面（集体协议—芬兰204号、集体协议—意大利173号、集体协议—韩国107号、集体协议—韩国98号）。

[④]　附录4和2021年7月5日的新协议（仅提供西班牙语版本）。

[⑤]　附录4。

[⑥]　集体协议—新西兰471号。

[⑦]　例如，在地区层面（公共行政和国防：集体协议—澳大利亚237号），在部门层面（批发和零售：集体协议—丹麦404号；集体协议—芬兰109号）和企业层面（医疗保健：集体协议—韩国110号）。

[⑧]　例如，在部门层面（集体协议—意大利173号）和企业层面（集体协议—美国128号、集体协议—美国129号、集体协议—美国132号）。

[⑨]　例如，在部门层面（集体协议—挪威45号、集体协议—挪威47号）。在以色列，医疗保健部门的一项协议引入了12小时的"新冠疫情轮班"（集体协议—以色列130号）。

[⑩]　集体协议—挪威45号、集体协议—挪威47号。

必要为从事关键服务工作雇员（如在医院和疗　养院工作的人）的子女提供延时服务。[1]

© AzmanJaka / gettyimages

▶ **专栏5.6　谈判以维持服务并保护阿根廷公共医疗部门的一线工人**

　　在阿根廷布宜诺斯艾利斯省，公共医疗部门的谈判议程贯穿了2020年和2021年，因为双方认识到有必要维持基本服务并确保工人的安全和对人工的保护。集体商定的对策包括：在所有医院和市政当局设立危机委员会，提供足够的个人防护设备，保障充足的休息，以及为高风险群体提供休假。在先前就工资调整达成一致之后，在2020年10月的一轮谈判中，考虑到工人在抗击疫情一线工作数月后身心疲惫，双方集中讨论了扩大休假权利的议题。在一项部门层面的协议中，双方同意医护人员享有特别病假权利，并有权推迟申请2020年的年假权利，因为许多工人由于需要提供关键服务而无法休带薪假。谈判期间还提出了长期存在的临时合同转换问题。

　　新冠肺炎疫情将医疗保健工作者的合同地位置于聚光灯下，包括住院医师（包括贝卡里奥斯[1]）、在医院工作的医疗保健专业人员（如护理人员、护士、医疗技术人员和x射线技术人员），以及其他临时医护人员。2020年7月，共有1909名住院医师的合同被转为长期合同，这为他们提供了就业稳定性，以及获得医疗保健和其他福利的机会。采取的另一项措施是将一直在医院工作的8708名医疗保健专业人员转变为长期雇员。

　　此外，在2020年9月底，布宜诺斯艾利斯省政府为所有完成培训的住院医师提供了成为该省公立医院长期工作人员的机会。符合条件的住院医师中有72%接受了这一提议。因此，从2020年10月1日开始，有1137住院医师被长期雇用。

　　① 作为医院住院医师计划的一部分，有奖学金的医学毕业生（贝卡里奥斯）接受全面的研究生培训。
　　资料来源：ILO，见附录4。

---

　　① 集体协议—挪威49号。

▶ 专栏5.7　爱尔兰：卫生和社会护理方面的重新部署协议

在爱尔兰，公共部门的集中化的集体谈判协议覆盖了医护人员。私立医院在签订企业层面的协议时通常遵循公共部门的协议。社会护理主要是私营的（但不以营利为目的），只有15%~20%的社会护理是由公共卫生系统提供的，另外20%~25%则由志愿部门（如宗教机构）提供。集体协议只覆盖公共部门的工人。

在新冠肺炎疫情大流行开始时，迫切需要对工作人员进行重新部署，将其安排到新冠肺炎病房工作，并执行新的任务，如检测和追踪。此外，由于新冠肺炎的高感染率和发病率导致大量员工缺勤，私人疗养院面临严重的员工短缺。由于儿童保育机构（学校和幼儿园）的关闭，有孩子的工人面临额外负担。[①]全国卫生部门工会联合委员会（这是一个谈判和协商委员会）在疫情期间每周举行一次会议，就旨在确保卫生服务复原力的重新部署政策进行谈判。[②]双方在医疗卫生和社会护理部门谈判了三项重新部署协议：第一项是在2020年3月；2020年4月的第二项协议是关于对公共医疗保健人员进行重新部署，将其临时安排到私人疗养院的协议；第三项是在2020年12月商定的，从次年3月开始更新协议。双方同意在重新部署协议中采取以下保障措施：

- 调动是自愿的；
- 不从繁忙的部门调动工作人员；
- 关于重新部署到疗养院的最低人员编制；
- 放宽了重新部署不得超过45千米距离的要求（实际上，大多数重新部署都在45千米的距离限制之内）；
- 在重新部署、生病或隔离时，工人的工资应相当于其正常工资或前六周的平均工资，以较高者为准；
- 感染新冠肺炎而请病假不计入现有规定的病假（四年期间三个月的病假）；
- 保证工人能够回到以前的工作岗位。

在就2020年12月修订的协议进行谈判时，双方试图在协议中纳入所吸取的经验教训。他们一致认为，只有在发生诸如新冠肺炎疫情这样的国家层面的紧急情况时，才能触发大规模重新部署。重新部署需要双方承诺会与工作人员沟通并解释这一过程。工会为会员设立求助热线，以提醒他们注意个人防护设备短缺等问题。雇主让工会参与起草新的职务说明（例如，检测和追踪方面的新角色），并制定相关措施以保障个人防护设备供应充足。

[①]工会要求为面临育儿困难的一线工人重新开放学校。作为妥协，谈判的各方达成了一项协议，同意报销育儿费用（这不是重新部署协议的一部分）。

[②]就学生护士的工作条件达成了单独的协议，学生护士的工作不是无薪的（在学习的头三年通常是无薪的），应向其支付12周的工资，按照医疗助理的标准发放。

资料来源：ILO，见附录4。

重视一线工作

在许多情况下，公众对护士、医生和其他医护人员表示赞赏，随后是政府授予其抗疫奖金和/或结构性加薪，以表彰他们在面临风险的情况下提供服务（如在比利时、葡萄牙、斯洛伐克和英国）。[①]在这种背景下，一些国家的谈判方达成了协议，赋予一线抗疫工作新的价值。在整个2020年和2021年，医疗保健、运输、食品零售和老年人护理方面的集体协议包括向一线工人发放奖金和加薪等奖励性规定。[①]在一些国家，集体谈判使公共部门工人的工资得到显著增长（例如，在阿根廷、德国和挪威；在斯洛伐克，先前达成的协议在2020年增加同意了加薪）。[②]在某些情况下，工会与食品零售部门的跨国企业进行了集体谈判，为工人提供工资的结构性增长或奖金，以换取雇主在工作组织形式方面的更大的灵活性。[③]

　　在一些国家，公共财政紧张导致低于通货膨胀率的工资调整或工资冻结。例如，在克罗地亚，国家行政部门的谈判方（包括警察）同意推迟工资增长并冻结工资。[④]在南非，政府没有执行为期三年的集体协议（2018~2020年）中商定的覆盖公共部门医疗保健工作者的工资增长，而是指出疫情加剧了预算限制。工会认为出现了争议，此事最终通过法庭解决；这给劳资关系带来了相当大的压力；[⑤]但随后，就2022年的工资增长达成了协议。在肯尼亚，拖欠工资和人员短缺引发了2020年12月暴发的全国医护人员罢工。在工会与医生达成重返工作岗位的协议后，基安布县的护士也达成了一项协议，其中包括补发工资、提供个人防护设备，以及为感染新冠肺炎的护士支付医疗费用。该协议已在其他国家的谈判中被复制。[⑥]随着世界各地公共财政压力的增加，工资谈判也将受到更多的限制，这意味着未来几年进行公共服务的谈判将很困难，对于面临债务危机的国家尤其如此。

5.3
确保工作场所安全与健康

　　新冠肺炎疫情以及为遏制其蔓延而采取的公共卫生措施给工作实践带来了直接挑战。**保护工人的健康成为维持工作的先决条件，无论是在现场还是远程工作。因此，职业安全与健康成为集体谈判议程的首要议题，企业和工会（或一些国家的劳动委员会代表）齐心协力实施公共卫生措施，并针对特定行业或企业量身定制职业安全与健康措施。**

　　全面促进各层级的预防性安全与健康措施至关重要。**在国家层面，除了法定措施外，关于职业安全与健康的三方协商在应对疫情方面发挥了关键作用。**安全与卫生方面的谈判通过三方谈判或通过跨国集体谈判进行。遵循一系列旨在将工作场所传染风险降至最低的防控措施，这些协议包括在可能的情况下用远程工作代替现场工作；限制暴露于病毒的工程控制和组织措施；个人防护设备的采购、提供和使用。[⑦]例如：

- 2020年，一个最高层面的三方对话机制

---

①　例如，在医疗（在私营医疗保健部门：集体协议—阿根廷249号、集体协议—阿根廷262号、集体协议—奥地利5号、集体协议—德国32号），零售（集体协议—阿根廷239号、集体协议—阿根廷258号、集体协议—奥地利6号）和运输（集体协议—荷兰374号、集体协议—津巴布韦119号）；以及清洁（集体协议—葡萄牙199号）和零售（美国，实时更新）等部门商定了奖金；在部门层面〔卫生和社会护理：集体协议—丹麦407号、集体协议—德国32号、集体协议—德国114号、立陶宛（来源：社会服务部门的集体协议），集体协议—荷兰416号、集体协议—乌拉圭455号、集体协议—津巴布韦118号；零售：集体协议—丹麦404号，运输：集体协议—荷兰374号、集体协议—津巴布韦119号〕和企业层面（运输：集体协议—西班牙428号，医疗保健：集体协议—美国133号，集体协议—德国352号，零售：集体协议—英国327号）商定了工资的结构性增长。

②　附录4。

③　智利的食品零售企业协议允许工资有3.5%~8%的涨幅。在英国，各方同意将基本工资标准从每小时9.20英镑提高到每小时10英镑。在匈牙利，零售工人获得了两笔40000匈牙利福林的奖金（来源：ILO，附录4）。

④　集体协议—克罗地亚10号。

⑤　南非，劳动上诉法院，公务员协会等诉公共服务和行政部门部长等案，2020年12月15日的判决。工会已将此事告到宪法法院。

⑥　附录4。

⑦　旨在将工作中传染风险降至最低的一系列防控措施如下：（1）消除和替代：通过替代工作流程来消除或减少接触病毒和传播速度；（2）工程控制：减少暴露的控制，如改善通风和在工作场所安装物理屏障；（3）行政和组织控制：减少或尽量减少需要接触的工作政策或程序，如物理距离、卫生规则和感染控制机制；（4）个人防护设备。

"劳动雇主经济论坛"在爱尔兰举行，讨论并商定了一项《工作安全协定》。该议定书特别建议在工作场所进行谈判，以商定工作安排的任何临时性重组。[①]

- 在意大利，两项关于职业安全与健康的国家层面的三方协定被转化为总统令（2020年3月14日和4月24日）。[②]除规定了职业安全与健康的具体措施外，这两项协定还通过两方社会对话和集体谈判为实施这些措施铺平了道路。

在集体谈判较为完善且行之有效的国家，在完善的职业安全与卫生管理系统的背景下，缔约方利用集体谈判实施、调整和监测遵守公共健康措施的情况。这有助于对职业安全与健康进行有效和包容性的管理，并增强工作场所的复原力。可以确定两个广泛的主题（见图5.9和表5.3）。首先是参与风险评估和应对风险，包括成立新冠肺炎专门委员会或对现有的职业安全与卫生委员会进行授权。其次是就新冠肺炎预防和控制措施达成协议，包括替代、工程和组织控制，以及足够的个人防护设备。

参与新冠肺炎安全与健康措施

根据集体协议成立的职业安全与健康委员会在实施、调整和监测工作场所的疫情防控措施方面发挥了核心作用。在一些情况下，集体协议扩大了现有的职业安全与健康委员会的职权。[③]这包括执行预防协议、调查和报告与新冠肺炎相关的健康风险，以及联合检查和监测工作场所的安全与健康状况（见表5.3）。在其他情况下，谈判方成立了专门的危机委员会，以监督新冠肺炎相关的安全与卫生措施的实施情况。[④]例如，在南非，纺织和服装部门的部门谈判委员会成立了新冠肺炎封锁快速反应工作组（见专栏5.11）。

关于职业安全与健康的集体谈判本身就意味着参与职业安全与健康的治理，包括实施公共卫生措施（即在集体协议中复制或执行这些措施）。事实证明，这种治理能力在加强对职业安全与健康措施的遵守、保护工人和确保业务连续性方面非常宝贵。根据国际劳工组织—国际金融公司的"更好的工作"合作项目收集到的信息表明，与集体协议未覆盖的企业相比，拥有集体协议的企业在整个2020年遵守职业安全与健康措施的程度更高（见专栏5.8）。

预防和控制新冠肺炎疫情

在整个2020年和2021年期间，就如何最有效地实施公共卫生措施和防控新冠肺炎疫情进行了正式和非正式的集体谈判（哥伦比亚的情况见专栏5.9，菲律宾的情况见专栏5.10）。某些工作环境被证明是病毒传播的"爆发点"（*The Lancet*，2020；Middleton，Reintjes and Lopes，2020）。例如，在肉类加工部门，生产线上工人之间的距离很近，封闭的工厂的空气过滤系统不足，增加了传染的风险。各国采取了不同策略来防止病毒在该行业的蔓延。在爱尔兰，肉类行业协会和工会缔结了一项安全协

▶ 图5.9　确保工作场所安全与健康：2020~2021年集体谈判对策的专题分析

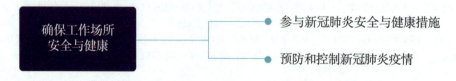

---

①　《工作安全协定》已在2020年11月发布，并于2020年12月、2021年5月和2021年9月进行了更新，以反映政府通过的"2020~2021年韧性和复苏：与新冠肺炎共存"框架。根据该规定，雇主必须继续通过与工人和工会的谈判，就在工作场所实施新冠肺炎预防措施可能需要的任何临时工作模式重组达成一致，同时考虑到现有的部门层面的协议。

②　工作场所新冠肺炎病毒传播防控措施监管共享议定书（2020年3月14日和2020年4月24日）。

③　例如，在农业部门层面（集体协议—哥伦比亚2）和能源部门的企业层面（集体协议—法国24号）。

④　例如，在建筑业（集体协议—巴西280号）和制造业（集体协议—意大利147号、集体协议—韩国75号、集体协议—韩国107号、集体协议—韩国481号、集体协议—南非251号、集体协议—南非313号、集体协议—南非421号）的地区层面协议。

议，以保护该行业的工人（Murray，2020）。在德国，通过了新法律来保障职业安全与健康，禁止雇用临时工人。[①]在比利时和法国，谈判方缔结了部门协议，以应对该部门的具体挑战（Erol and Schulten，2021）。

达成集体协议的其他例子包括：
- 在加拿大，一家肉类生产加工和分销公

司的企业层面的协议（2021年）向工会的两名风险预防代表提供每周总共80小时的带薪休假（40小时以上），并确保工人有足够的时间在温度明显变化时更换衣服，并在离开谷仓或屠宰场时遵守卫生规定。双方还同意通过安全与健康联合委员会进行合作，以更新风险预防计划（CSN，2021）。

▶ 表5.3 确保工作场所安全与健康

部分集体协议条款的实例	
参与新冠肺炎疫情防控相关的安全与健康措施	扩大职业安全与健康委员会的职责范围，包括风险评估、报告和执行新冠肺炎疫情相关措施
	建立专门的危机应对委员会，以应对和监测危机
替代	最大限度地使用灵活的工作方法，使其可以在家里工作（远程工作），并暂停对生产不重要的部门的活动
	强制已患有疾病且年龄在65岁以上的工人进行远程工作
工程控制	增加通风
	给工人设置分区
组织和行政管理措施	**工作场所措施：** • 工作场所的体温检测 • 限制在场地内随意走动和对进入公共空间的限制 • 在将工人送到工作地点的过程中，保持足够社交距离 • 楼层和工作场所的有限占用 **卫生措施：** • 在突发公共卫生事件期间提供个人卫生工具包（酒精凝胶） • 延长个人休息时间 **工作场所清洁：** • 增加对工作场所的消杀 **控制感染：** • 新冠肺炎带薪病假，较短的通知期（如果打算请病假） • 自我隔离期的带薪休假 • 对于结束新冠肺炎病假返岗的工人，将由专业医疗人员对其进行评估，在获准后方能返岗 • 利用内部诊所在工作场所推广疫苗接种 • 雇主支付疫苗接种和带薪疫苗接种假的费用 • 如果工作场所的安全与健康受到重大威胁，工人有权拒绝重返工作岗位
个人防护设备	提供足够的个人防护设备
	正确使用个人防护设备以及休息

---

① 《德国健康与安全控制法》于2021年1月1日生效。雇员人数低于50人的企业被排除在该法之外，并且基于集体协议规定的严格条件和管控，其他企业可以在2024年4月之前雇用临时工。

▶ **专栏5.8　"更好的工作"：评估新冠肺炎疫情期间遵守职业安全与健康的情况**

　　"更好的工作"计划是国际劳工组织与国际金融公司（IFC）之间的合作项目，以提高全球服装业的劳工标准和竞争力。参与项目的工厂与其他合作伙伴合作，以提高对遵守工作中的基本原则和权利，以及涉及工资、雇佣合同、职业安全与健康和工作时间等方面的国家劳动法规的程度。疫情前进行的一项研究发现，集体协议的存在和实施降低了不遵守的程度（Lupo and Verma，2020）。

　　集体协议的存在可能对遵守的情况产生直接和间接影响。集体协议可以通过纳入关于工人健康的规定直接影响的职业安全与健康的遵守情况，如约旦的部门协议，该协议承认有必要促进工人的心理健康（见第3章中的专栏3.7）。通过改善有关适用的职业安全与健康标准的信息并加强工作场所的对话与合作，集体协议还可以产生间接影响。此外，在有集体协议的工厂，工人更有可能使用现有的员工发言机制来报告违规行为。

　　服装厂遭受了新冠肺炎危机的严重影响，生产订单大幅减少。它们通过就保护就业的措施进行谈判和最大限度地减少工作场所的传播风险进行了调整。疫情期间，对柬埔寨、约旦和越南的393家服装工厂遵守职业安全与健康措施的数据分析表明，那些达成集体协议的工厂也报告了其更好地遵守了职业安全与健康措施。重要的是，与没有集体协议的工厂相比，有集体协议的工厂不遵守职业安全卫生标准的水平较低。

▶ **图5.10　柬埔寨、约旦和越南遵守职业安全与健康措施的情况**

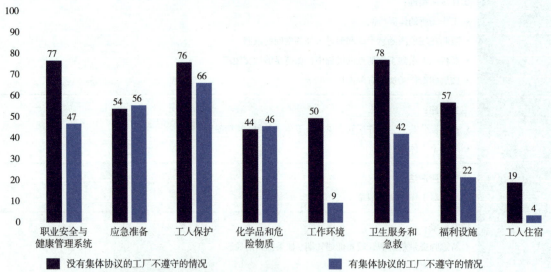

注：基于2020年3月在柬埔寨、约旦和越南对393家工厂的评估数据。
资料来源："更好的工作"合规性评估工具，于2021年5月24日访问。

　　• 在丹麦，肉类行业的部门层面的协议（2020年）包括有关个人防护设备的规定，根据温度和活动水平指定各种冷冻房间的工作服，夜班工人有权获得至少每两年一次的定期免费健康评估。该协议还包括因无法工作和因孩子生病而缺勤的规定。[1]

　　• 在荷兰，肉类行业有一项部门层面的协议，即"健康和安全目录"，涵盖诸如机器安全、刀具安全、重复性劳损和工作压力等问题。[2]

————————————
① 集体协议—丹麦94号。
② 集体协议—荷兰97号。

▶ **专栏5.9　哥伦比亚确保工作场所安全与健康**

除香蕉种植园外，哥伦比亚进行了企业层面的集体谈判，另有一项一般性的集体协议（2019~2020年）涵盖了320个香蕉种植农场。疫情期间达成的一些集体协议包括了预防和控制工作场所新冠肺炎传染风险的条款。

香蕉种植园的部门协定：该协定载有关于在工作场所和运输中保持安全距离的规定；洗手规定；设备和个人防护装备的清洁和消毒。此外，还规定对农业产业链中供应商和客户的健康状况进行核查，并隔离有症状的人。在疫情最严重的时候，65岁以上的工人不需要工作。职业安全与健康联合委员会监督该协定的执行情况，大多数种植园都遵守该协定的规定。该协定使国家和国际市场的香蕉生产能够继续不间断地进行，同时允许900多名弱势工人留在家中。由于进行了谈判并联合执行了协定，从事香蕉生产、处理和销售的工人的发病率低于该区域的整体发病率。

食品制造业的企业层面的协议（2020年）：该协议规定安装透明的塑料隔板，以分隔公共区域和自助餐厅的工人，提供洗手设施并确保工人获得足够的个人防护设备。此外，企业同意雇用医生和护士来照顾工人及其家人。该协议还包括对可能接触新冠肺炎病毒的工人进行隔离。

金融部门的企业层面的协议（2020年）：为了保护远程工作人员的安全和健康，双方同意将远程工作纳入职业安全与健康项目，该项目是与职业安全与健康联合委员会一起依法审查和制定的，并受到劳工风险管理员以及负责疾病和事故的人寿保险机构的支持。

资料来源：ILO。

为了减少在工作场所接触病毒，谈判各方通常同意临时改变工作组织形式，在可能的情况下**用远程办公代替现场工作**。关于临时工作重组的协议通常会考虑到不同工人群体面临的风险，包括有既往健康问题的工人、孕妇和哺乳期妇女，以及残疾工人。[1]在阿根廷，商业、住宿和食品以及电信部门的协议规定了实施和调整国家规定的安全卫生法规，如保持安全距离，建议高风险群体和60岁以上的工人进行远程工作。[2]在德国和西班牙，部门层面的协议根据企业层面各方达成的协议对远程工作做出了规定。[3]在美国，教育部门的企业层面的协议包括在教室、学校或地区暴发疫情时转向在线学习的计划[4]。

在联合风险评估的基础上，谈判各方还就一系列**工程、组织和行政管理防控措施达成了协议**。这些措施包括适当的通风，如打开门窗、使用集中通风系统和安装屏障。[5]在法国，制造业的一项企业层面的协议规定了确保保持安全距离的措施，包括拉长运输队列、建立出入规定、在装配线上交错安置工人、将工人分配到特定工作日，以及翻新公共区域。[6]这些集体协议还纳入了良好卫生实践的条款，如洗手、分发个人卫生工具包和使用酒精凝胶。[7]商定的其他组织和行政管理措施包括在工作场所入口处进行体温检测以防止感染病毒的工人进入的规定[8]，以及隔离感染新冠肺炎的工

---

[1]　例如，在部门层面（集体协议—哥伦比亚169号）和企业层面（集体协议—哥伦比亚392号、集体协议—法国245号、集体协议—法国247号）。

[2]　关于零售部门的协议，见附录4。

[3]　集体协议—德国26号和集体协议—西班牙326号。

[4]　集体协议—美国124号。

[5]　例如，在地区层面（集体协议—巴西266号）和企业层面（集体协议—法国18号和集体协议—法国24号）。

[6]　集体协议—法国18号。

[7]　例如，在部门层面（集体协议—哥伦比亚2号、集体协议—秘鲁400号）。一些协议延长了个人的休息时间；例如，在企业层面（集体协议—法国18号）。其他包括加强工作环境、工具和公共区域的清洁和卫生的规定，如电梯按钮、门把手、饮水设备和自助餐厅空间等；例如，在地区层面（集体协议—韩国74号）和企业层面（集体协议—意大利37号）。

[8]　例如，在部门层面（集体协议—哥伦比亚2号）和企业层面（集体协议—法国17号和集体协议—美国128号）。

人。① 一些协议规定了感染或接触病毒后，管理层和工人在康复期间所应采取的后续行动，并制定了关于工人在自我隔离或病愈后返回工作场所的条款。② 集体协议中的规定还确保了对高风险工人的保护，并解决了有特殊需要的工人的住宿问题，如身患残疾的工人。③

在部门和企业层面达成了许多协议，包括采购、提供和正确使用口罩和面罩等个人防护设备，以保护工人免于暴露在病毒下。④ 这些协议还涉及关于向某些工人群体发放和优先分配个人防护设备，如何正确穿戴、消毒和处理此类设备。在奥地利，自1978年以来，首次于2021年达成了一项一般性的集体协议，其中包括摘下口罩休息的规定，以及新冠肺炎检测的规定。这些保护性措施的有效期随后被延长至2022年。⑤

除了工作场所的职业安全与健康措施之外，大多数（70%）集体协议（见第3章）中有医疗保健和疾病福利相关规定，确保工人可以请病假和获得医疗保健服务，事实证明这是非常重要的（见专栏5.9）。一些雇主同意延长被诊断患有新冠肺炎的工人的带薪病假，或为尚未获得全额保险的工人补充医疗保险。⑥

一些国家在2020年进行新冠肺炎疫苗接种，其他国家在2021年也开始接种疫苗，因此新冠肺炎疫苗接种问题开始出现在谈判议程

上。在某些情况下，缔约方同意支持疫苗接种措施，利用公司设施和医务人员进行疫苗接种，以便在工作时间内可以获得疫苗接种。⑦ 在其他情况下，缔约方同意增加与疫苗接种有关的病假，而雇主将负担疫苗接种的费用。⑧ 一些企业层面的协议规定，要么提供额外的经济补偿，作为疫苗接种的激励，要么同意降低无法履行职责的未接种疫苗的人的工资。在体育界，由于特定国家或地区的疫苗接种要求，运动员因未接种疫苗而无法参加比赛。⑨ 一些协议包含了雇主的一般性承诺，即为所有面临不接种疫苗便可能感染的工人支付疫苗接种费用。⑩ 在比利时，在国家层面，各谈判方在2021年11月缔结了一项关于因参加新冠肺炎检测而缺勤的跨职业集体协议。⑪

随着疫情趋于平缓，相关公共卫生限制措施被解除，谈判达成了促进安全重返工作岗位的协议。在一些企业层面的协议中，包括采用分阶段实施的方法，以及宣传有关不同阶段及每个阶段所适用标准的信息。⑫ 例如，在英国，教育部门的企业层面的协议（2020年）根据某些标准（如工人或家庭成员是否属于高风险人员，或工人是否负有护理责任），提供了兼职工作或继续远程工作的选择。⑬ 一些协议还提到，如果工人认为工作场所存在对其健康和安全的重大威胁，则有权拒绝返回工作岗位。⑭

---

① 例如，在美国，一项企业层面的协议规定，新冠肺炎期间可以提前90分钟打电话临时请病假（集体协议—美国486号）；另一项企业层面的协议包括新冠肺炎相关的休假，以及长达26周的基本工资（集体协议—美国469号）。

② 例如，在企业层面（集体协议—法国23号或集体协议—英国467号）。

③ 例如，在部门层面（集体协议—哥伦比亚169号）和企业层面（集体协议—法国16号、集体协议—法国24号、集体协议—法国245号、集体协议—英国467号）。

④ 例如，在地区层面（集体协议—巴西284号和集体协议—巴西286号），在部门层面（集体协议—哥伦比亚2号、集体协议—哥伦比亚169号、集体协议—意大利359号、集体协议—秘鲁400号、集体协议—韩国481号、集体协议—南非316）和企业层面［哥斯达黎加（附录4）、集体协议—智利450号、集体协议—法国18号、集体协议—匈牙利62号、集体协议—匈牙利158号、集体协议—意大利37号、集体协议—斯里兰卡156号］。

⑤ 集体协议—奥地利123号和集体协议—奥地利355号。

⑥ 例如，在企业层面（集体协议—西班牙425号和集体协议—美国469号）。

⑦ 在部门层面（集体协议—意大利131号，2021年4月缔结；集体协议—南非420号，2021年4月缔结）。

⑧ 例如，在跨职业层面（集体协议—捷克384号）和菲律宾的企业协议（附录4，2020年缔结）。

⑨ 航空部门的企业层面的协议（集体协议—美国462号，2021年5月缔结）和体育行业的部门层面的协议（集体协议—美国138号，2021年10月缔结）。

⑩ 例如，在部门层面（集体协议—立陶宛41号，2020年7月缔结）和企业层面（集体协议—柬埔寨458号，2020年1月缔结；集体协议—斯洛伐克365号，2021年4月缔结）。

⑪ 比利时，国家劳动理事会，"2021年11月19日第160号集体劳动公约认为，基于自测工具进行新冠肺炎检测而造成的缺勤是正当的"。

⑫ 例如，在企业层面（集体协议—法国23号，集体协议—法国24号）。

⑬ 集体协议—英国467号。

⑭ 例如，在部门层面（集体协议—斯洛文尼亚475号）和企业层面（集体协议—加拿大334号、集体协议—加拿大341号）。

▶ 专栏 5.10　菲律宾展开集体谈判以应对新冠肺炎疫情

在菲律宾，主要在企业层面开展集体谈判。在集体协议所覆盖的企业中，这种谈判在疫情早期阶段确保业务连续性和保护收入和工人方面发挥了重要作用。集体谈判还被用作应对疫情带来的直接健康风险的工具，通过加强法定保护来达到这一目的。以下是基于对疫情初期（2020 年 4 月至 2021 年 4 月）七个部门达成的 40 项集体协议的分析，以及对工会和雇主组织的采访的概述。

保护医护人员	为防控新冠肺炎的职业安全与卫生措施	医疗保健福利和病假
▶ 为员工提供免费班车 ▶ 为一线/医院工作人员提供食宿 ▶ 为感染新冠肺炎的员工提供隔离期间的免费食宿 ▶ 作为内部复原力计划的一部分，为工人精神卫生提供支持	▶ 将医疗保险范围扩大到新冠肺炎检测 ▶ 实行 14 天隔离假（在已经存在的假期的基础上） ▶ 免费提供疫苗接种 ▶ 将免费疫苗接种计划扩展到工人家属 ▶ 对于在 2019 年和 2020 年已经用完休假权利的雇员，推进休假积分（2021 年度），在工人感染新冠肺炎或经历反复自我隔离的情况下，以及在工人不得不使用休假积分来支付封锁期间未工作的天数以维持收入的情况下	▶ 增加意外、健康和人寿保险的覆盖范围 ▶ 雇员—雇主共同分担工人家属的住院费用 ▶ 增加病假，并将"新冠肺炎感染"纳入紧急休假的有效理由 ▶ 引入额外的休假权利，以照顾生病的家庭成员

资料来源：ILO，见附录 4。

5.4 保就业、保收入、保业务连续性

各地疫情此起彼伏，很多国家实施了封锁措施，这使得如何确保业务连续性和如何保就业、保收入成为非常紧迫的问题。尽管疫情对所有形式的工作和就业都产生了影响，但影响程度因部门而异（ILO，2021i）。诸如金融、保险、信息和通信技术（ICT）等一些部门仍然充满活力。然而，由于部分或完全暂停活动、边境关闭导致无法获得投入品，以及需求下降等原因，许多其他部门的雇主遭遇了严重的流动性限制。由于实际或潜在的就业损失，工人面临更大的不安全感。照顾孩子和生病的家庭成员的需求给工作时间带来了额外的限制。与业务连续性、就业保障和灵活的工作时间有关的问题（在一种高度不确定的背景下）在整个 2020 年和 2021 年的谈判议程中占主导地位，而某些国家现在仍然面临相当高的不确定性。

如前所述，社会保护制度出现了空前的扩展和调整，通过失业保护和就业保留计划提供收入支持（ILO，2021b）。我们可以从中挑出两个主要的内容（见图 5.11 和表 5.4）。第一，实施国家资助的就业保留措施，包括减时工作、部分失业、工资补贴和待工计划。第二，在工资确定、工作时间和工作分配方面就短期灵活性进行谈判，以换取就业保障。这两种战略都包括关于恢复的规定，并寻求保留一旦恢复活动后所需的技能。寻求缓解新冠肺炎疫情对不平等的影响的各种重要措施包括互助协议和旨在平衡工作与额外护理责任的措施等。

▶ 图5.11　保就业、保收入、保业务连续性：2020~2021年集体谈判对策专题分析

保就业、保收入、保业务连续性
● 就国家资助的就业保留措施进行谈判
● 就短期灵活性进行谈判

▶ 表5.4　就国家资助的就业保留措施进行谈判

集体协议条款实例	
国家资助的就业保留措施	• 承诺不会解雇减时工作和待工计划的工人 • 承诺续签固定期限合同，以免将工人排除在减时工作和待工计划之外 • 根据雇主和工人的缴款设立互助基金，以补充法定替代率 • 通过工人捐赠其应计休假权利的等价物来建立互助基金 • 通过管理人员承诺在减时工作或部分失业期间放弃一定比例的工资来补充法定替代率，以确保低薪工人获得体面的收入支持 • 使用工作时间账户 • 对技能保留的承诺 • 保障社会保护和休假权利 • 以均衡和轮班的方式重启工作任务，以确保获得收入的平等机会

设计、调整和实施国家资助的就业保留措施

新冠肺炎疫情刚开始时，欧洲和其他地区的一些政府引入、调整或大幅扩大了现有就业保留计划的覆盖面，其中包括旨在通过向企业提供全部或部分工资支持而保留工作的减时工作计划，以及旨在为暂时失业的工人提供收入支持的临时裁员和待工计划（Drahokoupil and Müller，2021）。这样，部分或全部暂停工作的工人保留了与原雇主的就业合同，而雇主能够避免经济活动反弹时重新雇用和培训工人

的费用。21世纪初大衰退期间在工作共享安排谈判方面的机构经验使增加措施并将其扩展到新的部门成为可能（Drahokoupil and Müller，2021）。根据各国国情，集体谈判在这些计划的设计和实施中发挥了关键作用，在某些情况下还补充了法定收入支持。

在一些国家，三方社会对话和/或与最高层面的行动方就设计和扩大就业保留措施进行协商，通过集体谈判促进了这些措施的实施（例如，丹麦、[①]卢森堡、[②]南非[③]和乌拉圭[④]）。在另一些国家，新通过的法律和条例要求通过集体协议实施就业保留措施（例如，德国、[⑤]意大利、[⑥]

[①]　见Eurofound（2020c）。

[②]　见Planet Labor（2020）。

[③]　附录4。

[④]　"全国就业对话"通过了一项协议，2020年通过放宽资格标准来扩大部分失业保险。

[⑤]　2020年3月通过的法律（《联邦法律公报》，2020年，第一部分，第14号，第595页），有效期至2021年12月，还包括临时改进和延长常规减时工作（STW）计划：（1）如果至少10%的劳动力受到影响，将支付常规减时工作补偿（正常时期的1/3）；（2）联邦就业局（而不是雇主）部分甚至全额支付社会保障金；（3）将常规减时工作补偿扩展到临时中介派遣工作人员（被排除在常规计划之外的）。

[⑥]　根据2020年4月8日第23号法令第1（2）（1）条，如果公司承诺通过集体协议管理职业水平，则有资格获得国家对银行贷款的担保（Biasi，2020）。

荷兰[①]和波兰[②]），促进了此类计划的实施。

在长期社会伙伴关系传统悠久的国家中，**集体协议决定了这些计划的设计和/或实施**（南非的情况见专栏5.11）。

- 在奥地利，社会伙伴于2020年5月缔结的一项协议调整并扩大了减时工作计划。该协议支持减时工作，这取决于雇主和劳动委员会之间的集体协议。协议得到了就业和社会事务部部长的批准。社会合作伙伴和联邦政府随后同意对法规进行一些修改后进行扩展（Eurofound，2020d）。

- 在比利时，2020年3月，国家劳动委员会就雇主补贴和扩大临时失业计划以覆盖白领工人达成了一项协议。随后的协议将该安排延长至2021年底。[③]

- 在瑞典，通过与社会伙伴的协议加强了新的减时工作计划（2014年引入），掀起了在部门和企业层面订立集体协议的浪潮（Johansson and Selberg，2020）。这使得关于减时工作的规定能够迅速被纳入集体协议。[④] 截至2021年9月，在私营部门的666个集体协议中，有558个协议同意减时工作（Torstensson，2022；Sweden，National Mediation Office，2020）。

- 阿根廷于2020年3月31日颁布了一项紧急法令（第329/20号），禁止无故解雇，以及因减少工作和不可抗力而被解雇和停职，期限为60天。该紧急法令第3条规定的唯一例外是根据《劳动合同法》（1996年）第223条之

二的规定的停职。[⑤] 劳动、就业和社会保障部通过2020年4月30日发布的第397/20号决议实施了例外规定。该法令还通过了关于暂停就业和提供相关收入支持的准则，该准则由阿根廷总工会和阿根廷产业联盟在私营部门一项框架协议中商定。根据该准则，收入支持将达到工人在正常条件下本应获得工资收入的75%。雇主被要求继续向工会管理的社会基金缴费。与此同时，国家将支持企业通过《劳动和生产紧急援助方案》支付这些津贴。[⑥]

- 在巴西，根据第14.020/2020号法令［此前的MP936条例（临时措施）］，企业可以减少最多75%的工作时间，并成比例地减发工资。这些安排可以单方面或通过集体协议实施。[⑦] 工人可以要求保就业和保收入的紧急福利。然而，根据减少的情况，收入替代的门槛可能非常低。因此，尽管企业有权单方面执行这些安排，但许多企业和工会就远程工作和其他措施（如短期工作）达成了集体协议，以防止停工并使工人能够维持基本的生活。[⑧] 例如，南里奥格兰德州制造业的各方通过谈判达成了一项地区层面的协议（2020~2021年），以防止通过"储蓄"不活跃日和/或工资调节而停工。[⑨]

集体谈判在提高就业保留计划的替代率方面也发挥了关键作用。 在德国，已经生效的部门协议（如巴登—符腾堡州的化学行业与金属和电气行业的协议）为法定减时福利提供了补

---

① 2020年5月1日的一项部长法令对《持续就业计划的临时紧急过渡措施》进行了修订，并引入了其他条件，包括必须与工会达成协议的要求（Bennaars and Haar，2020）。

② 作为通常被称为"反危机盾牌"的一揽子法律的一部分，在2020年4月1日生效的三项法案之一的第11条要求，在提交国家支持的申请之前，公司必须与代表工会或公司工会达成协议。在法律的适用范围方面，有一条单独规定（即来自地区长官的补贴，最多为2340波兰兹罗提）适用于不需要与工人达成协议的中小微企业。

③ 2020年3月18日第147号集体劳动协议由2020年3月25日的皇家法令批准，并于2020年4月10日在《比利时公报》上公布。没有工会的企业可以通过修改工作条例来引入该计划。有关更多信息，请访问国家劳动委员会的网站，http://www.cnt-nar.be/Dossier-FR-covid-19.htm。

④ 见瑞典国家调解办公室网站，https://www.mi.se/。

⑤ "无报酬福利应被视为现金津贴，作为基于缺乏或减少工作的原因而暂停工作的补偿，不属于雇主，或被视为根据现行法律法规，因不可抗力，经适当证明、单独或集体商定并经执法当局批准而支付的现金津贴，并且由于这些理由，工人不从事他/她负责的工作。仅应支付第23.660号和第23.661号法令中规定的缴费。"（第24.700号法令第3节纳入的条款，公布于1996年10月14日的《官方公报》上）。

⑥ 雇主还获得了生产恢复计划（REPRO）（附录4）提供的资金。

⑦ 受停职或降薪影响的工人在这段时间保住了他们的工作，并在重新回到劳动力队伍后再次就业。

⑧ 附录4。

⑨ 集体协议—巴西286号和附录4。

▶ **专栏5.11　在南非为促进业务连续性和就业而合作**

在南非，在谈判委员会或多雇主论坛中，部门层面的谈判仍然是集体谈判的主要形式。在其中一些部门层面的谈判机构中，成熟的产业关系使成员能够在高度受限和不确定的经济背景下为了促进业务连续性而开展合作。

2020年3月，就业和劳工部部长发布了一项紧急指令，在失业保险基金下建立新冠肺炎临时雇员/雇主救济计划（TERS）。[①]该计划弥补了因临时裁员或减少工作时间而造成的收入损失。五个部门层面的谈判委员会就该计划达成协议，通过部门协议接收和管理其部门的救济资金。这使政府的劳动管理系统能够将有限的资源集中在不受共同监管的部门上。

国家服装制造业谈判委员会（NBCCI）

2020年通过了《服装和纺织部门总体规划》，这是由雇主组织、工会和主要服装零售商共同制定的产业战略。该总体规划支持在服装制造业创造就业机会。

在疫情开始时，适用了一项国家服装制造业谈判委员会协议（2019年9月1日至2021年3月1日）。随后，封锁和边境关闭给该行业造成了严重影响，包括暂时停止进口面料以及关闭工厂和服装零售店。面对这些挑战，委员会谈判了四项新冠肺炎相关的协议，且所有协议都经由就业和劳工部部长扩展到整个行业：新冠肺炎第一次封锁集体协议（2020年3月23日）；新冠肺炎第二次封锁集体协议（2020年5月12日）；新冠肺炎个人防护设备和其他基本产品集体协议（2020年6月2日）；新冠肺炎疫苗推广活动框架协议（2021年4月6日）。

第一份协议（2020年3月23日） 承诺委员会将获得法定资金，以部分补偿工人因即将实施的封锁而损失的收入。雇主同意在第一次长达六周的封锁期间支付其中三周的工资，其余三周的工资则通过委员会收到的法定资金全额支付。该协议还成立了一个快速响应小组，"以考虑并解决因执行本协议而产生的任何不可预见的，或应对执行协议中，或在疫情封锁期间出现的事项，豁免申请的最终确定（来自扩展的集体协议的应用）将获得第一优先权"。

第二份协议（2020年5月12日） 延长了第一份协议，延续了与法定的新冠肺炎临时雇员/雇主救济计划达成的协议，并采取措施确保遵守协议条款。一些服装公司被列为"基本服务提供者"，开始生产个人防护设备，并在轮班的基础上以50%的产能运营，以便工人受到保护，且所有工人都有机会工作并赚取工资。

第三份协议（2020年6月2日） 为服装制造业在生产个人防护设备和其他产品时提供全力支持，包括提供有组织的业务和劳动力。该协议设定了服装行业的生产目标（每月1亿个织物口罩），并成立了个人防护设备快速响应工作组来执行该协议。该协议为在受监管的环境中生产个人防护设备提供了支持框架。它建立了合格个人防护设备制造公司的登记册，登记册经国家服装制造业谈判委员会认证。为了获得认证资格，企业必须满足以下条件：在谈判委员会注册登记；拥有合规证书；向谈判委员会提交针对新冠肺炎的工作场所认识、保护和预防计划；有工作场所安全与健康委员会；已经在失业保险基金登记了所有员工；并申请加入"自豪南非"这一社会标签倡议。

第四份协议（2021年4月6日） 鼓励服装制造业的所有雇员接种疫苗，以实现80%的免疫目标。服装和纺织工人工会的工人健康项目和工作场所医疗设施可用于支持疫苗接种运动。

当新的工资协议谈判开始时，谈判双方同意暂停六个月的工资，这意味着在2020年9月1日至2021年3月1日期间不会增加工资。从2021年3月1日起，工人的工资将增长3.7%[相当于消费者价格指数（CPI）的增长]，并在协议的第二年，工资将以比CPI高1%的比例增长。

①南非劳动部，2020年第215号公告。

资料来源：ILO，见附录4。

充。为应对新冠肺炎疫情，在电影制作业、金属加工业（新地区）、地方政府、车辆维修、食品服务业、银行和保险业、港口、零售业（北莱茵—威斯特伐利亚州）、橡胶业和造纸业缔结了新的协议。这些协议使津贴水平从60%（法定津贴）提高到75%~100%（Schulten and Müller，2020；Schulten，2021）。[1] 在其他国家，部门层面的协议明确解决了分配问题：对法定福利的补充确保了低薪工人的收入不低于规定的工资下限，或者为低薪工人提供了更高的补贴。[2] 在某些情况下，这些补贴是通过利用现有的部门社会基金实现的。[3]

在法国，制造业企业层面的企业和工会团结一致，设立了补充基金，对部分失业期间的收入支持形成补充。[4] 在少数情况下，管理人员同意减少自己的收入，如保持工资不变，增加工作时间，或向互助基金贡献休假等价物。[5] 国家资助的减时工作时常与其他形式的灵活的工作时间相结合。在这些情况下，谈判双方同意在诉诸国家资助的减时工作或临时停工之前将工作时间账户的余额、积存的工作时间和年假用尽。[6] 一些协议保留了对工作时间外培训的补偿，并纳入了暂时失业期间对技能发展的共同承诺。[7]

集体协议支持在减时工作或暂时失业期间继续提供社会保险。在一些协议中，雇主承诺在此期间继续缴纳社会保险和健康保险。[8] 例如，在阿根廷，当最高层面的行动方之间通过上述框架协议后，私营部门的部门级协议保证，作为收入支持付款的一部分，工会将继续获得管理医疗保健和其他社会基金所需的资金。[9]

在许多国家，禁止受益于国家资助的就业保留计划的企业出于经济原因解雇个人或集体。在一些国家，集体协议中明确承诺不会解雇待工的工人。阿根廷住宿和食品服务业的一项部门层面的协议包括恢复就业的程序（终止临时停职计划），确保在工人重返工作岗位时获得公平分配的工作机会。[10]

就短期灵活性进行谈判

在整个2020年和2021年期间，集体谈判还被用来谈判工资确定和工作时间方面的短期灵活性，在少数情况下还包括工作分配，以换取就业保障。短期灵活性的谈判是一种危机应对措施，实施迅速且通常有时间限制（见表5.5）。鉴于高度不确定的前景，短期灵活性给工作和就业关系带来了一定程度上的实质和程序上的确定性，缓解了紧张局势，并至少部分缓冲了经济衰退的影响。科特迪瓦等国的两方最高层面行动方之间签订了框架协议，为在资源有限的情况下可以采取的措施类型提供了指导（见专栏5.12）。

---

[1] 电影制作业，见集体协议—德国27号，地方政府见集体协议—德国31号，食品服务业，见集体协议—德国1号；橡胶业，见集体协议—德国29号。

[2] 例如，在部门层面（集体协议—阿根廷240号、集体协议—阿根廷257号、集体协议—阿根廷259号、集体协议—德国29号）和企业层面（集体协议—克罗地亚8号、集体协议—法国22号、集体协议—法国54号）。

[3] 例如，在部门层面（集体协议—比利时7号、集体协议—比利时93号、集体协议—比利时378号）。另见Eurofound（2020e）。在奥地利也可以观察到类似的安排（Eurofound，2020d）。

[4] 例如，集体协议—法国3号、集体协议—法国18号、集体协议—法国21号、集体协议—法国22号、集体协议—法国23号。

[5] 例如，集体协议—法国23号、集体协议—法国16号、集体协议—法国243号和集体协议—法国22号。

[6] 在企业层面（集体协议—法国15号、集体协议—法国16号）。

[7] 例如，在部门层面（集体协议—法国20号）和企业层面（集体协议—法国243号和集体协议—法国247号）。

[8] 例如，在地区层面（集体协议—巴西306号）和企业层面（集体协议—意大利216号、集体协议—葡萄牙184号、集体协议—西班牙425号、集体协议—英国467号、集体协议—美国485号、集体协议—委内瑞拉351号）。

[9] 例如，在部门层面（集体协议—阿根廷176号、集体协议—阿根廷239号、集体协议—阿根廷240号、集体协议—阿根廷250号、集体协议—阿根廷257号、集体协议—阿根廷259号、集体协议—阿根廷262号、集体协议—阿根廷263号）和阿根廷（附录4）。

[10] 集体协议—阿根廷257号。

▶ 表5.5　就短期灵活性进行谈判

集体协议条款实例	
短期灵活性	**工资** • 工资调整，推迟工资谈判和冻结工资，以换取就业保障 • 暂停发放奖金 • 暂停发放或转换可变工资 **工作时间** • 减少工作时间 • 使用工作时间积分和储蓄的时间 • 使用带薪年假和其他休假权利 • 承诺在恢复后弥补损失的工作时间（计入储蓄的工作时间） • 为负有护理责任的工人提供支持 **职能弹性** • 职能和地理上的可移动性 **就业保障** • 保留就业的承诺 • 承诺防止裁员或减轻其影响

▶ **专栏5.12　科特迪瓦通过协调谈判形成复原力**

　　在三方社会对话的背景下，科特迪瓦最高层面的社会伙伴成立了一个名为独立常设协商委员会（CIPC）的两方机构，以在向政府提出对话请求之前先协调内部立场。协商委员会由代表私营部门的两个雇主联合会和五个工会联合会组成。

　　新冠肺炎疫情伊始，协商委员会就被证明是特别有效的，促进了社会伙伴对紧急情况的快速响应。在委员会内部，社会伙伴于2020年3月25日签署了一项框架协议，以支持协调应对危机。该框架协议[①]为企业提供了相关指导，例如，如何避免企业关闭和就业损失，以及如何保持工人的收入。协议规定了以下原则：

- **工作场所安全与健康：** 委员会赞同政府的卫生应对计划，并在企业中快速实施此计划。
- **保就业：** 委员会同意应采取以下措施以防止就业和收入损失：（1）带薪休假；（2）兼职工作；（3）在可能的情况下轮换裁员。协议还提及公司在可能的情况下采用远程工作的工作模式。
- **对企业提供机构支持：** 委员会认同政府将为受收入损失影响的雇员提供支持，以确保业务连续性并保障就业，其中包括延期偿还贷款。

①集体协议—科特迪瓦140号。
资料来源：ILO，附录4。

　　这些协议通常以工资、工作时间和职能的短期灵活性为特征，以换取就业保障。[①]一些协议还包括对技能保留和恢复活动的程序性规定的承诺，或"更好的财富"条款，提供了做出让步所需的程序确定性。[②]例如，在德国的橡胶行业，缔约方同意在部门层面扩展现有协

---

① 例如，在跨职业层面（集体协议—纳米比亚459号）和企业层面（集体协议—哥伦比亚394号、集体协议—克罗地亚9号、爱沙尼亚411号，集体协议—葡萄牙184号）。

② 例如，在部门层面（集体协议—南非251号）和企业层面（集体协议—法国21号、集体协议—法国243号）。

> ▶ **专栏 5.13　韩国就互助开展谈判**

　　韩国的集体谈判主要在企业层面进行，也有一些部门层面的协议，如医疗保健和金属行业。在金融业，管理部门和企业工会于 2020 年缔结了一项互助协议，旨在支持弱势工人和当地企业。协议规定将商定的 2020 年工资增长的一半（1.8%）捐赠给工人福利基金，以改善临时合同工的工作条件。剩余的一半将以现金和/或礼券的形式支付，用于振兴当地经济，这是一项旨在专门帮助小企业主的措施。该协议展现出了一种促进处于不安全的工作安排和小型企业工人的社会互助的重要姿态。由于通过了该协议，协议所覆盖的工人的工资实际上在 2020 年没有增长，而在 2021 年增长了 1.8%。除了在金融业进行互助谈判外，2020 年在金属行业和医疗保健领域达成了部门级协议，禁止解雇临时合同工，并限制了可雇用此类工人的数量。

　　　　资料来源：ILO，附录 4。

议，但用一次性"新冠轮班奖金"代替规定的增加。[1]部门和企业层面的其他协议包括延期、减少或暂停发放集体商定的津贴和奖金。[2]在一些情况下，谈判各方同意暂时改变工资构成，将基本工资加奖金和/或与绩效有关的工资变为集体商定的统一工资标准，以保护津贴和/或可变工资占工资很大一部分的工人的收入。[3]

　　工资谈判和达成协议的过程显示出了高度的团结互助（见专栏 5.13）。例如，在意大利，一家食品生产公司（2020 年）的企业层面的协议包含一项条款，规定工人同意自愿将其带薪休假的等值金额捐赠给为帮助受疫情影响特别严重的工人而设立的基金。[4]一家连锁酒店的两项企业层面的协议暂时停发了与生产率挂钩的工资，除非达到某些生产率目标才会发放。这使公司能够在疫情期间建立一个新的福利计划，向所有员工（包括持有长期合同和固定期限合同的员工、新员工和季节性工人）提供每年 400 欧元的"福利补助"。[5]

协议（大多数是在企业层面）规定减少工作时间，以应对需求下降和部分公司关闭的情况，同时保障就业。例如，在塞拉利昂，旅游业的谈判方达成了一项协议，保证每隔一周轮流工作，以对减少的活动进行管理并防止失业。[6]在一些情况下，谈判方同意使用灵活的工作时间安排（如"储蓄工作时间"计划）和推动带薪休假来维持收入。[7]在其他情况下，各方同意在停职期间"储蓄"不活跃天数供 2021 年使用。[8]如果收入不能得到保证，各方同意暂停工作，虽没有报酬，但有返回工作岗位的权利。[9]

　　面对学校和/或内部护理服务的关闭，承担护理责任的工人（其中大多数是女性）别无选择，只能减少工作时间（Schiek，2020）。因此，新冠肺炎疫情对女性就业产生了尤为严重的影响（ILO，2022）。**虽然一些国家有将护理相关条款纳入集体协议的传统，但在 2020 年和 2021 年，平衡工作与护理责任已成为一些国家谈判议程上的关键议题**（见专栏 5.14）。

---

[1]　集体协议—德国 29 号。

[2]　例如，在部门层面（集体协议—南非 251 号、集体协议—南非 317 号）和企业层面（集体协议—克罗地亚 8 号、集体协议—法国 21 号）。

[3]　哥斯达黎加（附录 4）和越南（附录 4）的企业层面的协定。

[4]　集体协议—意大利 34 号。

[5]　集体协议—意大利 216 号、集体协议—意大利 217 号。

[6]　集体协议—塞拉利昂 362 号。

[7]　例如，在跨职业层面（集体协议—以色列 465 号）和地区层面（集体协议—巴西 274 号、集体协议—巴西 280 号），巴西（附录 4）和韩国（附录 4）。

[8]　例如，在地区层面（集体协议—巴西 274 号、集体协议—巴西 288 号）和企业层面（集体协议—以色列 463 号）。

[9]　参见，例如，企业协议集体协议—印度 453 号（制造业）。

▶ 专栏5.14　平衡工作和护理责任

- **美国**

电话服务公司的企业层面的协议（2020年）包括：当工人因新冠肺炎而找不到替代性的育儿安排时，为其提供带薪育儿假；提供带薪家庭假，以照顾被医学诊断为新冠肺炎且无法照顾自己的人（集体协议—美国469号）。

- **葡萄牙**

企业层面的协议（2020年）规定了特殊过渡分配，即由于疫情导致学校、托儿所和其他社会护理服务不可用时，为照顾孩子的工人发放一个月工资（集体协议—葡萄牙199号）。

- **德国**

金属和电气制造业的部门层面的协议（2020年）规定，在日托中心和学校关闭及其他突发事件的情况下，增加负责照料受抚养人或儿童的工人的带薪休假时间（集体协议—德国28号）。

运输服务供应商的部门层面的协议（2021年）针对新冠肺炎规定了特殊的育儿假（2021年最多可休50天）（集体协议—德国164号）。

- **法国**

一家跨国电力公司的企业层面的协议（2020年）规定，为需要出现在现场且子女不能被安置在托儿所或学校的父母，提供补充性薪酬，以弥补现有社会保障儿童保育福利方面的不足（集体协议—法国24号）。

- **哥斯达黎加**

对12项集体协议（2020年3月1日至2021年3月1日）的分析表明，疫情期间公共部门的协议包含改善性别平等的措施，如保证提供超过法定标准的陪产假和哺乳假（附录4）。

- **阿根廷**

疫情期间（2020~2021年）缔结的协议包括关于儿童保育的新条款，如银行业部门层面的协议增加了日托中心津贴（附录4和集体协议—阿根廷148号）。

- **挪威**

国家公务员的部门层面的协议通过暂停核心工作时间（集体协议—挪威50号），促进了灵活的工作时间安排，以适应新冠肺炎相关的护理责任。

幼儿园部门级框架协议（2020年）将加班限制从每7天10小时放宽到25小时，以促进在协议签订之日起26周或6.5个月内提供额外的托儿服务（集体协议—挪威49号）。

- **丹麦**

零售业部门层面的协议（2021年）规定了额外的带薪假期（2.66天），以在2020年5月到2021年8月期间照顾受抚养人，此后这一假期恢复为2天（集体协议—丹麦404号）。

- **孟加拉国**

一家纺织制造公司工厂层面的协议（2020年）规定，为6岁以下的儿童建立日托中心设施（集体协议—孟加拉国499号）。

- **韩国**

医疗保健部门企业层面的协议（2020年）根据法律和法规，在医疗保健中心建立工作场所托儿设施，以支持继续就业（集体协议—韩国69号）。

- **柬埔寨**

服装制造部门企业层面的协议（2020年）重新确认了日托津贴的法定规定：对家中有18个月至3岁大的婴孩的员工，工厂应向其提供日托中心或支付托儿费用（集体协议—柬埔寨170号）。

- **塞内加尔**

面包行业部门层面的协议（2021年）规定，服务满6个月的工人，如果其配偶或子女住院，将获得2天的带薪假期（集体协议—塞内加尔511号）。

- **新加坡**

医疗保健部门企业层面的协议（2020年）为母亲提供了离开工作进行母乳喂养或挤奶的时间，同时为其提供休息时间，并包括承诺做出合理的努力，为其提供一个免受打扰的私人房间（集体协议—新加坡324号）。

- **澳大利亚**

医疗保健部门企业层面的协议（2021年）允许工人因个人情况（包括家庭责任）拒绝加班（集体协议—澳大利亚238号）。

护理相关费用支持	增加获得护理相关休假的机会	将护理纳入工作组织形式的考量范围
• 提供与护理有关的津贴 • 报销日托费用 • 在企业建立日托中心	• 提高有年幼子女的工人的休假待遇 • 增加家庭成员患有残疾或慢性病的工人的休假权利 • 增加需照顾新冠肺炎检测呈阳性的家庭成员的工人的休假权利 • 增加育儿假/产假/陪产假	• 有护理责任的工人可获得灵活的工作安排 • 在工作场所提供足够的母乳喂养设施，并为母乳喂养的工人提供休息时间 • 允许免除有护理责任的工人的夜班、加班和轮班工作

虽然不太常见，但一些协议规定了工作分配（包括职能和地理上的可移动性）和工作组织形式的变化，以实现工作共享。例如，在菲律宾，企业层面的协议包括一些措施，如部分关闭一些单位或部门，减少每周或每月的正常工作日，轮换工作以在给定的工作周或月内为所有工人提供一些工作和收入，将员工转移到另一个分支机构或网点，并将员工分配到另一个职能或职位。[①]

在某些情况下，裁员似乎是不可避免的。

© Kanawa_Studio / iStock

---

① 附录4。

各方聚集在一起，看看是否可以就避免裁员的措施达成一致，并在不可避免裁员的情况下采取措施以减轻裁员对工人的影响进行谈判（见专栏5.15）。在许多国家，航空业面临着相当大的流动性问题。在疫情期间进行的持续谈判

最终达成了集体协议，同意减少原计划裁员数量的措施，其中包括节省人事费用（削减工资和减少养老基金缴款），长期部分活动计划，自愿流动和重新部署援助，以及因无法避免裁员而向相关人员支付遣散费。[①]

> **▶ 专栏5.15　避免越南海防工业区进行裁员**
>
> 　　在越南，集体谈判主要在企业层面进行。鉴于经济急剧下滑，达成了避免裁员的协议——第一，通过逐步减少工作时间并削减津贴和奖金；第二，通过将工作轮换到有需求的地区；第三，通过使工人待工并获得最低工资。在无法避免裁员的情况下，工人将获得高于法定最低限额的遣散费。
>
> 　　海防工业区内达成了以下协议：
>
> - 一家旅游商品生产商的企业层面的协议：公司同意支付金额相当于两个月工资的遣散费，并协助工人寻找新的工作。大多数工人在另一个工业区找到了新工作。
> - 一家电子产品生产商的企业层面的协议：公司同意支付休假工人的基本工资和津贴。
> - 一家电子公司的企业层面的协议：减少工作时间，同时向工人100%支付基本工资（无津贴）。
> - 一家电子公司的企业层面的协议：由于公共卫生措施而无法到达工厂的移民工人有权获得最低工资。移民工人占公司劳动力的20%。
> - 零售和电子产品企业层面的协议：无法返回工厂的移民工人将获得其基本工资的96%（高于最低工资）。对于那些能够返回海防的工人，公司为工人及其家人提供住宿，或者为想要住在公司大院外的工人提供住宿津贴。
>
> 　　资料来源：ILO。

5.5
影响未来的远程工作和混合工作

　　2020年和2021年期间实施的封锁和居家办公措施加速了工作的数字化进程。在大规模采用远程办公方面[②]并不均衡，这与各国经济发展水平密切相关（Hatayama，Viollaz and Winkler，2020）。在专业服务、金融和保险、信息和通信技术、公共行政等部门工作的人占比很高的国家，远程工作得到了更广泛的应用（ILO，2020m）。

　　新冠肺炎疫情使远程办公得到了大规模采用，这正在改变工作模式。实际上，许多大型企业已经宣布正在尝试混合工作模式，该模式结合了远程工作和现场工作。这些新做法可以提高生产率并降低雇主的成本，同时在工作的时间和空间位置方面为工人提供更大的自主权。然而，持续的远程工作和混合工作可能对就业质量以及平等和包容性构成挑战。雇主可

---

　　① 例如，在企业层面（集体协议—澳大利亚197号、集体协议—法国16号、集体协议—法国19号、集体协议—法国21号、集体协议—法国23号、集体协议—法国54号、集体协议—马耳他43号、集体协议—马耳他44号、集体协议—葡萄牙184号）。另见Eurofound（2020f）给出的奥地利的一个类似案例。

　　② 远程办公可以定义为"使用信息和通信技术（ICT），如智能手机、平板电脑、笔记本电脑和/或台式计算机，在工作场所外进行工作"（Messenger et al.，2017：3）。

能难以将远程工作的工人纳入协商过程并让其有效地参与进来。那些远程工作的人可能会失去在办公室培养技能和获得经验的机会，并且其工作机会也更少。对中国一家大型旅行社的研究表明，尽管远程工作的员工投入了更多时间且效率提高了13%，但他们获得晋升的可能性比现场工作的同事低约50%（Bloom et al.，2015）。

各项研究都发现，虽然工人节省了通勤时间，但远程工作会导致更长的工作时间，晚上和周末都可能要工作，从而模糊了有偿工作和私人生活之间的界限（Fana et al.，2020；Messenger et al.，2017）。信息和通信技术既增加了工人在正常工作时间以外工作的可能性，又使雇主更容易随时通过电话或电子邮件与工人联系（Messenger et al.，2017）。**集体谈判可以成为设计包容性远程工作和混合工作的重要工具，一方面平衡雇主和工人对灵活性和自主权的偏好，另一方面确保虚拟工作的体面条件。**

本节对集体谈判如何影响符合雇主和工人利益的未来远程工作和混合工作进行了初步评估，讨论的主题包括工作组织形式、体面的远程工作条件（工作时间、职业安全与健康、包容性）和技能发展（见图5.12和表5.6）。

▶ **图5.12　影响未来的远程工作和混合工作：2020~2021年集体谈判对策专题分析**

- 促进工作组织形式的转型
- 确保体面的远程工作条件
- 促进技能发展

（图中方框文字：影响未来远程工作和混合工作）

▶ **表5.6　集体协议：影响未来的远程工作和混合工作**

部分集体协议条款实例	
促进工作组织形式的转型	
从现场工作向远程工作的转型	• 在自愿的基础上进行远程工作 • 工人对引入混合工作模式拥有咨询权 • 承诺对疫情期间的混合工作尝试进行联合评估 • 经理负责定期评估团队成员的工作量和能力 • 合同地位（如长期合同）不会因远程工作而改变
沟通和整合	• 以渐进的方式让学徒/受训者适用远程工作方式，并使用此方法使参加勤工俭学计划的学生能接受导师的持续指导 • 在从事远程工作前，新员工需要完成试用期工作 • 每周现场工作一两天，以保持团队合作
数字化	• 视频监控、工作绩效的数字控制、电子邮件和/或地理位置监控的实施应与验证遵规守法的需要相适应，并应根据现有法规执行 • 关于声音和电话录音及地理位置的隐私权 • 工人明确同意公司使用其手机号码或私人电子邮件地址 • 确保所使用和处理的公司数据受到保护，并提供足够的培训 • 工人有责任获得保护公司数据和从事生产性远程工作所需的数字技能
设备和成本	• 每月报销与混合工作和远程工作相关的一般费用（即网络连接费用） • 雇主直接提供手机、笔记本电脑、键盘、显示器等，并维护设备和必要的程序 • 工人应确保其具有高速互联网连接、兼容的电子安装以及远程工作所需的合理工作空间

续表

促进体面的远程工作条件	
工作时间	• 雇主与工人协商，确定可以联系到特定员工的工作时间窗口 • 促进连续和不间断的工作周期，防止过度连接和低效率 • 给予工人有条件的自主权和对自己工作时间的控制权（也就是说，他们应告知雇主何时可以联系他们进行工作），同时遵守最长的工作时间和最短的休息时间 • 断开连接权 • 雇主承诺不在工作时间外发送电子邮件、打电话或召开会议
职业安全与健康	• 雇主有责任向工人通报远程工作的安全与健康政策 • 工人有责任遵守相关措施 • 通过雇用医疗专家，向远程工作人员提供心理救助 • 主管将接受培训，了解如何识别社会心理风险和社交孤立症状 • 提供符合工效学的显示器和家具 • 培训远程工作者，学习如何最大限度地减少与工作有关的事故、肌肉骨骼疼痛和疾病 • 为从事远程工作时遭受家庭虐待的工人提供帮助热线
劳资关系	• 远程办公员工享有结社、咨询和代表权 • 工会代表将获得足够的数字设备，以支持远程工作者
机会平等、待遇平等和包容性	• 增加与办公室同事的定期联系 • 男女享有平等的远程工作机会 • 远程办公可用于支持工人承担家庭护理责任 • 远程工作可用于容纳残疾或患慢性/进行性/致残疾病的员工 • 应对远程工作人员和现场工作人员适用相同的评估政策
促进技能发展	
培训和技能发展	• 工人应获得数字技能、拥有信息安全意识和数字生产力知识 • 数字技能认证框架协议 • 获得培训和职业发展的平等机会

疫情前，社会伙伴已经建立了广泛的框架来指导监管对策，尤其是通过集体协议。例如，在欧洲，《远程工作框架协议》（2002年）规定了广泛的原则，这些原则随后通过一系列措施在国家一级实施，包括法律、集体协议、业务守则和公司政策。[1]**为了应对疫情相关的向远程工作的转变，全球范围内有关远程工作的立法显著增加**（IOE，2021a；Avogaro，2021）。立法的性质和范围各不相同，一些国家采取了临时措施，如比利时[2]和圣马力诺（见Battista，2020），另一些国家采取了更长期的措施，如阿根廷[3]和墨西哥[4]。在疫情前已经对远程办公进行监管的国家则引入了修正条例，如意大利[5]和西班牙[6]。比利时（2021年）、[7]法国（2020年）[8]和卢森堡[9]签署了跨职业协议，规定了疫情期间实施远程办公的原

---

① 有关框架协议的信息，请访问"工人参与"网站，https://www.worker-participation.eu/EU-Social-Dialogue/Interprofessional-ESD/Outcomes/Framework-agreements/Framework-agreement-on-telework-2002。

② 集体协议—比利时391号。2021年1月26日第149号《集体劳动协议》，关于因新冠肺炎危机而建议或强制要求远程工作（2021年1月26日至2021年12月31日期间有效的临时协议）。

③ 阿根廷，关于远程办公合同法律框架的第27555号法令。

④ 墨西哥，修订《联邦劳动法》第311条并增加第十二章关于远程工作的条款。

⑤ 意大利，2020年4月24日的第27号法令将"智能工作"的使用扩展到了公共行政部门。

⑥ 西班牙，2020年9月22日第28/2020号关于远程工作的皇家法令。

⑦ 集体协议—比利时391号。

⑧ 集体协议—法国347号（2020年11月26日成功实施远程办公的国家跨职业协议——时效尚未明确）。

⑨ 集体协议—卢森堡150号和2021年1月22日的《大公条例》，宣布2020年10月20日就远程办公的法律框架达成的协议是普遍适用的（《第76号官方公报》，2021年1月29日）。

则和规定，从而通过集体协议支持对远程办公的管理。许多国家已将集体谈判纳入其远程工作的监管框架，确认远程工作人员的集体权利（如阿根廷[①]和希腊[②]），要求提供信息（如智利[③]）并促进在线交流（如墨西哥[④]）。

三方社会对话和/或与最高层面的行动方就远程工作进行协商，促进集体谈判作为远程工作的监管对策。例如，为期三个月的最高层面三方谈判使西班牙通过了一项关于远程工作的法令，该法令特别强调企业和工人对远程工作安排都应是自愿的，并应通过书面协议来采用此安排。[⑤]在巴拿马，根据2020年9月16日第133号行政命令，依据2020年2月19日第126号法令，批准了远程工作法的监管条例。该条例需要在2020年7月3日第DM-194-2020号决议制定的《远程工作法条例》的三方谈判中进行协商和准备。[⑥]在俄罗斯，经最高层面的三方社会对话，2021年1月1日通过了一项关于远程工作的法律。该法特别规定通过集体协议对远程工作模式进行监管（ILO，2020n）。在卢森堡，经济及社会理事会于2021年4月发布了关于断开连接权的建议意见，指出应使用集体协议（Planet Labor，2020）。

工作组织形式的转型

在许多情况下，将远程办公纳入谈判议程的结果是商定临时条款，以解决在保持社交距离、保护就业和保障业务连续性方面的迫切需求。[⑦]**这使得集体协议能够进行大量的制度性尝试，这些尝试有可能改变未来的远程办公实践。**例如，一些协议确认了远程工作安排的自愿性质。[⑧]协议还涉及如何提供所需设备，并规定应报销工人的相关费用。[⑨]还有一些协议涉及网络安全和数据保护。例如，比利时关于远程工作的跨职业框架协议（2021年12月到期）要求谈判双方尊重远程工作人员的隐私，并规定在远程工作环境中保护工人和企业的数据安全。[⑩]

体面的远程工作条件

一个相关的问题是集体协议如何重新规范工作时间，增强工人对其工作时间安排的控制，同时确定一周中必须与工人进行联系的时间。协议通过规定断开连接的权利来确保休息时间。[⑪]一些协议还规范了对时间控制工具的使用。

例如，法国关于远程工作的跨职业框架协议（2020年）规定，如果需要实施监控，则必须告知工人，并且监控必须合理且适当。[⑫]

协议还涉及远程工作者的职业安全与健康标准。比利时、法国和卢森堡的跨职业协定为职业安全与健康政策构建了框架。[⑬]比利时的协定规定了医学专家应提供社会心理支持和咨询。法国的相关协议提到，防止远程工作造成的社会孤立是公司的社会责任之一，并呼吁采取临时措施，动员企业层面的所有行动方，以

---

① 阿根廷，第21/2021号法令批准了第27.555号法令的实施条例。

② 希腊，第4808/2021号法令，第67（10）条。

③ 智利，第21220号法令修订了《劳动法》中关于远程工作的条款。

④ 墨西哥，修订《联邦劳动法》第311条并增加第十二章关于远程工作的条款。

⑤ 西班牙，2020年9月22日第28/2020号关于远程工作的皇家法令。参见Molina（2021）。

⑥ 巴拿马，2020年9月16日第133号行政法令。

⑦ 例如，在跨职业层面（集体协议—科特迪瓦140号），在部门层面（集体协议—德国26号、集体协议—德国28号、集体协议—德国30号、集体协议—爱尔兰445号），在地区层面（集体协议—巴西274号、集体协议—巴西280号、集体协议—哥伦比亚393号）和企业层面（集体协议—智利223号、集体协议—意大利34号、集体协议—意大利38号）。

⑧ 例如，在部门层面（集体协议—奥地利389号）和银行部门的企业层面（集体协议—哥伦比亚392号）。

⑨ 例如，在地区层面（集体协议—西班牙433号）、部门层面（集体协议—西班牙326号）和企业层面（集体协议—法国24号、集体协议—法国244号和集体协议—法国245号）。

⑩ 集体协议—比利时391号。

⑪ 例如，在跨职业层面（集体协议—法国347号），在部门层面（集体协议—丹麦405号、集体协议—立陶宛41号、集体协议—西班牙326号）和企业层面（集体协议—哥伦比亚392号、集体协议—法国244号、集体协议—意大利358号、集体协议—西班牙425号）。

⑫ 集体协议—法国347号。

⑬ 集体协议—比利时391号、集体协议—法国347号和集体协议—卢森堡150号。

确保维持社交网络。卢森堡的相关协议规定工人应要求视察，企业应进行风险评估。同样，西班牙银行业部门层面的协议（2021年）建议进行"社交签到"并与办公室和同事定期联系，以防止社会隔离带来的风险。[①]在公司层面，法国农业合作社的一项协议规定了对主管的培训，以便他们能够识别潜在的社会心理风险并提供支持，还规定了工人接受心理咨询的相关安排。[②]不同级别的集体协议规定雇主有义务提供足够的设备，如显示器和符合工效学的椅子。[③]有些协议还规定对远程工作人员进行培训，以最大限度地减少风险和危害，并使远程工作适应孕妇或哺乳期妇女、家庭暴力幸存者和有残疾工人的特殊情况。[④]

为了确保包容性和融入，集体协议还包括关于在收入和职业发展机会方面平等对待现场和非现场工人的具体规定。[⑤]有些协议也涉及劳资关系，如确保工会有权联系远程工作人员。例如，在德国，橡胶行业的部门协议

（2021年）授予工会在线联系远程工作者的权利，并确保数据保护以预防工会歧视。[⑥]

技能发展

一些集体协议对培训做出了规定，以确保有效使用远程工作工具并获得数字技能。例如，法国一项关于远程工作的跨职业协议（2020年）[⑦]指出，管理人员和员工的数字技能在远程工作中至关重要，这既有助于利用远程工作工具，也有助于保护公司的数据。该协议规定应在以下方面开展培训：（1）远程工作的组织；（2）远程工作雇员的自主权；（3）远程工作日的排序；（4）与工作时间和断开连接（休息）有关的法律框架；（5）使用数字和协作工具。该协议使工人能够获得CléA Digital的认证。西班牙（2020年）的一项协议将可以远程完成工作的比例扩大到60%，"以测试未来可能的新工作方式"。工人必须完成专门的培训课程，才能参加试点计划。[⑧]

© whitebalance.oatt / iStock

---

① 集体协议—西班牙326号。
② 集体协议—法国244号。
③ 例如，在跨职业层面（集体协议—比利时391号、集体协议—法国347号），在部门层面（集体协议—西班牙326号）和企业层面（集体协议—法国245号）。
④ 例如，在跨职业层面（集体协议—法国347号）和企业层面（集体协议—哥伦比亚392号、集体协议—法国245号、集体协议—意大利358号）。
⑤ 例如，在跨职业层面（集体协议—卢森堡150号）。
⑥ 集体协议—德国464号。
⑦ 集体协议—法国3号。
⑧ 集体协议—西班牙437号。

总之，在具有集体谈判传统的国家，集体谈判已被证明是一种反应迅速的监管工具，在面临高度不确定的前景时，为雇主和工人提供了程序上的确定性。尽管一些雇主和企业会员组织在评估中较为审慎，但它们在总体上对集体谈判的作用持积极看法。谈判的优先事项转向满足时间的需求。集体谈判实现了一些必要的权宜之计，这些权宜之计是维持业务连续性、就业和收入所必需的。无论是在抗击疫情的前线，还是在解除封锁、许多人可能重返工作岗位的时期，集体谈判都有助于释放宣传性、参与性和保护性职业安全与健康标准的潜力，以预防和控制工作场所的疫情传播风险，并确保服务的连续性。由于接连不断的感染给医疗保健和社会护理工作者带来了持续的压力，集体谈判不仅提供了重视这些关键服务的机会，还使这些服务得到了重新评估。集体谈判还可以在缓解疫情对不平等的影响方面发挥重要作用，特别是通过促进纳入各种形式的工作，并将保护范围扩大到女性、移民工人和其他弱势工人群体。最后，新冠肺炎疫情加速了工作的数字化，因此也有机会进行集体谈判，以影响正在进行的转型并确保体面的数字工作，无论是平台型远程工作还是混合工作。集体谈判提供了实现以人为本的，具有包容性、可持续性和有韧性的复苏的工具。

© Reza Estakhrian / gettyimages

第6章

为实现包容、可持续和有韧性的复苏进行谈判

各国逐渐摆脱新冠肺炎疫情并开始面对其对社会和经济造成的损失，无数挑战摆在面前。新冠肺炎疫情加剧了许多国家根深蒂固的不平等，并使企业、就业和生计的可持续性受到质疑。疫情暴露了正规和非正规经济中的经济不安全断层线。从长远来看，2020年和2021年国民收入和就业的急剧恶化有可能对企业和工人产生"疤痕影响"（ILO，2021i）。如无法化解这些风险，不能为最弱势群体提供劳动保护，所有人的健康和安全都将继续受到威胁。我们无须进一步提醒，"世界任何地方的贫困都对全世界繁荣构成威胁"，正如纳入《国际劳工组织章程》的《费城宣言》（1944年）所强调的那样。在尊重结社自由和集体谈判权的基础上，促进和充分发展集体谈判可以为实现以人为本的包容、可持续和有韧性的复苏提供机制途径。①

① 根据国际劳工大会在2021年6月举行的第109届会议上通过的《全球行动呼吁：从新冠肺炎疫情中实现具有包容性、可持续和有韧性的以人为本的复苏》，政府、雇主组织和工人组织承诺"利用公正的数字和生态转型机会推进体面劳动，特别是通过社会对话，包括集体谈判和三方合作"。它们还承诺"向所有工人提供充分保护，加强对国际劳工标准的尊重，促进其批准、实施和监督，特别注意危机所暴露的存在严重差距的领域。这包括尊重工作中的基本原则和权利"（ILO，2021a）。

国际劳工组织《百年宣言》（2019年）强调："进一步制定以人为本构建劳动世界未来的方法时，国际劳工组织必须着力于……促进工人权利，以此作为实现包容性和可持续增长的关键要素，重点是结社自由和有效承认集体谈判权，以此作为扶持性权利"［第二部分第（A）（vi）条］。

《百年宣言》呼吁各国政府、雇主组织和工人组织在国际劳工组织的支持下，特别通过"强化劳动制度，确保充分保护所有工人"来支持这一进程［第三部分（B）］。

促进和实现结社自由以及有效承认集体谈判权是社会对话的前提，为雇主组织和工人组织通过集体谈判而为工作的包容性和有效治理做出贡献奠定了基础。包容性和有效治理允许同时追求公平和效率目标。通过平衡就业关系和解决劳动力市场的不对称性问题，集体谈判可以有助于解决分配问题，无论是雇主和工人之间，还是不同工人群体之间的分配问题。集体谈判可以促进达成权宜之计，形成符合雇主和工人利益的工作安排。它提供了一种独特的共同监管形式，可以根据行业和企业的具体情况来调整工作治理。它加强了合规性，使国家可以将稀缺的劳工管理资源引导到其他领域。此外，集体谈判可以通过体面劳动为公正的数字和环境转型提供便利，并有助于增强复原力——这是应对未来可能发生的经济、社会或环境危机的关键。如果要释放集体谈判有助于实现具有包容性、可持续和有韧性的以人为本的复苏的全部潜力，还需要处理一些优先事项。

6.1

重振雇主组织和工人组织

雇主和企业会员组织和工会的代表职能——

在会员实力及其整合各种利益的能力方面——是有效的社会对话的基石。不同层级的雇主组织和工人组织通过谈判协议、影响法律和政策框架以及向其成员提供服务，在集体谈判中发挥作用。第四章概述了雇主和企业会员组织和工会面临的挑战，并探讨了这些组织是如何进行自我变革以提供新的服务并为包括集体谈判在内的社会对话创造有利环境。新冠肺炎疫情期间，在一些国家，与雇主组织和工人组织代表进行接触以及雇主组织代表之间的接触都是其应对措施的一部分，此外，社会对话在这些国家也被证明是解决方案的一部分。

雇主和企业会员组织协助企业处理新冠肺炎疫情的经济和社会后果，加强提供服务，并代表其成员参与宣传和社会对话。然而，这场危机也考验了雇主和企业会员组织的组织复原力。展望未来，雇主和企业会员组织需要进一步加强其成员招募和保留策略，以吸引多样化的成员，特别是来自代表性不足的行业和企业类型的成员。参与基于证据的政策对话还需要具备影响劳动力市场的重大问题方面的专业知识，如数字转型、技能错配和世界某些地区经济具有高度非正规性等方面的知识。

雇主和企业会员组织提供集体谈判相关服务，如提供信息（比如工资调查）、法律咨询和代表、组织相关培训和协助解决劳资纠纷等。一些雇主和企业会员组织还直接与工人组织进行集体谈判。如本报告所示，参与集体谈判的雇主和企业会员组织所面临的挑战差异很大。然而，所有这些组织都面临一些共同的挑战，包括成员基础的多样性导致的不同需求和经济环境，以及疫情期间经济不确定性加剧。

鉴于在新冠肺炎疫情期间，受访的最高层面雇主和企业会员组织中只有不到一半（41%）认为集体谈判对企业的经济复原力产生了积极影响，因此调查在什么情况下集体谈判可以支持改善企业绩效是很重要的。由此，下一份《社会对话报告》将侧重于"社会对话在经济发展和社会进步的相互转化以及对企业经济绩效和竞争力的影响"中的作用和影响〔ILO，2018a：Conclusions，para.6（a）（ii）〕。

工会仍然是代表和促进所有工人权益的关键机构。它们需要继续展示其领导能力，并证明其对现有成员和新成员的相关性和价值。人们再次对工会可能做出的贡献感到乐观，工会会员的多样性增加，工会中女性和青年会员方面取得的进步，工会会员教育水平的提高，以及自2000年以来的新的组织运动和更新的倡议都证明了这一点。展望未来，在许多国家，如果工会要提供当代劳动力市场所需的基本代表力量，就必须加强工会的组织效力。越来越多的工会领导认识到当前迫切需要重振工会，以使其能够应对未来的许多挑战。

工会一直积极地代表各种成员参加政策辩论和进行谈判，应对疫情并推动以人为本的复苏。本报告的研究证实，尽管当前的危机带来了挑战，侵犯工会权利的行为激增，在一些国家工会会员流失且环境不利，但工会仍坚持自己的立场并参加了政策辩论、集体谈判和宣传运动，以支持和保护世界各地的工人及其工作。

社会对话和集体谈判仍然是有效设计和实施强有力战略的主要工具，可以支撑包容、可持续和有韧性的复苏。为了实现这一目标，工会需要加强分析和理解劳动世界正在发生的变革的能力；能够影响经济、社会和可持续发展政策，加强自己的机制和组织进程，并采用创新的方法，特别是考虑到新冠肺炎危机带来的新情况。同样，工会需要与各国政府和雇主组织合作，共同创造有利于开展高质量、有意义的社会对话的环境，并表明它们愿意本着相互尊重的精神参与这一进程，这样才能加深信任。

鉴于集体谈判的重要作用，工会需要继续投资集体谈判相关的能力发展措施，包括教育和培训方案，以确保从新冠肺炎疫情中吸取的教训被纳入包括集体谈判在内的社会对话机制。这类方案的基本前提是，集体协议可以在实现工作的包容性和有效治理以及形成社会克服未来类似和新挑战所需的复原力方面发挥至关重要的作用。

6.2 实现对所有工人集体谈判权的有效承认

工作中的基本原则和权利，即结社自由、有效承认集体谈判权、消除就业和职业歧视以及消除童工和强迫劳动，适用于所有工人。国际劳工组织监督机构一再申明关于结社自由的国际劳工基本公约（第87号）和集体谈判公约（第98号）所载原则和权利的普遍性。在技术、人口和环境转型的推动下，劳动世界正在发生变革性变化，因此必须强化劳动制度，以确保充分保护所有工人，包括有效承认集体谈判权。①

集体谈判及其提供的自主共同监管能力有助于工作的包容性和有效治理，并利用公正的数字和生态转型机会推进体面劳动。然而，只有在更广泛的监管框架下才有可能实现这一目标，该框架鼓励和促进自愿集体谈判的全面发展。鉴于近年来各种形式工作安排的快速增长，有必要审查国家层面的监管框架，确保它们在法律上是清晰且确定的，以便根据劳动法和其他法律法规为劳动关系中需要保护的人提供必要的保护。这将有助于确保所有工人都能享有集体谈判权，这是一项工作中基本原则和权利，也是一项人权。

许多国家正在就平台工人的集体谈判进行大量的制度性尝试。显然，一旦达成集体协议，就可以为这些工人提供劳动保护，同时也可以保护企业和雇主的利益，如通过数据保护并制定明确的规则和责任来保护企业。这种制

---

① 《国际劳工组织关于劳动世界的未来百年宣言》（2019年）呼吁国际劳工组织所有成员国进一步发展其以人为本构建劳动世界未来的方法，"强化劳动制度，确保充分保护所有工人"，并强调"所有工人都应根据体面劳动议程享有适当保护，同时考虑到：（1）对其基本权利的尊重；……"〔ILO，2019b：PartIII（B）〕。

度性尝试的基础是结社自由和有效承认集体谈判权。[①] 作为扶持性权利，这些工作中的基本原则和权利赋予了平台工人确保体面零工劳动所需的机构能力。

6.3
促进集体谈判，实现包容、可持续和有韧性的复苏

第 87 号和第 98 号公约的批准和有效实施为有效承认集体谈判权建立了监管框架。国际劳工组织向其成员国提供技术援助，以加强或重振其监管框架和集体谈判机构，并帮助各级谈判方进行能力建设。集体谈判中发生的大部分事情都是而且应该是由谈判各方决定的，比如协议范围和它们选择谈判的层级。然而，集体谈判是在国家建立的监管框架内进行的，这一监管框架也有助于促进谈判。同时，国家对谈判进程的干预对自由和自愿的集体谈判产生影响，尤其是在工作的包容性和有效治理方面。

1976 年《（国际劳工标准）三方协商公约》（第 144 号）和 1976 年《（国际劳工标准）三方协商建议书》（第 152 号）强调关于"制定和执行立法或其他措施以实施国际劳工公约和建议书"的三方协商的重要性［Recommendation No. 152，para.5（c）］。此外，1981 年《集体谈判建议书》（第 163 号）就促进集体谈判的方法提供了指导，包括在具有多层级谈判的国家中，在各层级之间进行充分协调；为参与谈判的雇主组织和工人组织提供培训；相关信息的获取；以及争议解决程序。

有效的监管框架促进了各方真诚地进行集体谈判，目的是达成一项有助于工作治理的集体协议。这些监管减少了政府干预劳动力市场的必要性。雇主组织和工人组织之间就工作条件达成一致往往比国家机构、法院和法庭规定的相关条件更有效。正如本报告所示，集体协议可以使企业和工人在工作时间方面有能力实现"受监管的灵活性"。作为一种监管手段，集体谈判还能有效地确保遵守共同商定的规则和法定规则。促使和鼓励各方就工作条件进行谈判和共同监管也可以加速机构学习进程，并在某些情况下产生创新的监管解决方案。正如本报告第 2 章所强调的那样，根据集体谈判的制度框架（即集体谈判是在单一雇主还是多雇主的基础上进行的）、适用集体协议的方式及协议内容，这种谈判也有助于实现具有包容性的工作治理。

正如在新冠肺炎疫情中观察到的那样，在具有良好做法的行业和企业，集体谈判已成为一种快速响应的监管形式。有些谈判方调整了集体谈判程序，或在某些情况下谈判达成了短期协议，而在另一些情况下则推迟了协议谈判和续签。缔约方还可以利用集体协议中的各种适应性规定，以促进监管响应。通过集体谈判，雇主、雇主组织和工会能够共同应对工作场所的新冠肺炎感染风险，确保关键服务的连续性，并重视抗疫一线服务者的工作。集体谈判还被用来设计和实施就业保留措施，并协商防止破产以及保护就业和收入所需的快速和短期灵活性（见第 5 章）。在许多情况下，从以前的危机中进行学习有助于这些措施的迅速扩大和执行。工人和管理人员采取集体行动，团结低薪和不安全工作形式中的弱势工人，也有助于带来具有包容性的成果。一些缔约方正在借鉴和吸取新冠肺炎相关的远程工作尝试的经验和教训，商定体面远程工作的框架，并构建符合雇主和工人利益的混合工作模式。

本报告指出，当各方来到谈判桌前，就解决不平等和消除歧视、确保经济安全、促进公

---

① 认识到平台经济的复杂性，国际劳工大会在其第 107 届会议上通过的关于社会对话与三方机制第二次周期性讨论的决议中，请求国际劳工局"继续研究结社自由和有效承认数字平台和零工经济工作者的集体谈判权利"［ILO，2018a：Conclusion，para.6（e）］。

正转型、实现灵活的工作时间、改善工作与生活的平衡、制定追求性别平等的变革性议程和促进可持续企业的安排达成一致时，未来就会有一些机会在等着我们（见第3章）。集体谈判有助于确保工人能公平分享生产率增益，这反过来又加强了工人对企业生产可持续性的承诺。而当企业确知自己能留住一支忠诚的员工队伍时，就可能会承诺投资技能培训。从这个意义上说，本报告对具体集体协议的分析可以让我们更好地理解社会伙伴是如何同时追求公平和效率增益的。

6.4
投资最高层面的两方和三方社会对话

已有证据表明，社会伙伴通过最高层面的社会对话（也称为政策协调）在制定政策中发挥作用，可以提高危机期间的治理有效性（Avdagic, Rhodes and Visser, 2011; Lee, 1998; Ebbinghaus and Weishaupt, 2021）。政策协调有益于政策措施的有效性和合法性，进而有利于政策的快速实施（Guardiancich and Molina, 2021）。它还可以防止因抗议和社会不稳定而导致的争端，以及代价高昂的政策执行延误（Rodrik, 1997）。通过促进就国家采取的措施的方向达成共识，三方和两方的合作与对话为谈判各方随后进行谈判解决危机提供了规范性框架（见Glassner and Keune, 2012; Grawitzky, 2011）。相反，危机期间缺乏最高层面的社会对话可能对促进可持续和就业充足的复苏构成严重挑战，导致社会不稳定，并可能对社会凝聚力产生长期影响（Papadakis and Ghellab, 2014）。

在研究集体谈判如何有助于增强复原力时，本报告还强调了三方性的行动方在为各

方自由制定谈判解决方案而创造所需的政策和体制环境方面发挥的作用（见第5章）。这包括制订应急响应计划（如在科特迪瓦、南非和斯里兰卡）；通过卫生协议和/或承认新冠肺炎为职业病（如在哥伦比亚、爱尔兰、意大利、菲律宾、南非和乌拉圭）；扩大和实施就业保留措施，尤其是通过集体谈判（如在阿根廷、奥地利、比利时、德国、卢森堡、荷兰、南非和瑞典）；短期和中期的远程工作安排（如在比利时、法国、意大利、卢森堡和西班牙）。在一些国家，当主要产业关系行动方撤回其支持时（如在韩国、特立尼达和多巴哥），似乎在2020年已经恢复的社会协调又再度放缓。有效和具有包容性的社会对话要求在经济繁荣时期和危机期间，继续就社会和经济政策与高层级的劳资关系参与者以及在它们之间开展对话。投资双方和三方的最高层面的社会对话可以为各国提供确保以人为本的复苏的制度手段。

6.5
加强社会对话，实现可持续发展目标

社会对话，包括集体谈判，可以促进《2030年可持续发展议程》的实施。虽然社会对话对于实现目标8（关于体面工作和经济增长）显然是至关重要的，但由于它在工作的包容性和有效治理中所发挥的独特作用，也可以支持实现其他可持续发展目标（ILO, 2019e）（见图6.1）。特别是，社会对话有助于实现良好健康和福祉（目标3）；优质教育（目标4）；性别平等（目标5）；减少不平等（目标10）；建立和平、正义和强有力的机构（目标16）；可持续发展伙伴关系（目标17）；以及环境保护（目标6、目标7和目标13）。实现一些可持续发展目标——特别是创建和平、包容的社

会，让所有人能诉诸司法，在各级建立有效、负责和包容的机构（目标16）——反过来对于有效的社会对话也至关重要。雇主和工人组织在这方面发挥着关键作用。它们直接代表受政策影响的群体并帮其发声，如雇主组织和工人组织可以帮助制定年轻人急需的政策，以改善其获得培训和就业机会的机会（UN，2021c）。

雇主组织和工人组织参与的社会对话至关重要，通过自愿的国家审查促进国家层面的进展评估，并制定与实现可持续发展目标相关的政策（Papadakis and Cauqui，即将出版）。但是，所有这些都取决于结社自由和有效承认集体谈判权等基本原则的实现。

▶ **图6.1　社会对话和可持续发展目标**

总之，随着各国开始取消公共卫生方面的限制措施，当前至关重要的是释放雇主组织和工人组织的全部潜力，并加强社会对话和集体谈判。以人为本的复苏意味着雇主和工人对影响他们的决策拥有发言权，并可以在构建劳动世界未来中发挥作用。集体谈判不是阻碍调整，而是可以应对和适应不断变化的条件。面对不确定性，集体谈判可以为各方提供一定程度的程序上和实质上的确定性，这可能是稳定

的宝贵来源。它还可以促进工作流程的转变，以支持包容、可持续和有韧性的复苏。与过去一样，集体谈判提供的机构复原力有助于做好准备以应对未来可能发生的危机——无论是与气候变化有关的危机，还是与社会或经济事件有关的危机——同时支持追求体面劳动。正如本报告所发现的那样，这方面的贡献取决于对集体谈判的支持。

▶ 附　录

附录1：集体协议适用的法律框架指标

为分析本报告中集体协议的适用情况，制定了一套法律框架指标。这些指标是以对125国家的主要和次要法律渊源编码为基础的（见表A1）。

在选择指标时，我们考虑了集体谈判是如何有助于实现工作的包容性和有效治理的。重点是影响集体协议的监管范围和响应能力的法律和监管特征。我们研究了集体协议适用的相关国家法律和制度框架的以下五个特征：

• 集体协议的适用性（即是否具有普遍适用性，或仅适用于签署方成员）；

• 将集体协议延伸到属于集体协议范围内的所有企业，包括可能不是签署协议的雇主组织成员的企业；

• 在不同法律渊源和不同级别的集体协议之间建立等级秩序的有利原则；

• 对法律的克减——应有针对性（即涵盖工作条件的特定方面），并且仅以限制和合理的方式适用——以及通过减损条款，或选择退出/困难条款使较低级别集体协议偏离较高级别协议的可能性；

• 协议的期限（以及超期效力或可追溯性的可能性）。

根据国际劳工组织相关原则，这些特征被归类为与理解适用集体协议的相关的子类别（见第2章，专栏2.1）。我们查询了各种现有的劳资关系数据库（如OECD/AIAS ICTWSS数据库①和原始的ICTWSS数据库②），以将这些子类别与现有的劳资关系分类进行对标。

通过对主要和次要的法律渊源进行编码，并为每个子类别的预定义范围内的编码分配同等加权的数字分数，构建了一组法律框架指标。使用的渊源如下：

• 国际劳工组织劳资关系法律数据库（IRLex）；

• 中欧和东欧劳动法律数据库（CEELEX）；

•《劳动法和劳资关系国际百科全书》；

• 各国的劳动法（主要是劳动法和劳资关系法——限制获得较低级别的法规和/或执行法规）；

• 其他渊源，如二次文献和现有法律分析。

我们设计了一份问卷，用于从国际劳工组织劳资关系法律数据库收集相关数据，这些数据通过与上述其他来源比对进行了验证。国际劳工局国家办事处的技术专家也在可能的情况下对这些数据进行了核实。

这些指标反映了集体协议在法律上，而非实践中，适用的法律和监管特征。关于法律适用的编码信息，得到了关于有效适用信息的补充，酌情包括集体协议的内容。在评估实践时，还考虑了国际劳工组织监督机构的评论和意见。

制定这些指标的方法和编码协议是在结构有效性、可靠性和透明度的通用标准的基础上开发的。该方法由具有法律指标构建经验的外部评估人员进行了验证。编码是由一个编码人员小组进行的，他们同时工作以确保公正性。在模棱两可的情况下，咨询了外部法律和/或劳资关系专家。

法律框架指标反映了一个单一时间点：它们涵盖了分析时已生效的法律。一些国家最近进行了劳动法改革（如巴西、韩国和越南），因此本报告也对有限数量的国家进行了基于时间的审查和研究。

---

① 经合组织—阿姆斯特丹高级劳动研究所关于工会机构特征、工资确定、国家干预和社会协定的数据库，www.oecd.org/employment/ictwss-database.htm。

② 洁勒·维瑟（Jelle Visser），关于工会机构特征、工资确定、国家干预和社会协定的数据库，版本6.1（2019年11月），https：//www.ictwss.org/downloads。

▶ 表A1 按区域划分的国家列表

非洲	美洲	亚洲和太平洋地区	欧洲和中亚
阿尔及利亚	阿根廷	澳大利亚	匈牙利
安哥拉	伯利兹	孟加拉国	冰岛
博茨瓦纳	玻利维亚	柬埔寨	爱尔兰
布基纳法索	巴西	中国	以色列
喀麦隆	加拿大	斐济	意大利
科特迪瓦	智利	印度	哈萨克斯坦
刚果民主共和国	哥伦比亚	印度尼西亚	拉脱维亚
埃及	哥斯达黎加	日本	立陶宛
斯威士兰	古巴	马来西亚	卢森堡
埃塞俄比亚	多米尼加共和国	缅甸	马耳他
加蓬	厄瓜多尔	尼泊尔	黑山
加纳	萨尔瓦多	新西兰	荷兰
肯尼亚	危地马拉	菲律宾	北马其顿
莱索托	洪都拉斯	韩国	挪威
马达加斯加	墨西哥	萨摩亚	波兰
马拉维	尼加拉瓜	新加坡	葡萄牙
毛里塔尼亚	巴拿马	斯里兰卡	摩尔多瓦
毛里求斯	巴拉圭	泰国	罗马尼亚
摩洛哥	秘鲁	越南	俄罗斯联邦
莫桑比克	圣文森特和格林纳丁斯	**欧洲和中亚**	塞尔维亚
纳米比亚	特立尼达和多巴哥	阿尔巴尼亚	斯洛伐克
尼日尔	美国	亚美尼亚	斯洛文尼亚
尼日利亚	乌拉圭	奥地利	西班牙
卢旺达	委内瑞拉	比利时	瑞典
圣多美和普林西比		波黑	瑞士
塞内加尔		保加利亚	土耳其
塞舌尔	**阿拉伯国家**	克罗地亚	乌克兰
塞拉利昂	伊拉克	塞浦路斯	英国
索马里	约旦	捷克	
南非	黎巴嫩	丹麦	
多哥		爱沙尼亚	
突尼斯		芬兰	
乌干达		法国	
坦桑尼亚		德国	
赞比亚		希腊	
津巴布韦			

附录2：工会密度和集体谈判覆盖面

工会密度

为了获得与工会会员资格有关的指标，从两个来源收集了目前加入工会的就业人口的数据：家庭或劳动力调查；工会的行政管理数据。

调查数据具有与就业数据相匹配的优势，尽管根据抽样策略，这些数据可能未包括自营职业者、小型公司、失业者和特定行业，并且可能存在样本错误。仅一部分国家有国家统计局基于工会会员数据的调查。

行政管理数据是基于工会记录，从国家注册局、国家统计局、劳动部、全国工会联合会或研究机构收集的。为了进行比较，需要根据不再活跃于劳动力市场的工会成员（退休工人）和失业者的数据，校正行政管理数据；此外，还需要仔细审查以更正此类数据，避免重复计算、记录不付费会员，以及避免对当前会员数量的高估或低估。为了收集会员统计数据，"工会"被定义为旨在促进和捍卫工人利益的工人组织。

基于会员数据计算了两个密度率：一个基于"雇员"，另一个基于一般类别的"工人"（雇员和自营职业者）。后一组包括自由职业者和其他不雇用雇员的自营职业者，但不包括有贡献的家庭工人和生产者合作社的成员。按就业状况（即雇员和自营职业者）和性别划分列的就业总人口的数据取自国际劳工组织统计数据库（ILOSTAT），并作为计算比率的参考人口。在可能的情况下，使用了劳动力调查数据。对于调查未涵盖的年份和类别，根据国际劳工组织统计数据库（ILOSTAT）关于"按就业状况划分"的数据得出的指数计算出估值。

工会密度率的雇员加权平均值是根据140个国家的样本计算得出的，这些国家在2019年及之前的工会会员数据都可用。

集体谈判覆盖面

为了获得集体谈判覆盖面的指标，收集了其工作条件是由一项或多项现行集体协议确定的就业人口（包括延伸条款所覆盖的工人）的数据。

这些数据有三个来源：由劳工行政管理机构保存的行政登记册；国家统计局汇编的劳动力和其他家庭调查；劳动部或国家统计局汇编的机构调查。

国际劳工组织使用以下三个主要渠道来收集关于集体协议覆盖范围的数据：

• 国际劳工局统计司向所有国际劳工组织成员国发送的年度ILOSTAT调查表（其中一个标签或次级调查表要求提供集体协议覆盖范围的数据）；

• 统计司从世界各地的国家统计局收集的劳动力和其他家庭调查的微观数据；

• 国家专家在特定国家进行的特别询问。

按就业状况（即雇员和自营职业者）和性别划分的就业总人口数据取自国际劳工局统计司，并作为计算比率的参考人口。在计算比率时，在相关情况下，对雇员的参照群体进行了方法调整，例如，包括集体协议覆盖的自营职业者，如"工资自由职业者"，并排除在某些国家不享有谈判权的雇员（如武装部队和警察）。然后，计算覆盖率，用集体协议覆盖的雇员人数除以所有雇员人数（调整后）。

必须指出，在一些国家（特别是发展中经济体），有偿就业不是常态：自营职业者类别，如自营工人和有贡献的家庭工人，占总就业人口的很大一部分，在解释这些国家的集体谈判覆盖率时应考虑这一点。

根据98个国家的样本，计算了集体谈判覆盖率的雇员加权平均值，这些国家在2020年及之前的集体谈判覆盖率数据都可用。我们考虑了不同国家的雇员总数，以反映该国的规模。某一时间点 t 上未经调整的全球员工加权平均值等于国家 j 被覆盖的雇员人数之和除以该国雇员人数的总和。

▶ 表A2　第2章图2.6使用的国家代码列表

国家	ISO 3166 代码	国家	ISO 3166 代码	国家	ISO 3166 代码
阿尔巴尼亚	ALB	加纳	GHA	波兰	POL
阿根廷	ARG	希腊	GRC	葡萄牙	PRT
亚美尼亚	ARM	洪都拉斯	HND	韩国	KOR
澳大利亚	AUS	匈牙利	HUN	摩尔多瓦	MDA
奥地利	AUT	冰岛	ISL	罗马尼亚	ROU
孟加拉国	BGD	印度尼西亚	IDN	俄罗斯联邦	RUS
比利时	BEL	爱尔兰	IRL	卢旺达	RWA
伯利兹	BLZ	以色列	ISR	圣文森特和格林纳丁斯	VCT
波黑	BIH	意大利	ITA	塞内加尔	SEN
博茨瓦纳	BWA	日本	JPN	塞尔维亚	SRB
巴西	BRA	肯尼亚	KEN	新加坡	SGP
保加利亚	BGR	拉脱维亚	LVA	斯洛伐克	SVK
柬埔寨	KHM	立陶宛	LTU	斯洛文尼亚	SVN
喀麦隆	CMR	卢森堡	LUX	南非	ZAF
加拿大	CAN	马拉维	MWI	西班牙	ESP
智利	CHL	马来西亚	MYS	斯里兰卡	LKA
哥伦比亚	COL	马耳他	MLT	瑞典	SWE
哥斯达黎加	CRI	毛里求斯	MUS	瑞士	CHE
克罗地亚	HRV	墨西哥	MEX	泰国	THA
塞浦路斯	CYP	黑山	MNE	多哥	TGO
捷克	CZE	摩洛哥	MAR	特立尼达和多巴哥	TTO
丹麦	DNK	纳米比亚	NAM	突尼斯	TUN
多米尼加共和国	DOM	荷兰	NLD	土耳其	TUR
埃及	EGY	新西兰	NZL	乌干达	UGA
萨尔瓦多	SLV	尼加拉瓜	NIC	乌克兰	UKR
爱沙尼亚	EST	北马其顿	NFK	英国	GBR
斯威士兰	SWZ	挪威	NOR	美国	USA
埃塞俄比亚	ETH	巴拿马	PAN	乌拉圭	URY
芬兰	FIN	巴拉圭	PRY	委内瑞拉	VEN
法国	FRA	秘鲁	PER	越南	VNM
德国	DEU	菲律宾	PHL	赞比亚	ZMB

注：图2.6包括93个国家的数据，这些国家提供了关于集体谈判覆盖面和集体谈判水平的可靠信息。

附录3：对雇主和企业会员组织的调查

在2021年4月和5月就集体谈判主题对最高层面的跨职业层面的雇主和企业会员组织开展了在线调查。该调查已发送给185个国际劳工组织成员国和5个非大都市地区的221家最高层面的雇主和企业会员组织。这包括所有国家和地区中最具代表性的雇主组织，即为《国际劳工组织章程》第三条的目的而被承认为雇主的组织。此外，还包括在国际劳工组织雇主活动局数据库中登记的其他一些关键的最高层面的雇主和企业会员组织。代表特定群体的组织，如行业、区域或省级协会，没有直接参与此调查。

在线调查包括以下两个部分：

• 第1部分涉及最高层面的雇主和企业会员组织及其附属/成员协会（例如，行业组织和/或国家级别以下地区组织）在集体谈判中的作用。调查包括以下方面的问题：有关最高层面的雇主和企业会员组织直接参与集体谈判；其附属/成员协会直接参与集体谈判；这种集体谈判在什么层级上进行（以及集体谈判的主要层级）；在集体谈判方面向成员提供的援助；雇主和企业会员组织在集体谈判中遇到的障碍或困难；以及关于集体谈判在未来对雇主和企业会员组织的重要性的看法。

• 第2部分涉及新冠肺炎疫情背景下的集体谈判，其中包括有关危机期间集体谈判对经济复原力的影响，以及危机对集体谈判的影响的问题。

调查包括11~17个问题（后续问题），包括单项选择、多项选择和矩阵问题。根据提供的答案，一些开放式问题使受访者有机会详细说明他们的回答。

调查收到了来自5个地区70个国家的70家雇主和企业会员组织的回复：非洲（18.6%）、美洲（20.0%）、阿拉伯国家（1.4%）、亚洲和太平洋地区（31.4%），以及欧洲（28.6%）。

该调查有英语、法语和西班牙语版本。对调查的回复是匿名的。使用Qualtrics调查工具对回复进行了注册和分析。

附录4：集体谈判国别研究、一线工人案例研究和访谈

集体谈判国别研究

《2022年社会对话报告》获得了集体谈判

国别研究的支持，该研究是委托不同区域的21个国家的国别专家进行的（见表A3）。

▶ 表A3　国别研究和国别专家列表

区域	国家	经济发展水平	占主导地位的集体谈判层级	国别专家
非洲	科特迪瓦	中低收入	部门层面	艾拉·皮埃尔·博桑先生（Mr. Alla Pierre Bosson）
	南非	中高收入	部门层面	谢恩·戈弗雷博士（Dr. Shane Godfrey）、马里奥·雅各布先生（Mr. Mario Jacobs）
	突尼斯	中低收入	跨职业层面（有些是部门层面）	里姆·穆埃利教授（Prof. Rim Mouelhi）
美洲	阿根廷	中高收入	部门层面	塞西莉亚·塞恩·冈萨雷斯博士（Dr. Cecilia Senén González）、芭芭拉·梅德维德博士（Dr. Bárbara Medwid）
	巴西	中高收入	地区和职业层面	阿达尔贝托·卡多索博士（Dr. Adalberto Cardoso）
	哥伦比亚	中高收入	企业层面	玛丽亚·克拉拉·贾拉米洛博士（Dr. María Clara Jaramillo）
	哥斯达黎加	中高收入	企业层面	亚历山大·戈丁内斯·巴尔加斯博士（Dr. Alexander Godínez Vargas）
	特立尼达和多巴哥	高收入	企业层面	达林·G·杜基先生（Mr. Darrin G. Dookie）
亚洲和太平洋地区	菲律宾	中低收入	企业层面	梅丽莎·塞拉诺教授（Prof. Melisa Serrano）
	韩国	高收入	企业层面，伴随着部门层面谈判的增加	南宫俊博士（Dr. June Namgoong）
	斯里兰卡	中低收入	企业层面	斯亚马利·拉纳拉贾博士（Dr. Shyamali Ranaraja）
	越南	中低收入	企业层面	杜琼芝博士（Dr. Do Quynh Chi）
欧洲和中亚	比利时	高收入	跨职业层面和部门层面	奥斯卡·莫里纳教授（Prof. Oscar Molina）
	格鲁吉亚	中高收入	企业层面	安娜·迪亚科尼兹博士（Dr. Ana Diakonidze）
	德国	高收入	部门层面	罗伯托·佩德西尼教授（Prof. Roberto Pedersini）
	意大利	高收入	部门层面和分散的（地区层面或企业层面）	罗伯托·佩德西尼教授（Prof. Roberto Pedersini）
	塞尔维亚	中高收入	混合式：某些部门开展部门层面的谈判，其他部门开展企业层面的谈判	博扬·乌尔达雷维奇教授（Prof. Bojan Urdarević）
	斯洛伐克	高收入	混合式：某些部门开展部门层面的谈判，其他部门开展企业层面的谈判	罗伯托·佩德西尼教授（Prof. Roberto Pedersini）
	西班牙	高收入	部门层面和地区层面（省级）	奥斯卡·莫里纳教授（Prof. Oscar Molina）
	瑞典	高收入	部门层面	罗伯托·佩德西尼教授（Prof. Roberto Pedersini）
	英国	高收入	企业层面	奥斯卡·莫里纳教授（Prof. Oscar Molina）

选择国别研究覆盖的国家

在挑选集体谈判国别研究的对象国家时，要确保这些国家覆盖了不同的区域、经济发展水平和集体谈判制度。经与国际劳工组织雇主和工人活动局协商，基于其专门知识选出了国别专家。

国别研究的方法论

每项国别研究都遵循相同的方法，并根据特定的国家背景进行调整（例如，谈判是在部门还是在企业层面进行），以确保研究之间具有可比性。这些研究采用了混合方法，结合了：

• 对现有文献、媒体（与新冠肺炎疫情相关）和定量数据进行二手分析。

• 对选定部门和/或特定部门的企业的集体协议样本进行分析。根据对最重要的经济部门、企业规模（小型、中型、大型）和所有权结构（私营/公共，国内/外国）的分析，确定了研究的部门和企业。实际考虑因素（如是否有集体协议）也为抽样策略选择提供了依据。

• 与主要知情人（地方、区域和国家工会代表、雇主和雇主组织代表、专家和其他相关行为者）进行访谈。

国别研究也受益于研究小组和国际劳工组织各区域技术专家的评论和反馈。对要求澄清，补充信息和/或与雇主或工会进行其他访谈以对调查结果进行交叉验证的要求都进行了充分考虑，以确保研究的质量。

国别研究中涉及的关键研究问题

• 一个国家劳资关系和集体谈判的主要制度特征是什么？在过去十年中，集体谈判是否发生了重大变化？

• 集体协议通常监管什么（如工资、工作条件和其他方面）？协议如何在特定的监管框架和劳动力市场背景下塑造集体谈判的结果？

• 集体谈判在应对新冠肺炎疫情中发挥了什么作用？

　▶ 谈判程序和做法是否有显著变化？在疫情期间，哪些因素支持或破坏了集体谈判？

　▶ 疫情期间的谈判议程是否发生了变化？如果是，是如何变化的？

　▶ 集体谈判在保护工人避免在工作场所感染新冠肺炎和在确保服务连续性方面发挥了什么作用？

　▶ 集体谈判在确保业务连续性、保留工作和维持收入方面发挥了什么作用？

　▶ 集体谈判是否为包容性劳动保护做出了贡献？如果是，以何种方式？

　▶（最近的）协议是临时性的，还是导致了长期的变化（例如，关于远程工作或工作时间和家庭护理责任的政策）？

一线工人案例研究

国际专家在不同国家的三个部门对与一线工人有关的可能的集体谈判进行了案例研究（见表A4），《2022年社会对话报告》得到了这些研究的支持。

▶ 表A4　新冠肺炎疫情期间，医疗保健、社会护理和食品零售业的集体谈判和一线工人案例研究

案例研究（2021年）	专家
医疗保健： 案例研究1（爱尔兰） 案例研究2（葡萄牙） 案例研究3（肯尼亚） 案例研究4（斯洛伐克） **社会护理：** 案例研究1［英国（苏格兰）］ 案例研究2（新西兰） 案例研究3（挪威） **零售：** 案例研究1（英国） 案例研究2（加拿大） 案例研究3（智利） 案例研究4（匈牙利）	吉尔·鲁伯里教授（Prof. Jill Rubery） 伊莎贝尔·塔沃拉博士（Dr. Isabel Távora） 艾比·温顿女士（Ms Abbie Winton） 伊娃·赫尔曼女士（Ms Eva Herman） 亚历杭德罗·卡斯蒂略先生（Mr Alejandro Castillo）

研究案例的选择

选择了三个部门进行与一线工人有关的社会对话和集体谈判的案例研究：医疗保健部门、社会护理部门和食品零售部门。在这些部门，低薪工人和女性就业的比例很高，工人对新冠肺炎的暴露风险也很高。

先从工人可能参与集体谈判的国家广泛

选择了潜在的案例研究对象。随后根据地理分布、与关键知情人的合理接触，以及确保集体谈判制度和其他工资设定安排相结合的标准等，进一步筛选入围名单。

案例研究的方法

该研究基于：

• 对现有文献、媒体报道和其他可用数据来源进行二次分析；

• 集体协议（如果有的话）或二次文献；

• 与关键知情人（地方、部门和国家级别的工会代表；雇主代表；专家和其他相关行为方）进行访谈。

通过咨询各种来源，对收集到的信息进行了验证。访谈既用于收集信息，又用于补充其他信息来源。在许多情况下，受访者提供的文件被用作进一步确认的数据和证据。通过案例研究，突出了良好实践。

案例研究的研究问题

• 新冠肺炎疫情如何影响一线工人的工作和工作条件？

• 集体谈判在保护工人、支持服务的连续性和重新评估低薪工人的工作方面发挥了什么作用（如果有的话）？

• 观察到了哪些创新或良好实践？哪些因素支持了良好实践？

国际劳工组织对澳大利亚和加拿大关键知情人的访谈

为了更好地了解所分析的样本中澳大利亚和加拿大的集体协议（见附录5），与关键知情人进行了访谈（见表A5）。访谈是在2021年5~9月之间通过线上进行的，按照一组预先设定的关于集体谈判发展的半结构化采访问题进行。访谈由研究小组转录并分析。

▶ **表A5　国际劳工组织对关键知情人的访谈**

国家	受访者	访谈日期
澳大利亚	最高层面的工会的代表	2021年9月6日
澳大利亚	公平劳动委员会的代表	2021年5月24日
加拿大	最高层面的雇主组织的代表	2021年6月18日
加拿大	最高层面的工会的代表	2021年8月30日

附录5：集体协议的编码和文本分析

对2020~2021年间有效的512份集体协议进行了抽样分析（见表A6）。

▶ 表A6　样本中集体协议的来源

来源	数量（份）
主要来源：原始集体协议	454
次要来源：其他文件	58
总计	512

集体协议的来源和抽样

在许多国家，很难获取集体协议，并且在有些国家集体协议属于机密文件。研究采取了四项策略来获得2021年3月至2021年12月期间生效的集体协议。首先，国际劳工组织各地区体面劳动小组的专家直接从国际劳工组织的成员国获得了集体协议的文本。为了能顺利获得文本，我们做出了一项决定，即尽可能不提及谈判方的名字，并应要求将其从所分析的文件中删除。其次，国际劳工组织的所有办事处向国际劳工组织应对新冠肺炎国家政策数据库提交了关键集体协议的相关信息。[①] 再次，为了编写实施公约和建议书专家委员会报告（ILO，110th Session，2022），开展了"确保为护理人员、家政工人和护理经济中的关键行为方提供体面劳动的一般调查"。研究审查了对该调查的回复，并确定了集体协议。最后，一个研究小组利用可用的在线资源或公共数据库来获取公开可用的集体协议（主要来源）的副本或整合二次文献的数据。这些在线资源包括：

• 由劳动行政管理机构维护的国家集体协议储存库；

• 由工会维护的集体协议数据库；

• 由研究机构维护的集体协议数据库；

• 官方公报和法律出版物；

• 欧洲改善生活和工作条件基金会（Eurofound）的新冠肺炎欧盟政策观察数据库；[②]

• 劳动星球（Planet Labor）网站；[③]

• 劳资关系共享（IR Share）网站；[④]

• 国际工会联盟，以及全球、区域、国家和部门层面工会（联盟和联合会）的网页和文件；

• 国际雇主组织，以及国家和部门层面的雇主组织的网页和文件；

• 媒体文章、新闻、博客、新闻通讯和其他在线信息。

尽管分析依赖于主要来源（集体协议的原始文本），但主要来源并非总是可用的。在这种情况下，使用了二次文献。为了核实并确保独立报告内容，或收集关于需要分析的集体协议的更详细信息（见表A6和表A7），还研究了其他来源。这一举措解决了一些方法上的弊端（如可能存在的来源偏见），并使在一些代表性不足的地区或在无法获得主要来源的情况下，仍能对集体协议的范围进行分析。

▶ 表A7　按类型划分的二次文献

来自次要来源的文件	数量（份）
来自雇主、雇主组织和工会的在线资源和文章	43
媒体文章和在线资源	35
欧洲改善生活和工作条件基金会（Eurofound）的新冠肺炎欧盟政策观察数据库	14
劳动星球（Planet Labor）	4
工资指标	2

注：当对来自二次文献的集体协议进行编码时，会把多个来源合并在一起。

---

① 见国际劳工组织应对新冠肺炎国家政策资料库，https：//www.ilo.org/global/topics/coronavirus/regionalcountry/country-responses/lang--en/index.htm。

② 见欧洲改善生活和工作条件基金会（Eurofound）的新冠肺炎欧盟政策观察数据库，https：//static.eurofound.europa.EU/covid19db/database.html。

③ 见劳动星球（Planet Labor）网站，https：//www.planetlabor.com/en/。

④ 见劳资关系共享（IR Share）网站，http：//www.irshare.eu/en/。

　　集体协议的样本是使用非概率抽样技术获得的，适用于无法进行随机抽样且总人口非常大的研究环境。[①]采用有目的的抽样方法[②]，以确保构建一个全面的样本，包括来自不同地区、具有不同集体谈判水平并涵盖各个经济部门的协议。由于有目的抽样的重点是饱和和模式的确认，因此考虑到对条款文本进行编码和随后进行数据主题分析，该技术特别适合本研究。

▶ 图A1　样本的区域分布

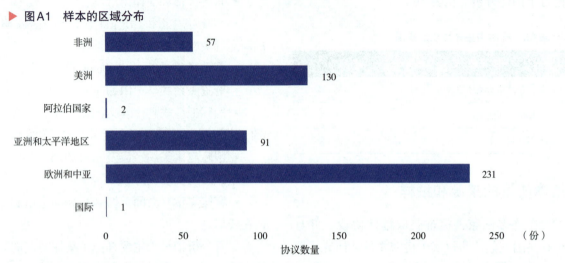

注：样本中的国际协议是指集体协议—国际谈判论坛151号，海事。

▶ 图A2　样本中集体协议的级别

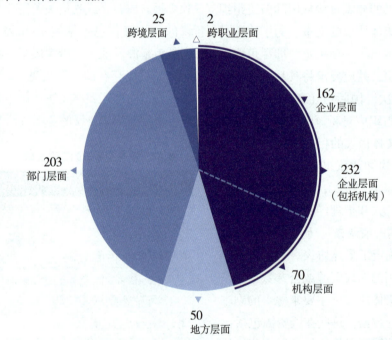

注：图中数字显示的是协议数量。样本中的两项跨境协议是指集体协议—坦桑尼亚和赞比亚303号，以及集体协议—国际谈判论坛151号。

---

① 伊尔克尔·埃蒂坎，苏莱曼·阿布巴卡尔和鲁凯亚·苏努西·阿尔卡西姆（Ilker Etikan, Sulaiman Abubakar Musa and Rukayya Sunusi Alkassim），《便利抽样和有目的抽样的比较》，载于《美国理论与应用统计杂志》2016年第1期：第1–4页。

② 尚不清楚在2020年和2021年全世界范围内适用的集体协议的实际数量，因此很难进行估算以产生代表性样本。

▶ 图A3 样本的部门分布

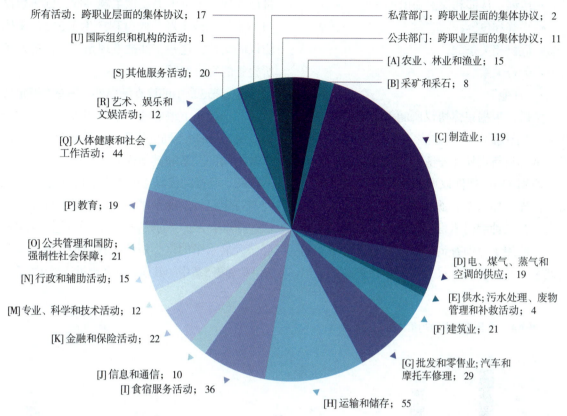

所有活动：跨职业层面的集体协议；17

[U] 国际组织和机构的活动；1

[S] 其他服务活动；20

[R] 艺术、娱乐和文娱活动；12

[Q] 人体健康和社会工作活动；44

[P] 教育；19

[O] 公共管理和国防；强制性社会保障；21

[N] 行政和辅助活动；15

[M] 专业、科学和技术活动；12

[K] 金融和保险活动；22

[J] 信息和通信；10

[I] 食宿服务活动；36

私营部门：跨职业层面的集体协议；2

公共部门：跨职业层面的集体协议；11

[A] 农业、林业和渔业；15

[B] 采矿和采石；8

[C] 制造业；119

[D] 电、煤气、蒸气和空调的供应；19

[E] 供水；污水处理、废物管理和补救活动；4

[F] 建筑业；21

[G] 批发和零售业；汽车和摩托车修理；29

[H] 运输和储存；55

注：图中数字显示的是协议数量。

集体协议的编码和分析方法

在使用NVivo文本编码软件进行编码之前，根据各种描述符将集体协议映射表中分类。使用的描述符有文件编号，地区，国家，收入组，协议的当事方，协议适用的级别，部门，集体协议的形式（新的、续签的、修正/附件），协议的日期和期限，以及来源。

在NVivo中创建了初始编码方案。这是基于对集体协议内容的现有研究，[①] 以及第五章中就新冠肺炎疫情期间集体谈判对增强复原力和包容性的作用所提出的概念框架。我们首先对21项协议进行了试验，随后对该方案进行完善。当对235项集体协议的编码完成后，根据对重叠编码的评估，对编码方案进行了评估和修改。编码小组每周开会，检查编码的一致性、有效性和可靠性，并根据定性数据分析的原则改进文本编码。[②] 最终的编码方案审查了集体协议的以下关键主题（"父代码"）：

• 工资；

• 津贴/奖金（包括基于绩效或生产率的津贴/奖金）；

• 工作时间；

• 休假；

• 社会保护；

• 就业条件；

• 职业安全与健康；

① 亚纳·贝斯穆斯卡和凯亚·泰登斯（Janna Besmusca and Kea Tijdens），《比较发展中国家的集体谈判协议》，载于《国际人力资源杂志》2015年第1期，第86–102页；维拉·格拉斯纳和马腾·库恩（Vera Glassner and Maarten Keune），《危机与社会政策：集体协议的作用》，载于《国际劳工评论》151，2012年第4期，第351–375页；保罗·马尔金森，马腾·库恩和多罗特·博勒（Paul Marginson，Maarten Keune and Dorothee Bohle），《谈判不确定性的影响？压力下集体谈判的治理能力》，载于《转移：欧洲劳工与研究评论》，2014年第1期，第37–51页；埃塔·奥尔吉蒂和吉利安·夏皮罗（Etta Olgiati and Gillian Shapiro），《促进工作场所的性别平等》（卢森堡：欧洲共同体官方出版物办公室，2002年）。

② Janice M. Morse等人，《在定性研究中建立信度和效度的验证策略》，载于《国际定性方法杂志》2002年第1期，第13–22页。

- 工作组织形式；
- 培训、认证和保留知识；
- 平等和包容；
- 危机相关条款；
- 劳资关系；
- "其他"。

然后，根据集体协议所涵盖主题相关的子类别（"子代码"），对这些关键主题进行分类，特别是其与新冠肺炎疫情有关的内容。

使用NVivo软件以两种互补的方式分析数据。首先，协议是根据编码方案手动编码的。其次，在三种编码语言（英语、法语和西班牙语）中使用了自动查询，以识别包含每个主题关键字的其他段落。最后，手动检查结果，以

消除误报。如果在任一分析（手动编码和/或自动查询）中至少提及该主题一次，则将协议归类为提及该主题。此过程产生了512份集体协议的文件，这些文件被发现至少一次提及了所检查的每个主题。

除了第3章中的检查频率外，还对在特定父代码和子代码下编码的文本引用进行了主题分析。用NVivo对不同的代码进行数据分析，以探索数据间的关系和其他模式，如始终一起出现的代码、链接的代码（可能表示权宜之计），以及与特定经济发展水平相关的条款。使用的方法包括聚类分析、词频查询，以及主题、国家和经济发展水平的框架矩阵。我们将这些发现与第3章和第5章中的其他定性和定量证据相结合。

▶ 图A4　提及选定主题的集体协议的比例

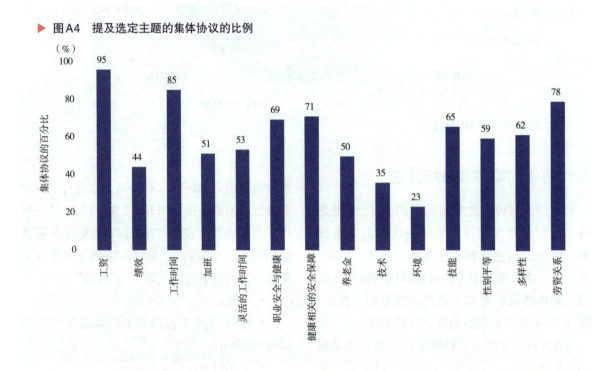

▶ 表A8　编码的集体协议清单

编号和来源国	部门	缔结时间（在2020年和2021年间有效）	层级
集体协议—德国1号	［I］食宿服务活动	2020年	部门层面
集体协议—哥伦比亚2号	［A］农业、林业和渔业	2020年	部门层面
集体协议—法国3号	［H］运输和储存	2020年	企业层面
集体协议—奥地利4号	［G］批发和零售业；汽车和摩托车维修	2020年	部门层面
集体协议—奥地利5号	［Q］人类健康和社会工作活动	2020年	部门层面
集体协议—奥地利6号	［G］批发和零售业；汽车和摩托车维修	2020年	部门层面

续表

编号和来源国	部门	缔结时间（在2020年和2021年间有效）	层级
集体协议—比利时7号	［C］制造业	2020年	部门层面
集体协议—克罗地亚8号*	［D］电力、煤气、蒸气和空调的供应	2020年	企业层面
集体协议—克罗地亚9号*	［H］运输和储存	2020年	企业层面（机构）
集体协议—克罗地亚10号	［O］公共管理和国防；强制性社会保障	2020年	部门层面
集体协议—克罗地亚11号	［I］食宿服务活动	2020年	部门层面
集体协议—克罗地亚12号*	［C］制造业	2020年	企业层面（机构）
集体协议—南非13号	［S］其他服务活动	2020年	部门层面
集体协议—爱沙尼亚14号*	［H］运输和储存	2020年	部门层面
集体协议—法国15号	［C］制造业	2020年	企业层面
集体协议—法国16号	［C］制造业	2020年	企业层面
集体协议—法国17号	［C］制造业	2020年	企业层面
集体协议—法国18号	［C］制造业	2020年	企业层面
集体协议—法国19号	［C］制造业	2020年	企业层面
集体协议—法国20号	［C］制造业	2020年	部门层面
集体协议—法国21号	［C］制造业	2020年	企业层面
集体协议—法国22号*	［C］制造业	2020年	企业层面
集体协议—法国23号	［C］制造业	2020年	企业层面
集体协议—法国24号	［D］电力、煤气、蒸气和空调的供应	2020年	企业层面
集体协议—法国25号	［C］制造业	2020年	企业层面
集体协议—德国26号	［C］制造业	2020年	部门层面
集体协议—德国27号	［R］艺术、娱乐和文娱活动	2020年	部门层面
集体协议—德国28号	［C］制造业	2020年	部门层面
集体协议—德国29号*	［C］制造业	2020年	部门层面
集体协议—德国30号	［C］制造业	2020年	部门层面
集体协议—德国31号	［O］公共管理和国防；强制性社会保障	2020年	部门层面
集体协议—德国32号*	［Q］人类健康和社会工作活动	2020年	部门层面
集体协议—希腊33号	［N］行政和辅助活动	2020年	部门层面
集体协议—意大利34号	［S］其他服务活动	2020年	企业层面
集体协议—爱尔兰35号	［F］建筑业	2020年	部门层面
集体协议—肯尼亚36号*	［K］金融和保险活动	2020年	部门层面
集体协议—意大利37号	［I］食宿服务活动	2020年	企业层面
集体协议—意大利38号	［A］农业、林业和渔业	2020年	企业层面
集体协议—意大利39号	［J］信息和通信	2020年	部门层面
集体协议—丹麦40号	［R］艺术、娱乐和文娱活动	2019年	部门层面

续表

编号和来源国	部门	缔结时间（在2020年和2021年间有效）	层级
集体协议—立陶宛41号	［Q］人类健康和社会工作活动	2020年	部门层面
集体协议—委内瑞拉42号	［F］建筑业	2020年	部门层面
集体协议—马耳他43号*	［H］运输和储存	2020年	企业层面
集体协议—马耳他44号*	［H］运输和储存	2020年	企业层面
集体协议—挪威45号	［O］公共管理和国防；强制性社会保障	2020年	部门层面
集体协议—挪威46号	［Q］人类健康和社会工作活动	2020年	部门层面
集体协议—挪威47号	［Q］人类健康和社会工作活动	2020年	部门层面
集体协议—挪威48号	［O］公共管理和国防；强制性社会保障	2020年	部门层面
集体协议—挪威49号	［P］教育	2020年	部门层面
集体协议—挪威50号	［O］公共管理和国防；强制性社会保障	2020年	部门层面
集体协议—意大利51号	［I］食宿服务活动	2021年	企业层面
集体协议—英国52号	［H］运输和储存	2020年	企业层面
集体协议—斯里兰卡53号	［C］制造业	2021年	企业层面
集体协议—法国54号	［H］运输和储存	2021年	企业层面
集体协议—奥地利55号	［I］食宿服务活动	2020年	部门层面
集体协议—西班牙56号	［I］食宿服务活动	2019年	部门层面
集体协议—丹麦57号	［S］其他服务活动	2018年	企业层面
集体协议—南非58号	［C］制造业	2019年	部门层面
集体协议—印度59号	［A］农业、林业和渔业	2019年	企业层面
集体协议—澳大利亚60号	［C］制造业	2021年	企业层面
集体协议—奥地利61号	［H］运输和储存	2020年	企业层面
集体协议—匈牙利62号	［C］制造业	2020年	企业层面
集体协议—毛里求斯63号	［A］农业、林业和渔业	2019年	企业层面
集体协议—毛里求斯64号	［H］运输和储存	2020年	企业层面
集体协议—印度尼西亚65号	［A］农业、林业和渔业	2020年	企业层面
集体协议—印度尼西亚66号	［C］制造业	2020年	企业层面
集体协议—印度尼西亚67号	［C］制造业	2016年	企业层面
集体协议—越南68号*	［C］制造业	2019年	地区层面
集体协议—韩国69号	［Q］人类健康和社会工作活动	2020年	企业层面
集体协议—伯利兹70号*	［H］运输和储存	2020年	企业层面
集体协议—越南71号*	［C］制造业	2019年	地区层面
集体协议—越南72号*	［I］食宿服务活动	2019年	地区层面
集体协议—越南73号	［C］制造业	2019年	地区层面
集体协议—韩国74号	［C］制造业	2018年	企业层面

续表

编号和来源国	部门	缔结时间（在2020年和2021年间有效）	层级
集体协议—韩国75号	[Q] 人类健康和社会工作活动	2021年	部门层面
集体协议—越南76号	[C] 制造业	2020年	企业层面
集体协议—越南77号	[C] 制造业	2020年	企业层面
集体协议—越南78号	[C] 制造业	2018年	企业层面
集体协议—越南79号	[C] 制造业	2020年	企业层面
集体协议—越南80号	[M] 专业、科学和技术活动	2020年	企业层面
集体协议—加拿大81号	公共部门	2021年	地区层面
集体协议—越南82号	[C] 制造业	2019年	地区层面
集体协议—越南83号	[C] 制造业	2020年	地区层面
集体协议—越南84号	[C] 制造业	2020年	地区层面
集体协议—智利85号*	[B] 采矿和采石	2020年	企业层面
集体协议—菲律宾86号	[P] 教育	2018年	部门层面
集体协议—哥伦比亚87号	[B] 采矿和采石	2020年	企业层面
集体协议—韩国88号	[Q] 人类健康和社会工作活动	2020年	企业层面（机构）
集体协议—赞比亚89号*	[B] 采矿和采石	2020年	企业层面（机构）
集体协议—马来西亚90号	[C] 制造业	2021年	企业层面（机构）
集体协议—马来西亚91号	[A] 农业、林业和渔业	2021年	企业层面（机构）
集体协议—南非92号	[G] 批发和零售业；汽车和摩托车修理	2021年	部门层面
集体协议—比利时93号*	[C] 制造业	2019年	部门层面
集体协议—丹麦94号	[I] 食宿服务活动	2020年	部门层面
集体协议—法国95号	[C] 制造业	2021年	部门层面
集体协议—法国96号*	[C] 制造业	1938年	部门层面
集体协议—荷兰97号	[I] 食宿服务活动	2021年	部门层面
集体协议—韩国98号	[Q] 人类健康和社会工作活动	2020年	部门层面
集体协议—巴基斯坦99号	[I] 食宿服务活动	2020年	企业层面
集体协议—挪威100号*	[I] 食宿服务活动	2020年	企业层面
集体协议—挪威101号*	所有活动部门	2021年	跨职业层面
集体协议—墨西哥102号	[C] 制造业	2019年	企业层面
集体协议—墨西哥103号	[P] 教育	2021年	企业层面
集体协议—阿尔巴尼亚104号	[Q] 人类健康和社会工作活动	2021年	部门层面
集体协议—阿尔巴尼亚105号	公共部门	2020年	跨职业层面
集体协议—阿尔巴尼亚106号中	[K] 金融和保险活动	2020年	企业层面
集体协议—韩国107号	[Q] 人类健康和社会工作活动	2020年	部门层面
集体协议—韩国108号	[Q] 人类健康和社会工作活动	2021年	部门层面

续表

编号和来源国	部门	缔结时间（在2020年和2021年间有效）	层级
集体协议—芬兰109号	［G］批发和零售业；汽车和摩托车修理	2020年	部门层面
集体协议—韩国110号	［Q］人类健康和社会工作活动	2020年	企业层面
集体协议—纳米比亚111号	［F］建筑业	2021年	部门层面
集体协议—乌干达112号	［S］其他服务活动	2020年	企业层面
集体协议—美国113号	［D］电力、煤气、蒸气和空调的供应	2020年	企业层面
集体协议—德国114号*	［Q］人类健康和社会工作活动	2021年	部门层面
集体协议—津巴布韦115号	［C］制造业	2021年	部门层面
集体协议—津巴布韦116号	［O］公共管理和国防；强制性社会保障	2021年	地区层面
集体协议—津巴布韦117号	［K］金融和保险活动	2021年	部门层面
集体协议—津巴布韦118号	［Q］人类健康和社会工作活动	2021年	部门层面
集体协议—津巴布韦119号	［H］运输和储存	2021年	部门层面
集体协议—津巴布韦120号	［A］农业、林业和渔业	2021年	部门层面
集体协议—津巴布韦121号	［P］教育	2021年	部门层面
集体协议—美国122号	［H］运输和储存	2020年	企业层面（机构）
集体协议—奥地利123号	公共部门	2021年	跨职业层面
集体协议—美国124号	［P］教育	2021年	企业层面
集体协议—突尼斯125号	所有活动部门	2020年	跨职业层面
集体协议—美国126号	［P］教育	2021年	地区层面
集体协议—美国127号	［G］批发和零售业；汽车和摩托车修理	2021年	企业层面（机构）
集体协议—美国128号	［Q］人类健康和社会工作活动	2021年	企业层面（机构）
集体协议—美国129号	［Q］人类健康和社会工作活动	2021年	企业层面（机构）
集体协议—以色列130号	［Q］人类健康和社会工作活动	2020年	部门层面
集体协议—意大利131号	［K］金融和保险活动	2021年	部门层面
集体协议—美国132号*	［Q］人类健康和社会工作活动	2021年	企业层面（机构）
集体协议—美国133号*	［Q］人类健康和社会工作活动	2021年	企业层面（机构）
集体协议—德国134号*	［Q］人类健康和社会工作活动	2021年	部门层面
集体协议—哈萨克斯坦135号	［H］运输和储存	2021年	企业层面
集体协议—哈萨克斯坦136号	［R］艺术、娱乐和文娱活动	2020年	企业层面
集体协议—萨尔瓦多137号	［O］公共管理和国防；强制性社会保障	2019年	企业层面（机构）
集体协议—美国138号*	［R］艺术、娱乐和文娱活动	2021年	部门层面
集体协议—瑞典139号	［H］运输和储存	2021年	部门层面
集体协议—科特迪瓦140号	所有活动部门	2020年	跨职业层面
集体协议—阿根廷141号	［B］采矿和采石	2018年	部门层面
集体协议—比利时142号	所有活动部门	2021年	跨职业层面

续表

编号和来源国	部门	缔结时间（在2020年和2021年间有效）	层级
集体协议—比利时143号	所有活动部门	2021年	跨职业层面
集体协议—比利时144号	所有活动部门	2021年	跨职业层面
集体协议—比利时145号	所有活动部门	2021年	跨职业层面
集体协议—荷兰146号	[P]教育	2020年	部门层面
集体协议—意大利147号	[C]制造业	2021年	部门层面
集体协议—阿根廷148号	[K]金融和保险活动	2021年	部门层面
集体协议—菲律宾149号	[P]教育	2019年	企业层面
集体协议—卢森堡150号	所有活动部门	2020年	跨职业层面
集体协议—国际谈判论坛151号	[H]运输和储存（海事）	2019年	国际层面
集体协议—美国152号	[R]艺术、娱乐和文娱活动	2020年	企业层面
集体协议—美国153号	公共部门	2020年	地区层面
集体协议—匈牙利154号	[C]制造业	2020年	企业层面
集体协议—匈牙利155号	[C]制造业	2020年	企业层面
集体协议—斯里兰卡156号	[C]制造业	2021年	企业层面（机构）
集体协议—匈牙利157号	[C]制造业	2020年	企业层面
集体协议—匈牙利158号	[C]制造业	2020年	企业层面
集体协议—美国159号	[F]建筑业	2021年	地区层面
集体协议—法国160号	[C]制造业	2021年	企业层面
集体协议—法国161号	[U]国际组织和机构的活动	2021年	企业层面
集体协议—巴西162号	[C]制造业	2020年	企业层面
集体协议—南非163号	[N]行政和辅助活动	2021年	跨职业层面
集体协议—德国164号	[H]运输和储存	2021年	部门层面
集体协议—德国165号	[H]运输和储存	2020年	部门层面
集体协议—西班牙166号	[C]制造业	2021年	企业层面
集体协议—意大利167号	[S]其他服务活动	2020年	企业层面
集体协议—美国168号	[P]教育	2021年	企业层面
集体协议—哥伦比亚169号	[O]公共管理和国防；强制性社会保障	2020年	部门层面
集体协议—柬埔寨170号	[C]制造业	2020年	企业层面（机构）
集体协议—新西兰171号	[P]教育业	2020年	部门层面
集体协议—南非172号	[C]制造业	2020年	部门层面
集体协议—意大利173号	[Q]人类健康和社会工作活动	2020年	部门层面
集体协议—西班牙174号	[K]金融和保险活动	2021年	企业层面
集体协议—挪威175号	[O]公共管理和国防；强制性社会保障	2020年	地区层面
集体协议—阿根廷176号	[C]制造业	2021年	部门层面

续表

编号和来源国	部门	缔结时间（在2020年和2021年间有效）	层级
集体协议—芬兰177号	［J］信息和通信	2020年	部门层面
集体协议—芬兰178号	［Q］人类健康和社会工作活动	2020年	部门层面
集体协议—芬兰179号	［M］专业、科学和技术活动	2020年	部门层面
集体协议—芬兰180号	［D］电力、煤气、蒸气和空调的供应	2020年	部门层面
集体协议—芬兰181号	［Q］人类健康和社会工作活动	2020年	部门层面
集体协议—芬兰182号	［G］批发和零售业；汽车和摩托车修理	2020年	部门层面
集体协议—乌干达183号	［S］其他服务活动	2021年	企业层面（机构）
集体协议—葡萄牙184号*	［H］运输和储存	2021年	企业层面（机构）
集体协议—北马其顿185号	［O］公共管理和国防；强制性社会保障	2020年	部门层面
集体协议—意大利186号	［S］其他服务活动	2020年	企业层面
集体协议—希腊187号	［I］食宿服务活动	2021年	部门层面
集体协议—瑞士188号	［H］运输和储存	2019年	部门层面
集体协议—丹麦189号	［M］专业、科学和技术活动	2018年	企业层面
集体协议—英国190号	［H］运输和储存	2019年	企业层面
集体协议—塞拉利昂191号	［S］其他服务活动	2020年	部门层面
集体协议—荷兰192号	［D］电力、煤气、蒸气和空调的供应	2020年	部门层面
集体协议—荷兰193号	［H］运输和储存	2020年	企业层面
集体协议—荷兰194号	［K］金融和保险活动	2020年	企业层面
集体协议—荷兰195号	［N］行政和辅助活动	2021年	部门层面
集体协议—塞内加尔196号	所有活动部门	2019年	跨职业层面
集体协议—澳大利亚197号	［H］运输和储存	2021年	企业层面
集体协议—西班牙198号	［N］行政和辅助活动	2021年	部门层面
集体协议—葡萄牙199号*	［O］公共管理和国防；强制性社会保障	2020年	企业层面
集体协议—德国200号*	［I］食宿服务活动	2018年	企业层面
集体协议—芬兰201号	［P］教育	2020年	部门层面
集体协议—芬兰202号	［C］制造业	2020年	部门层面
集体协议—美国203号	［F］建筑业	2020年	企业层面
集体协议—芬兰204号	［Q］人类健康和社会工作活动	2020年	部门层面
集体协议—澳大利亚205号	［G］批发和零售业；汽车和摩托车修理	2021年	企业层面
集体协议—印度尼西亚206号	［C］制造业	2020年	企业层面
集体协议—澳大利亚207号*	［S］其他服务活动	2017年	企业层面
集体协议—挪威208号*	［I］食宿服务活动	2019年	企业层面
集体协议—瑞典209号	［H］运输和储存	2021年	部门层面
集体协议—西班牙210号*	［Q］人类健康和社会工作活动	2021年	企业层面（机构）

续表

编号和来源国	部门	缔结时间（在2020年和2021年间有效）	层级
集体协议—美国211号	[N]行政和辅助活动	2020年	企业层面
集体协议—瑞士212号*	[N]行政和辅助活动	2020年	部门层面
集体协议—澳大利亚213号	[H]运输和储存	2020年	企业层面
集体协议—列支敦士登214号*	[H]运输和储存	2021年	企业层面
集体协议—法国215号	[O]公共管理和国防；强制性社会保障	2021年	部门层面
集体协议—意大利216号	[I]食宿服务活动	2021年	企业层面
集体协议—意大利217号	[I]食宿服务活动	2021年	企业层面
集体协议—意大利218号	[I]食宿服务活动	2022年	企业层面
集体协议—荷兰219号	公共部门	2020年	地区层面
集体协议—特立尼达和多巴哥220号	[D]电力、煤气、蒸气和空调的供应	2020年	企业层面
集体协议—智利221号	[A]农业、林业和渔业	2020年	企业层面
集体协议—智利222号	[M]专业、科学和技术活动	2020年	企业层面
集体协议—智利223号	[H]运输和储存	2020年	企业层面
集体协议—智利224号	[C]制造业	2020年	企业层面
集体协议—智利225号	[H]运输和储存	2020年	企业层面
集体协议—美国226号	[R]艺术、娱乐和文娱活动	2020年	企业层面（机构）
集体协议—法国227号	[K]金融和保险活动	2021年	企业层面
集体协议—挪威228号	[B]采矿和采石	2020年	部门层面
集体协议—法国229号	[C]制造业	2021年	部门层面
集体协议—意大利230号	[H]运输和储存	2021年	企业层面
集体协议—墨西哥231号	[C]制造业	2020年	企业层面（机构）
集体协议—墨西哥232号	[C]制造业	2020年	企业层面（机构）
集体协议—墨西哥233号	[P]教育	2016年	企业层面
集体协议—美国234号	[O]公共管理和国防；强制性社会保障	2020年	地区层面
集体协议—美国235号	[M]专业、科学和技术活动	2020年	地区层面
集体协议—秘鲁236号	[D]电力、煤气、蒸气和空调的供应	2020年	企业层面
集体协议—澳大利亚237号	[O]公共管理和国防；强制性社会保障	2020年	地区层面
集体协议—澳大利亚238号	[Q]人类健康和社会工作活动	2021年	企业层面
集体协议—阿根廷239号	[G]批发和零售业；汽车和摩托车修理	2020年	部门层面
集体协议—阿根廷240号	[C]制造业	2020年	部门层面
集体协议—阿根廷241号	[K]金融和保险活动	2020年	部门层面
集体协议—美国242号	[C]制造业	2020年	企业层面
集体协议—法国243号*	[C]制造业	2020年	企业层面
集体协议—法国244号	[A]农业、林业和渔业	2021年	企业层面

续表

编号和来源国	部门	缔结时间（在2020年和2021年间有效）	层级
集体协议—法国245号	［D］电力、煤气、蒸气和空调的供应	2020年	企业层面
集体协议—法国246号	［K］金融和保险活动	2020年	部门层面
集体协议—法国247号*	［C］制造业	2020年	企业层面
集体协议—智利248号*	［G］批发和零售业；汽车和摩托车修理	2020年	企业层面
集体协议—阿根廷249号*	［Q］人类健康和社会工作活动	2020年	部门层面
集体协议—阿根廷250号	［C］制造业	2020年	部门层面
集体协议—南非251号	［C］制造业	2020年	部门层面
集体协议—阿根廷252号	［F］建筑业	2020年	部门层面
集体协议—阿根廷253号	［R］艺术、娱乐和文娱活动	2020年	部门层面
集体协议—阿根廷254号*	［R］艺术、娱乐和文娱活动	2021年	部门层面
集体协议—阿根廷255号*	［D］电力、煤气、蒸气和空调的供应	2020年	部门层面
集体协议—阿根廷256号	［G］批发和零售业；汽车和摩托车修理	2020年	部门层面
集体协议—阿根廷257号	［I］食宿服务活动	2020年	部门层面
集体协议—阿根廷258号	［G］批发和零售业；汽车和摩托车修理	2020年	部门层面
集体协议—阿根廷259号	［Q］人类健康和社会工作活动	2020年	部门层面
集体协议—阿根廷260号*	［I］食宿和餐饮服务活动	2020年	部门层面
集体协议—阿根廷261号*	［D］电力、煤气、蒸气和空调的供应	2020年	部门层面
集体协议—阿根廷262号	［Q］人类健康和社会工作活动	2020年	部门层面
集体协议—阿根廷263号	［N］行政和辅助活动	2020年	部门层面
集体协议—阿根廷264号	［C］制造业	2020年	部门层面
集体协议—阿根廷265号	［H］运输和储存	2020年	部门层面
集体协议—巴西266号	［K］金融和保险活动	2020年	地区层面
集体协议—巴西267号	［G］批发和零售业；汽车和摩托车修理	2020年	地区层面
集体协议—美国268号	［N］行政和辅助活动	2020年	企业层面（机构）
集体协议—哥伦比亚269号	［C］制造业	2020年	企业层面
集体协议—葡萄牙270号	［P］教育	2020年	企业层面
集体协议—巴西271号	［G］批发和零售业；汽车和摩托车修理	2020年	地区层面
集体协议—葡萄牙272号	［Q］人类健康和社会工作活动	2021年	企业层面（机构）
集体协议—美国273号	［S］其他服务活动	2020年	企业层面
集体协议—巴西274号	［G］批发和零售业；汽车和摩托车修理	2021年	地区层面
集体协议—美国275号	［M］专业、科学和技术活动	2020年	企业层面（机构）
集体协议—美国276号	［N］行政和辅助活动	2020年	企业层面（机构）
集体协议—巴西277号	［S］其他服务活动	2020年	地区层面
集体协议—巴西278号	［Q］人类健康和社会工作活动	2020年	企业层面

续表

编号和来源国	部门	缔结时间（在2020年和2021年间有效）	层级
集体协议—巴西279号	[H]运输和储存	2020年	企业层面
集体协议—巴西280号	[F]建筑业	2020年	地区层面
集体协议—葡萄牙281号	[A]农业、林业和渔业	2020年	部门层面
集体协议—巴西282号	[G]批发和零售业；汽车和摩托车修理	2020年	地区层面
集体协议—巴西283号	[F]建筑业	2020年	地区层面
集体协议—巴西284号	[C]制造业	2020年	地区层面
集体协议—巴西285号	[I]食宿服务活动	2020年	地区层面
集体协议—巴西286号	[C]制造业	2020年	地区层面
集体协议—巴西287号	[I]食宿服务活动	2020年	地区层面
集体协议—巴西288号	[S]其他服务活动	2020年	地区层面
集体协议—巴西289号	[C]制造业	2021年	地区层面
集体协议—希腊290号	[O]公共管理和国防；强制性社会保障	2020年	部门层面
集体协议—瑞典291号	[G]批发和零售业；汽车和摩托车修理	2020年	部门层面
集体协议—瑞典292号	[I]食宿服务活动	2020年	部门层面
集体协议—瑞典293号	[D]电力、煤气、蒸气和空调的供应	2020年	部门层面
集体协议—瑞典294号	[M]专业、科学和技术活动	2020年	企业层面
集体协议—瑞典295号	[S]其他服务活动	2021年	部门层面
集体协议—瑞典296号	[G]批发和零售业；汽车和摩托车修理	2020年	部门层面
集体协议—瑞典297号	[F]建筑业	2020年	部门层面
集体协议—瑞典298号	[R]艺术、娱乐和文娱活动	2020年	部门层面
集体协议—瑞典299号	[R]艺术、娱乐和文娱活动	2020年	部门层面
集体协议—瑞典300号	[M]专业、科学和技术活动	2020年	部门层面
集体协议—瑞典301号	[H]运输和储存	2020年	部门层面
集体协议—巴西302号	[N]行政和辅助活动	2020年	地区层面
集体协议—坦桑尼亚和赞比亚303号	[H]运输和储存	2017年	跨境（部门）层面
集体协议—美国304号	[F]建筑业	2021年	企业层面
集体协议—美国305号	[C]制造业	2020年	企业层面（机构）
集体协议—巴西306号	[I]食宿服务活动	2020年	地区层面
集体协议—美国307号	[F]建筑业	2020年	地区层面
集体协议—美国308号	[Q]人类健康和社会工作活动	2020年	企业层面（机构）
集体协议—美国309号	[B]采矿和采石	2020年	企业层面（机构）
集体协议—美国310号	[S]其他服务活动	2020年	企业层面（机构）
集体协议—乌干达311号	[A]农业、林业和渔业	2021年	部门层面
集体协议—美国312号	[D]电力、煤气、蒸气和空调的供应	2020年	企业层面（机构）

续表

编号和来源国	部门	缔结时间（在2020年和2021年间有效）	层级
集体协议—南非313号	［C］制造业	2020年	部门层面
集体协议—南非314号	［M］专业、科学和技术活动	2020年	部门层面
集体协议—南非315号	［S］其他服务活动	2019年	部门层面
集体协议—南非316号	［C］制造业	2020年	部门层面
集体协议—南非317号	［S］其他服务活动	2020年	部门层面
集体协议—南非318号	［N］行政和辅助活动	2021年	部门层面
集体协议—美国319号	［G］批发和零售业；汽车和摩托车修理	2020年	企业层面（机构）
集体协议—美国320号	［S］其他服务活动	2020年	企业层面（机构）
集体协议—美国321号	［D］电力、煤气、蒸气和空调的供应	2020年	企业层面（机构）
集体协议—美国322号	［O］公共管理和国防；强制性社会保障	2020年	地区层面
集体协议—巴西323号*	［C］制造业	2020年	地区层面
集体协议—新加坡324号	［Q］人类健康和社会工作活动	2020年	企业层面
集体协议—法国325号	所有活动部门	2020年	跨职业层面
集体协议—西班牙326号	［K］金融和保险活动	2021年	部门层面
集体协议—英国327号*	［G］批发和零售业；汽车和摩托车修理	2021年	部门层面
集体协议—希腊328号	［I］食宿服务活动	2020年	部门层面
集体协议—加拿大329号	［N］行政和辅助活动	2020年	企业层面（机构）
集体协议—希腊330号	［E］供水；污水处理、废物管理和补救活动	2021年	部门层面
集体协议—加拿大331号	［H］运输和储存	2020年	企业层面（机构）
集体协议—希腊332号	［H］运输和储存	2021年	地区层面
集体协议—加拿大333号	［B］采矿和采石	2020年	企业层面（机构）
集体协议—加拿大334号	［H］运输和储存	2020年	企业层面
集体协议—日本335号	［C］制造业	2014年	企业层面
集体协议—加拿大336号	［H］运输和储存	2020年	企业层面（机构）
集体协议—日本337号	［C］制造业	2005年	企业层面
集体协议—加拿大338号	［K］金融和保险活动	2020年	企业层面（机构）
集体协议—加拿大339号	［H］运输和储存	2020年	企业层面（机构）
集体协议—日本340号	［C］制造业	2003年	企业层面
集体协议—加拿大341号	［C］制造业	2020年	企业层面（机构）
集体协议—日本342号	［C］制造业	2014年	企业层面
集体协议—中国343号	［I］食宿服务活动	2020年	地区层面
集体协议—加拿大344号	［G］批发和零售业；汽车和摩托车修理	2020年	企业层面（机构）
集体协议—马来西亚345号	［M］专业、科学和技术活动	2020年	企业层面（机构）
集体协议—菲律宾346号	［D］电力、煤气、蒸气和空调的供应	2019年	企业层面（机构）

续表

编号和来源国	部门	缔结时间（在2020年和2021年间有效）	层级
集体协议—法国347号	所有活动部门	2020年	跨职业层面
集体协议—津巴布韦348号	［A］农业、林业和渔业	2020年	部门层面
集体协议—纳米比亚349号*	［F］建筑业	2020年	企业层面（机构）
集体协议—美国350号	［F］建筑业	2020年	企业层面（机构）
集体协议—委内瑞拉351号*	［C］制造业	2020年	企业层面
集体协议—德国352号*	［Q］人类健康和社会工作活动	2020年	企业层面
集体协议—奥地利353号	［H］运输和储存	2020年	企业层面
集体协议—摩洛哥354号	［C］制造业	2019年	企业层面
集体协议—奥地利355号*	所有活动部门	2021年	跨职业层面
集体协议—挪威356号*	［H］运输和储存	2020年	部门层面
集体协议—意大利357号	［C］制造业	2020年	企业层面
集体协议—意大利358号	［C］制造业	2021年	企业层面
集体协议—意大利359号	［K］金融和保险活动	2020年	部门层面
集体协议—美国360号	［I］食宿服务活动	2020年	企业层面（机构）
集体协议—斯洛伐克361号	［O］公共管理和国防；强制性社会保障	2021年	部门层面
集体协议—塞拉利昂362号	［I］食宿服务活动	2020年	部门层面
集体协议—斯洛伐克363号	［O］公共管理和国防；强制性社会保障	2021年	部门层面
集体协议—斯洛伐克364号	［Q］人类健康和社会工作活动	2021年	部门层面
集体协议—斯洛伐克365号	［J］信息和通信	2021年	部门层面
集体协议—斯洛伐克366号	［B］采矿和采石	2021年	部门层面
集体协议—美国367号	［F］建筑业	2020年	企业层面（机构）
集体协议—美国368号	［N］行政和辅助活动	2021年	企业层面（机构）
集体协议—美国369号	［F］建筑业	2020年	企业层面
集体协议—美国370号	公共部门	2020年	地区层面
集体协议—乌干达371号	［S］其他服务活动	2021年	企业层面（机构）
集体协议—乌干达372号	［S］其他服务活动	2021年	企业层面（机构）
集体协议—格鲁吉亚373号	［H］运输和储存	2016年	地区层面
集体协议—荷兰374号	［H］运输和储存	2021年	部门层面
集体协议—瑞典375号	［C］制造业	2020年	部门层面
集体协议—比利时376号	所有活动部门	2020年	跨职业层面
集体协议—比利时377号	［C］制造业	2019年	部门层面
集体协议—比利时378号	［C］制造业	2020年	部门层面
集体协议—葡萄牙379号	［F］建筑业	2020年	企业层面
集体协议—斯洛伐克380号	［G］批发和零售业；汽车和摩托车修理	2020年	部门层面

续表

编号和来源国	部门	缔结时间（在2020年和2021年间有效）	层级
集体协议—葡萄牙381号	［G］批发和零售业；汽车和摩托车修理	2021年	企业层面
集体协议—斯里兰卡382号	［C］制造业	2020年	企业层面（机构）
集体协议—斯里兰卡383号	［C］制造业	2021年	企业层面（机构）
集体协议—捷克384号	公共部门	2019年	跨职业层面
集体协议—捷克385号	［C］制造业	2018年	企业层面
集体协议—捷克386号	［H］运输和储存	2021年	部门层面
集体协议—捷克387号	［C］制造业	2021年	部门层面
集体协议—捷克388号	［A］农业、林业和渔业	2020年	部门层面
集体协议—奥地利389号	［D］电力、煤气、蒸气和空调的供应	2021年	部门层面
集体协议—奥地利390号	［H］运输和储存	2021年	部门层面
集体协议—比利时391号	所有活动部门	2021年	跨职业层面
集体协议—哥伦比亚392号	［K］金融和保险活动	2020年	企业层面
集体协议—哥伦比亚393号	所有活动部门	2020年	地区层面
集体协议—哥伦比亚394号*	［C］制造业	2020年	企业层面
集体协议—克罗地亚395号	［O］公共管理和国防；强制性社会保障	2020年	部门层面
集体协议—克罗地亚396号	公共部门	2020年	跨职业层面
集体协议—丹麦397号	［I］食宿服务活动	2021年	部门层面
集体协议—北马其顿398号	［Q］人类健康和社会工作活动	2020年	部门层面
集体协议—丹麦399号	［H］运输和储存	2020年	部门层面
集体协议—秘鲁400号	［F］建筑业	2020年	部门层面
集体协议—秘鲁401号	［O］公共管理和国防；强制性社会保障	2020年	企业层面（机构）
集体协议—英国402号	［H］运输和储存	2021年	地区层面
集体协议—丹麦403号	［O］公共管理和国防；强制性社会保障	2020年	部门层面
集体协议—丹麦404号	［G］批发和零售业；汽车和摩托车修理	2021年	部门层面
集体协议—丹麦405号	［J］信息和通信	2020年	部门层面
集体协议—澳大利亚406号	［F］建筑业	2021年	企业层面
集体协议—丹麦407号	［Q］人类健康和社会工作活动	2020年	部门层面
集体协议—坦桑尼亚408号	［K］金融和保险活动	2018年	企业层面
集体协议—澳大利亚409号	［G］批发和零售业；汽车和摩托车修理	2020年	企业层面（机构）
集体协议—越南410号	［C］制造业	2020年	地区层面
集体协议—爱沙尼亚411号*	［H］运输和储存	2020年	企业层面
集体协议—爱沙尼亚412号*	［H］运输和储存	2020年	企业层面
集体协议—德国413号	［C］制造业	2020年	企业层面
集体协议—约旦414号	［C］制造业	2019年	部门层面

续表

编号和来源国	部门	缔结时间（在2020年和2021年间有效）	层级
集体协议—哈萨克斯坦415号	所有活动部门	2021年	跨职业层面
集体协议—荷兰416号	［Q］人类健康和社会工作活动	2021年	部门层面
集体协议—印度尼西亚417号	［C］制造业	2019年	企业层面（机构）
集体协议—塞内加尔418号	私营部门	2020年	跨职业层面
集体协议—塞拉利昂419号	［C］制造业	2020年	部门层面
集体协议—南非420号	［C］制造业	2021年	部门层面
集体协议—南非421号	［C］制造业	2020年	部门层面
集体协议—西班牙422号	所有活动部门	2020年	跨职业层面
集体协议—西班牙423号	［J］信息和通信	2020年	部门层面
集体协议—西班牙424号	［K］金融和保险活动	2020年	企业层面
集体协议—西班牙425号	［J］信息和通信	2020年	企业层面
集体协议—西班牙426号	［R］艺术、娱乐和文娱活动	2020年	部门层面
集体协议—中国427号	［G］批发和零售业；汽车和摩托车修理	2021年	企业层面
集体协议—西班牙428号	［H］运输和储存	2019年	企业层面
集体协议—西班牙429号	［G］批发和零售业；汽车和摩托车修理	2020年	企业层面
集体协议—马来西亚430号	［C］制造业	2021年	企业层面（机构）
集体协议—约旦431号	［C］制造业	2019年	部门层面
集体协议—西班牙432号	［G］批发和零售业；汽车和摩托车修理	2020年	部门层面
集体协议—西班牙433号	［G］批发和零售业；汽车和摩托车修理	2020年	地区层面
集体协议—西班牙434号	［M］专业、科学和技术活动	2019年	部门层面
集体协议—西班牙435号	［C］制造业	2020年	部门层面
集体协议—西班牙436号	［D］电力、煤气、蒸气和空调的供应	2020年	企业层面
集体协议—西班牙437号	［J］信息和通信	2020年	企业层面
集体协议—瑞士438号	［C］制造业	2020年	部门层面
集体协议—瑞士439号	［N］行政和辅助活动	2020年	部门层面
集体协议—瑞士440号	［D］电力、煤气、蒸气和空调的供应	2020年	部门层面
集体协议—瑞士441号	［G］批发和零售业；汽车和摩托车修理	2021年	部门层面
集体协议—多哥442号	私营部门	2020年	跨职业层面
集体协议—新西兰443号	［Q］人类健康和社会工作活动	2020年	企业层面
集体协议—坦桑尼亚444号	［S］其他服务活动	2018年	企业层面
集体协议—爱尔兰445号	公共部门	2021年	部门层面
集体协议—意大利446号	［D］电力、煤气、蒸气和空调的供应	2020年	企业层面
集体协议—塞内加尔447号	［N］行政和辅助活动	2019年	部门层面
集体协议—南非448号	［C］制造业	2021年	部门层面

续表

编号和来源国	部门	缔结时间（在2020年和2021年间有效）	层级
集体协议—塞内加尔449号	[J]信息和通信	2018年	部门层面
集体协议—智利450号	[P]教育	2020年	企业层面（机构）
集体协议—美国451号	[J]信息和通信	2021年	企业层面
集体协议—柬埔寨452号	[C]制造业	2020年	企业层面（机构）
集体协议—印度453号	[C]制造业	2021年	企业层面
集体协议—乌拉圭454号	[F]建筑业	2020年	部门层面
集体协议—乌拉圭455号	[Q]人类健康和社会工作活动	2020年	部门层面
集体协议—乌拉圭456号	[H]运输和储存	2021年	地区层面
集体协议—乌拉圭457号	[I]食宿服务活动	2020年	部门层面
集体协议—柬埔寨458号	[I]食宿服务活动	2020年	企业层面（机构）
集体协议—纳米比亚459号	公共部门	2020年	跨职业层面
集体协议—莱索托460号	[E]供水；污水处理、废物管理和补救活动	2020年	企业层面
集体协议—塞尔维亚461号	[R]艺术、娱乐和文娱活动	2021年	地区层面
集体协议—美国462号*	[H]运输和储存	2021年	企业层面
集体协议—以色列463号*	[P]教育	2021年	企业层面（机构）
集体协议—德国464号	[C]制造业	2021年	部门层面
集体协议—以色列465号	公共部门	2021年	跨职业层面
集体协议—澳大利亚466号	[M]专业、科学和技术活动	2020年	企业层面（机构）
集体协议—英国467号*	[P]教育	2020年	企业层面
集体协议—多哥468号	[F]建筑业	2019年	部门层面
集体协议—美国469号*	[J]信息和通信	2020年	企业层面
集体协议—新西兰470号	[P]教育	2020年	企业层面
集体协议—新西兰471号	[Q]人类健康和社会工作活动	2020年	企业层面
集体协议—斯里兰卡472号	[A]农业、林业和渔业	2019年	部门层面
集体协议—斯里兰卡473号	[C]制造业	2019年	企业层面
集体协议—斯里兰卡474号	[C]制造业	2019年	企业层面
集体协议—斯洛文尼亚475号	[I]食宿服务活动	2020年	部门层面
集体协议—斯洛文尼亚476号	[C]制造业	2020年	部门层面
集体协议—斯洛文尼亚477号	[H]运输和储存	2020年	部门层面
集体协议—韩国478号	[K]金融和保险活动	2020年	部门层面
集体协议—韩国479号	[I]食宿服务活动	2020年	企业层面
集体协议—韩国480号	[K]金融和保险活动	2021年	部门层面
集体协议—韩国481号	[Q]人类健康和社会工作活动	2020年	部门层面
集体协议—韩国482号	[C]制造业	2020年	部门层面

续表

编号和来源国	部门	缔结时间（在2020年和2021年间有效）	层级
集体协议—韩国483号	［I］食宿服务活动	2020年	部门层面
集体协议—韩国484号*	［C］制造业	2020年	部门层面
集体协议—美国485号	［P］教育	2021年	企业层面
集体协议—美国486号*	［H］运输和储存	2020年	企业层面
集体协议—马来西亚487号	［H］运输和储存	2020年	企业层面（机构）
集体协议—乌克兰488号	［H］运输和储存	2020年	部门层面
集体协议—马来西亚489号	［C］制造业	2021年	企业层面（机构）
集体协议—马来西亚490号	［A］农业、林业和渔业	2020年	企业层面（机构）
集体协议—马来西亚491号	［C］制造业	2020年	企业层面（机构）
集体协议—马来西亚492号	［K］金融和保险活动	2018年	企业层面（机构）
集体协议—马来西亚493号	［I］食宿服务活动	2018年	企业层面（机构）
集体协议—哥斯达黎加494号	［E］供水；污水处理、废物管理和补救活动	2019年	企业层面
集体协议—蒙古国495号	［F］建筑业	2021年	部门层面
集体协议—肯尼亚496号	［P］教育	2021年	部门层面
集体协议—坦桑尼亚497号	［K］金融和保险活动	2020年	企业层面（机构）
集体协议—印度498号	［K］金融和保险活动	2020年	部门层面
集体协议—孟加拉国499号	［C］制造业	2020年	企业层面（机构）
集体协议—南非500号	［H］运输和储存	2020年	部门层面
集体协议—坦桑尼亚501号	［C］制造业	2017年	企业层面
集体协议—坦桑尼亚502号	［C］制造业	2018年	企业层面（机构）
集体协议—中国503号	［C］制造业	2018年	企业层面
集体协议—中国504号	［C］制造业	2018年	企业层面
集体协议—中国po505号	［C］制造业	2018年	企业层面
集体协议—中国506号	［D］电力、燃煤、蒸气和空调的供应	2018年	企业层面
集体协议—中国507号	［E］供水；污水处理、废物管理和补救活动	2018年	企业层面
集体协议—越南508号	［C］制造业	2019年	地区层面
集体协议—越南509号	［C］制造业	2020年	地区层面
集体协议—西班牙510号	［I］食宿服务活动	2021年	企业层面
集体协议—塞内加尔511号	［I］食宿服务活动	2021年	部门层面
集体协议—新加坡512号	［Q］人类健康和社会工作活动	2020年	部门层面

注：*二次文献（其他文件）。

附录6："更好的工作"评估新冠肺炎疫情期间遵守职业安全与健康情况的方法

附录6详细介绍了第5章专栏5.8"'更好的工作'：评估新冠肺炎疫情期间遵守职业安全与健康情况"中使用的方法。卢波和维尔马（Lupo and Verma，2020）[1]调查了工会和集体协议对遵守与工资、社会保护、合同和职业安全待遇有关的标准和法规的影响，本研究借鉴并扩展了调查结果。

对新冠肺炎疫情期间遵守职业安全与健康情况的评估是基于"更好的工作"提供的数据，该计划是国际劳工组织与国际金融公司合作建立的，旨在改善工作条件并提高全球服装行业的商业竞争力。工厂加入该计划后，在指导下建立两方的劳资委员会（或与现有的委员会合作），自行诊断侵犯劳工权利的行为。"更好的工作"的企业顾问定期进行独立的、不预先通知的评估，以识别违反国家法律和国际劳工标准规定的劳工权利的行为，并通过社会对话和学习为工厂可能采取的补救措施提供建议。评估涵盖的领域包括工作中的基本原则和权利（即结社自由和集体谈判自由、消除童工和强迫劳动以及不歧视），以及赔偿、合同、职业安全与健康、工作时间和休假相关方面的国家法律。

疫情期间，"更好的工作"计划中的工厂至少通过三种方式进行了调整：最大限度地减少传染风险和应对职业安全与健康挑战；增加两方劳资委员会的内部协商；谈判保障就业和确保生产率的措施。

为了评估集体谈判在最大限度地减少传染风险和应对职业安全与健康挑战方面所发挥的作用，重点分析了柬埔寨、约旦和越南的工厂执行集体协议的情况与遵守职业安全与健康的程度之间的关系。从2020年3月起，"更好的工作"计划对总计393家工厂进行了评估（见表A9）。对遵守特定类别的职业安全与健康标准情况进行了审查，这些类别包括化学品和危险物质、应急准备、卫生服务和急救、职业安全与健康管理系统、福利设施、员工住宿、员工保护，以及工作环境（见表A10）。如果发现工厂存在不符合给定类别中的至少一个问题，则将整个类别记录为不符合要求。[2]

▶ 表A9　新冠肺炎疫情期间"更好的工作"遵守情况评估的数量，按国家划分

国家	被评估和工厂数量（家）	评估期	
		起始	终止
柬埔寨	122	2020年8月11日	2020年12月3日
约旦	48	2020年6月28日	2021年1月24日
越南	223	2020年3月17日	2020年12月29日
总计	393		

---

[1] 路易莎·卢波和阿尼尔·维尔马，《全球服装供应链中的劳工标准合规性：劳工组织"更好的工作"计划关于工会和集体谈判作用的证据》，"更好的工作"计划第37号讨论文件，2020年。

[2] 可在"更好的工作"网站上查看合规性评估工具的说明，https://betterwork.org/portfolio/betterworks-global-compliance-assessment-tool/#1472163251185-701116e5-c8191365-52ab。

▶ 表A10 职业安全与健康遵守情况评估

职业安全与健康管理体系	工厂有书面的职业安全与健康政策吗？
	雇主是否对工厂的一般性职业安全与健康问题进行了评估？
	雇主是否建立了机制来确保工人和管理层在职业安全与健康事务上的合作？
	用人单位是否记录工伤事故和疾病？
	雇主是否有法律要求的建筑/建筑许可证？
应急准备	工作场所有火灾探测和报警系统吗？
	工作场所是否有足够的消防设备？
	雇主是否就消防设备的使用对适当数量的工人进行了培训？
	是否在工作场所明确标记和张贴紧急出口和逃生路线？
	有足够的紧急出口吗？
	紧急出口是否在工作时间内（包括加班期间），是未上锁、可进入且畅通无阻的？
	雇主是否定期开展应急演习？
	雇主是否遵守紧急疏散要求？
	易燃材料是否安全储存？
	可能的点火源是否得到适当保护？
员工保护	如果工人离开他们认为会对生命或健康构成迫在眉睫的严重危险的工作环境，他们会受到惩罚吗？
	雇主是否为工人提供所有必要的个人防护服和设备？
	工人是否经过有效培训并被鼓励正确使用个人防护设备和机器？
	雇主是否遵守人体工程学要求？
	是否在所有危险机器和设备上都安装了适当的防护装置并进行维护？
	电线、电缆、开关、插头和其他设备（如变压器、发电机、电气面板、断路器）是否正确安装、接地（用于设备）并得到维护？
	工作场所是否张贴了适当的安全警告？
	从事机械、设备、电气装置、锅炉、起重设备和/或焊接工具的操作员/技术人员是否具有法律要求的许可证/认证/培训？
	雇主是否拥有法律要求的安装/操作/维护特殊机器和设备（如电气装置、发电机、锅炉、起重设备和/或焊接工具）所需的许可证/证书？
	雇主是否采取了法律要求的措施来保护工人免于从高处坠落？
化学品和危险材料	雇主是否使用化学品和有害物质？
	• 雇主是否保存工作场所使用的化学品和有害物质的清单？
	• 化学品和危险物质的标签是否正确？
	• 化学品和危险物质是否得到了妥善储存？
	• 雇主是否有工作场所使用的危险化学品的化学品安全数据表？
	• 雇主是否采取行动以评估、监测、防止和限制工人接触化学品和危险物质？
	• 雇主是否对处理化学品和危险物质的工人进行了有效培训？
	• 在接触危险化学品时，雇主是否提供了足够的洗涤设施和清洁材料？
工作环境	工作场所的温度、通风、噪声、照明和/或清洁度是否可接受？
	• 温度和通风是否可接受？
	• 噪声水平是否可接受？
	• 工作场所的照明是否充足？
	• 工作场所是否干净整洁？

续表

卫生服务和急救	雇主是否遵守工人医疗检查的相关法律要求？
	雇主是否能应对孕妇或护理人员的安全和健康风险？
	雇主是否遵守艾滋病毒/艾滋病的防范要求？
	工作场所是否需要现场医疗设施和工作人员？
	雇主是否确保工作场所有足够数量的、随时可用的急救箱/用品？
	雇主是否为工人提供了急救培训？
福利性设施	工作场所是否有足够的无障碍厕所？
	工作场所是否有足够的洗手设施和足够的肥皂？
	雇主是否为工人提供足够的免费安全饮用水？
	工作场所有工人需要的所有设施吗？
	工作场所是否有足够的用餐区域？
员工住宿	工人和/或主管是住在工厂的宿舍里，还是工人住在由雇主管理的位于厂区外的住所？ • 住所是否符合最低空间要求？ • 住所是否与工作场所分开（即使可能在同一大院/工业园区内）？ • 住所有足够的安全用水吗？ • 住所是否有足够的厕所、淋浴设施，以及污水和垃圾处理系统？ • 住所是否防火？ • 住所是否能充分保护工人免受热、冷和潮湿？ • 住所是否受到保护，免受携带疾病的动物或昆虫的侵害？ • 住处是否有噪声保护？ • 住处是否通风良好？ • 住所是否有足够的烹饪和储存设施？ • 住所照明是否充足？ • 住所是否为工人提供了足够的隐私？ • 住所是否符合其他卫生和安全要求？ • 雇主是否为住所的紧急情况做好了充分的准备？

注：有些问题有两个层次，一个主要问题和一个次级问题。

资料来源：合规性评估工具。

同样，对集体协议执行情况的分析借鉴了评估期间收集到的数据。这考虑了工厂在评估时是否有集体协议，以及该协议是否符合适用的国家要求（例如，当它规定至少与法律一样有利的条件时），是否协议所有规定都已执行（见表A11）。基于交叉列表，对没有集体协议的工厂与已经实施集体协议的工厂遵守职业安全与健康标准的情况进行了比较，旨在提供疫情期间工厂遵守相关标准的情况。

▶ **表A11　集体协议执行情况评估**

集体谈判	工厂是否有有效的集体协议？
已实施的集体协议	• 如果有集体协议，这些条款对工人而言是否至少与法律一样有利？ • 雇主是否阻止工人获取集体谈判协议的副本，或阻止其了解协议条款？ • 雇主是否没有执行已生效的集体协议的任何规定？

资料来源：合规性评估工具。

参考文献

ACHPR (African Commission on Human and Peoples' Rights). n.d. "Principles and Guidelines on the Implementation of Economic, Social and Cultural Rights in the African Charter on Human and Peoples' Rights".

Adams-Prassl, Abi, Teodora Boneva, Marta Golin, and Christopher Rauh. 2020. "Inequality in the Impact of the Coronavirus Shock: Evidence from Real Time Surveys". *Journal of Public Economics* 189.

AdC (Autorité de la concurrence). 2019. "Extension of Industry Sector Collective Agreements: Towards Better Anticipation of Potential Effects on Competition".

Agarwala, Rina. 2014. "Informal Workers' Struggles in Eight Countries". *Brown Journal of World Affairs* 20 (11): 251-263.

Ahlquist, John S. 2017. "Labor Unions, Political Representation, and Economic Inequality". *Annual Review of Political Science* 20: 409-432.

Aidt, Toke, and Zafiris Tzannatos. 2002. *Unions and Collective Bargaining: Economic Effects in a Global Environment*. World Bank.

Allinger, Bernadette, and Georg Adam. 2021. "Mixed Impacts of COVID-19 on Social Dialogue and Collective Bargaining in 2020". Eurofound, 27 April 2021.

Antenas, Josep Maria. 2014. "Spain: The 'Indignados' Rebellion of 2011 in Perspective". *Labor History* 56 (2): 136-160.

Anxo, Dominique, and Mattias Karlsson. 2019. "Overtime Work: A Review of Literature and Initial Empirical Analysis", ILO Conditions of Work and Employment Series No. 104.

Appelbaum, Eileen, Thomas Bailey, Peter Berg, and Arne L. Kalleberg. 2000. *Manufacturing Advantage: Why High-Performance Work Systems Pay Off*. Ithaca, NY: Cornell University Press.

Arthurs, A.J. 2001. "Job Design and Evaluation: Organizational Aspects". In *International Encyclopedia of the Social & Behavioral Sciences*, edited by Neil J. Smelser and Paul B. Baltes, 7977-7980. Oxford: Pergamon.

Autor, David, David Dorn, Lawrence F. Katz, Christina Patterson, and John Van Reenen. 2020. "The Fall of the Labor Share and the Rise of Superstar Firms". *The Quarterly Journal of Economics* 135 (2): 645-709.

Avdagic, Sabina, Martin Rhodes, and Jelle Visser. 2011. *Social Pacts in Europe: Emergence, Evolution, and Institutionalization*. Oxford: Oxford University Press.

Avogaro, Matteo. 2021. "Massive Telework and Fair Compensation: A New Issue for European Trade Unions during (and after) the COVID-19 Pandemic?" Paper presented at the 19th World Congress of the International Labour and Employment Relations Association, Lund, Sweden, 21-24 June 2021.

Ayres, Ian, and John Braithwaite. 1992. *Responsive Regulation: Transcending the Deregulation Debate*. New York: Oxford University Press.

Azam, Jean-Paul, Philippe Alby, and Sandrine Rospabé. 2005. "Les institutions du marché du travail, la gestion du travail et le dialogue social en Afrique". World Bank.

Azar, José, Ioana Marinescu, and Marshall Steinbaum. 2019. "Measuring Labor Market Power Two

Ways". *AEA Papers and Proceedings* 109: 317-321.

Baird, Marian, and John Murray. 2014. "Collective Bargaining for Paid Parental Leave in Australia 2005-2010: A Complex Context Effect". *The Economic and Labour Relations Review* 25 (1): 47-62.

Battista, Leonardo. "COVID-19 and Labour Law: Republic of San Marino". *Italian Labour Law e-Journal* 13 (Special Issue No. 1).

Bechter, Barbara, Nils Braakmann, and Bernd Brandl. 2021. "Variable Pay Systems and/or Collective Wage Bargaining? Complements or Substitutes?" *ILR Review* 74 (2): 443-469.

Benassi, Chiara, and Lisa Dorigatti. 2015. "Straight to the Core - Explaining Union Responses to the Casualization of Work: The IG Metall Campaign for Agency Workers". *British Journal of Industrial Relations* 53 (3): 533-555.

Bennaars, Hanneke, and Beryl ter Haar. 2020. "COVID-19 and Labour Law: The Netherlands". *Italian Labour Law E-Journal* 13 (1S).

Benson, John, Ying Zhu, and Howard Gospel. 2017. *Employers' Associations in Asia: Employer Collective Action*. London: Routledge.

Bensusán, Graciela. 2020. "The Transformation of the Mexican Labour Regulation Model and Its Link to North American Economic Integration", ILO Working Paper No. 15.

Berg, Peter, Gerhard Bosch, and Jean Charest. 2014. "Working-Time Configurations: A Framework for Analyzing Diversity across Countries". *ILR Review* 67 (3): 805-837.

Berliner, Daniel, Anne Regan Greenleaf, Milli Lake, Margaret Levi, and Jennifer Noveck. 2015. *Labor Standards in International Supply Chains: Aligning Rights and Incentives*. Northampton, MA: Edward Elgar.

Biasi, Barbara, and Heather Sarsons. 2022. "Flexible Wages, Bargaining, and the Gender Gap". *The Quarterly Journal of Economics* 137 (1): 215-266.

Biasi, Marco. 2020. "Covid-19 and Labour Law in Italy". *European Labour Law Journal* 11 (3): 306-313.

Blau, Francine D., and Lawrence M. Kahn. 1996. "International Differences in Male Wage Inequality: Institutions versus Market Forces". *Journal of Political Economy* 104 (4): 791-837.

———. 2003. "Understanding International Differences in the Gender Pay Gap". *Journal of Labor Economics* 21 (1): 106-144.

Bloom, Nicholas, James Liang, John Roberts, and Zhichun Jenny Ying. 2015. "Does Working from Home Work? Evidence from a Chinese Experiment". *The Quarterly Journal of Economics* 130 (1): 165-218.

Boeri, Tito. 2014. "Two-Tier Bargaining", IZA Discussion Paper No. 8358. Institute for the Study of Labor (IZA).

Bosch, Gerhard. 2015. "Shrinking Collective Bargaining Coverage, Increasing Income Inequality: A Comparison of Five EU Countries". *International Labour Review* 154 (1): 57-66.

Bosch, Gerhard, and Jutta Schmitz-Kiessler. 2020. "Shaping Industry 4.0: An Experimental Approach Developed by German Trade Unions". *Transfer: European Review of Labour and Research* 26 (2): 189-206.

Brandl, Bernd, and Alex Lehr. 2019. "The Strange Non-Death of Employer and Business Associations: An Analysis of Their Representativeness and Activities in Western European Countries". *Economic and Industrial Democracy* 40 (4): 932-953.

BRC (British Retail Consortium). 2021. *BRC Crime Survey 2021.*

Broadbent, Kaye, and Michele Ford, eds. 2008. *Women and Labour Organizing in Asia: Diversity, Autonomy and Activism.* London and New York: Routledge.

Brudney, James J. 2020. "Forsaken Heroes: COVID-19 and Frontline Essential Workers". *Fordham Urban Law Journal* 48 (1).

Bruun, Niklas. 2018. "Extension of Collective Agreements: The Nordic Situation". In *Collective Agreements: Extending Labour Protection*, edited by Susan Hayter and Jelle Visser, 119-135. Geneva: ILO.

Bucher, Anne, Michele Forté, Tiphaine Garat, Maria-Evdokia Liakopoulou, Nicolas Moizard, and Isabelle Terraz. 2021. "Les résultats des négociations sur l'égalite professionnelle entre les femmes et les hommes en France: L'exemple de dix entreprises de l'Eurométropole de Strasbourg". ILO.

Budlender, Debbie, and Shaheeda Sadeck. 2007. "Bargaining Council and Other Benefit Schemes". Background paper prepared for the National Treasury of South Africa.

Business at OECD. 2021. "Business Priorities for the Future of Work: Policy Recommendations to OECD and Member Governments".

Campbell, Iain. 2017. "Working-Time Flexibility: Diversification and the Rise of Fragmented Time Systems". In *Making Work More Equal: A New Labour Market Segmentation Approach*, edited by Damian Grimshaw, Colette Fagan, Gail Hebson and Isabel Tavora, 108-126. Manchester: Manchester University Press.

———. 2018. "On-Call and Related Forms of Casual Work in New Zealand and Australia", ILO Conditions of Work and Employment Series No. 102.

Canada, ESDC (Employment and Social Development Canada). "Federal Labour Standards Protections for Workers in Non-Standard Work". Issue Paper.

Card, David, and Ana Rute Cardoso. 2021. "Wage Flexibility Under Sectoral Bargaining", NBER Working Paper No. 28695. National Bureau of Economic Research.

Card, David, Thomas Lemieux, and W. Craig Riddell. 2003. "Unions and the Wage Structure". In *International Handbook of Trade Unions*, edited by John T. Addison and Claus Schnabel, 246-292. Northampton, MA: Edward Elgar.

———. 2004. "Unions and Wage Inequality". *Journal of Labor Research* 25 (4): 519-559.

CCOO (Comisiones Obreras [Workers' Commissions]). 2019. *Los acuerdos de inaplicación de convenios colectivos en cifras.*

CESCR (Committee on Economic, Social and Cultural Rights). 2016. *General Comment No. 23 (2016) on the Right to Just and Favourable Conditions of Work (Article 7 of the International Covenant on Economic, Social and Cultural Rights).* United Nations, Economic and Social Council. E/C.12/GC/23.

Chattaraj, Shahana. 2016. "Organising the Unorganised: Union Membership and Earning in India's Informal Economy", BSG Working Paper No. 2016/015. University of Oxford, Blavatnik School of Government.

Chaturvedi, Arpan. 2021. "Social Security for Gig Workers: Supreme Court Seeks Government's Response", Bloomberg, 13 December 2021.

Chersich, Matthew F., Glenda Gray, Lee Fairlie, Quentin Eichbaum, Susannah Mayhew, Brian Allwood, Rene English, Fiona Scorgie, Stanley Luchters, Greg Simpson, et al. 2020. "COVID-19 in Africa:

Care and Protection for Frontline Healthcare Workers". *Globalization and Health* 16.

Chou, Roger, Tracy Dana, David I. Buckley, Shelley Selph, Rongwei Fu, and Annette M. Totten. 2020. "Epidemiology of and Risk Factors for Coronavirus Infection in Health Care Workers: A Living Rapid Review". *Annals of Internal Medicine* 173 (2): 120-136.

Commons, John R. 1921. *Industrial Government*. New York: Macmillan.

Connolly, Heather, Stefania Marino, and Miguel Martinez Lucio. 2017. "'Justice for Janitors' Goes Dutch: The Limits and Possibilities of Unions' Adoption of Organizing in a Context of Regulated Social Partnership". *Work, Employment and Society* 31 (2): 319-335.

Cook, Maria Lorena. 1998. "Toward Flexible Industrial Relations? Neo - Liberalism, Democracy, and Labor Reform in Latin America". *Industrial Relations: A Journal of Economy and Society* 37 (3): 311-336.

———. 2006. *The Politics of Labor Reform in Latin America: Between Flexibility and Rights*. University Park, PA: Pennsylvania State University Press.

Cornia, Giovanni Andrea, ed. 2014. *Falling Inequality in Latin America: Policy Changes and Lessons*. Oxford: Oxford University Press.

Corthésy, Natalie G.S., and Carla-Anne Harris-Roper. 2014. *Commonwealth Caribbean Employment and Labour Law*. London: Routledge.

Countouris, Nicola, and Valerio De Stefano. 2021. "The Labour Law Framework: Self-Employed and Their Right to Bargain Collectively". In *Collective Bargaining for Self-Employed Workers in Europe: Approaches to Reconcile Competition Law and Labour Rights*, edited by Bernd Waas and Christina Hiessl, 3-17. Alphen aan den Rijn: Wolters Kluwer.

CSN (Confédération des Syndicats Nationaux). 2021. "Des gains historiques pour les travailleuses et les travailleurs de Viandes du Breton", 23 November 2021.

Czarzasty, Jan, Katarzyna Gajewska, and Adam Mrozowicki. 2014. "Institutions and Strategies: Trends and Obstacles to Recruiting Workers into Trade Unions in Poland". *British Journal of Industrial Relations* 52 (1): 112-135.

De la Cueva, Mario. 2014. *El Nuevo Derecho Mexicano del Trabajo*, 15th ed. Mexico City: Editorial Porrúa.

Deakin, Simon, and Frank Wilkinson. 2005. *The Law of the Labour Market: Industrialization, Employment, and Legal Evolution*. Oxford and New York: Oxford University Press.

della Porta, Donatella, Simone Baglioni, and Herbert Reiter. 2015. "Precarious Struggles in Italy". In *The New Social Division: Making and Unmaking Precariousness*, edited by Donatella della Porta, Sakari Häninen, Martti Siisiänen, and Tiina Silvasti, 215-232. London: Palgrave Macmillan UK.

Demougin, Philippe, Leon Gooberman, Marco Hauptmeier, and Edmund Heery. 2019. "Employer Organisations Transformed". *Human Resource Management Journal* 29 (1): 1-16.

Deneulin, Séverine, and Lila Shahani, eds. 2009. *An Introduction to the Human Development and Capability Approach: Freedom and Agency*. London; Sterling, VA; and Ottawa: Earthscan and International Development Research Centre.

DIEESE (Inter-Union Department of Statistics and Socio-Economic Studies). 2022. Anos 90 — Memorias (dieese.org.br).

Doellgast, Virginia. 2008. "National Industrial Relations and Local Bargaining Power in the US and German Telecommunications Industries". *European Journal of Industrial Relations* 14 (3): 265-287.

Doellgast, Virginia, and Chiara Benassi. 2020. "Collective Bargaining". In *Handbook of Research on Employee Voice*, 2nd ed., edited by Adrian Wilkinson, Jimmy Donaghey, Tony Dundon and Richard B. Freeman, 239-258. Cheltenham, UK: Edward Elgar.

Donnelly, Michael J. 2016. "Competition and Solidarity: Union Members and Immigration in Europe". *West European Politics* 39 (4): 688-709.

Doorey, David. 2021. "How New Zealand's New Sectoral Collective Bargaining Model Would Work in Canada". *The Law of Work* (blog). 11 May 2021. https://lawofwork.ca/nzsectoralbargaining/.

Doucouliagos, Hristos, Richard B. Freeman, and Patrice Laroche. 2017. *The Economics of Trade Unions: A Study of a Research Field and Its Findings*. London: Routledge.

Drahokoupil, Jan, and Torsten Müller. 2021. "Job Retention Schemes in Europe: A Lifeline during the Covid-19 Pandemic", ETUI Working Paper No. 2021.07. European Trade Union Institute.

Dube, Arindrajit, Ethan Kaplan, and Owen Thompson. 2016. "Nurse Unions and Patient Outcomes". *ILR Review* 69 (4): 803-833.

Durazzi, Niccolo, Timo Fleckenstein, and Soohyun Christine Lee. 2018. "Social Solidarity for All? Trade Union Strategies, Labor Market Dualization, and the Welfare State in Italy and South Korea". *Politics & Society* 46 (2): 205-233.

Ebbinghaus, Bernhard, and J. Timo Weishaupt, eds. 2021. *The Role of Social Partners in Managing Europe's Great Recession: Crisis Corporatism or Corporatism in Crisis?* Abingdon: Routledge.

Ebbinghaus, Bernhard, and Tobias Wiss. 2011. "The Governance and Regulation of Private Pensions in Europe". In *The Varieties of Pension Governance: Pension Privatization in Europe*, edited by Bernhard Ebbinghaus, 351-383. Oxford: Oxford University Press.

EC (European Commission). 2020. *Targeted Surveys on Application of Core Labour Standards: Nicaragua.*

———. 2021. "Commission Proposals to Improve the Working Conditions of People Working through Digital Labour Platforms". Press release, 9 December 2021.

ECLAC (Economic Commission for Latin America and the Caribbean). 2021. *Social Panorama of Latin America 2020.*

Edwards, Lilian, Laura Martin, and Tristan Henderson. 2018. "Employee Surveillance: The Road to Surveillance Is Paved with Good Intentions". SSRN Scholarly Paper ID No. 3234382. Social Science Research Network.

Erol, Serife, and Thorsten Schulten. 2021. "Renewing Labour Relations in the German Meat Industry: An End to 'Organized Irresponsibility'?" Hans-Bökler-Stiftung, Institute of Economic and Social Research (WSI) Report No. 61e.

ETUC (European Trade Union Confederation). 2019. "Support Collective Bargaining in Latvia", 28 January 2019.

———. 2020. "Trade Union Rights and Covid-19". ETUC Briefing Note.

———. 2021a. ETUC reply to the Second phase consultation of social partners under Article 154 TFEU on possible action addressing the challenges related to working conditions in platform work. Resolution adopted by the ETUC Executive Committee, 9 September 2021.

———. 2021b. "ETUC Briefing Note on Mandatory COVID19 Vaccination Schemes", 29 October 2021.

———. n.d. "European Social Dialogue". https://www.etuc.org/en/issue/european-social-dialogue.

Eurofound. 2016. *Working Time Developments in the 21st Century: Work Duration and Its Regulation in the EU*. Luxembourg: Publications Office of the European Union.

———. 2019. *Working Time in 2017-2018*. Luxembourg: Publications Office of the European Union.

———. 2020a. *Industrial Relations: Developments 2015-2019*. Luxembourg: Publications Office of the European Union.

———. 2020b. *Living, Working and COVID-19*. Luxembourg: Publications Office of the European Union.

———. 2020c. "Tripartite Agreement on Wage Compensation in the Private Sector: Factsheet for Case DK-2020-11/633 - Measures in Denmark".

———. 2020d. "COVID-19 Short-Time Work Scheme: Factsheet for Case AT-2020-10/229 - Measures in Austria".

———. 2020e. "Temporary Unemployment Premium for Employees in the Metal Sector: Factsheet for Case BE-2020-13/1055 - Measures in Belgium".

———. 2020f. "€300 Million Salary Waiver to Save Austrian Airlines: Factsheet for Case AT-2020-21/1399 - Measures in Austria".

Fana, Marta, Santo Milasi, Joanna Napierał, Enrique Fernandez-Macías, and Ignacio González Vázquez. 2020. "Telework, Work Organisation and Job Quality during the COVID-19 Crisis", JRC Working Papers Series on Labour, Education and Technology, No. 2020/11. European Commission, Joint Research Centre.

Farber, Henry S., Daniel Herbst, Ilyana Kuziemko, and Suresh Naidu. 2018. "Unions and Inequality Over the Twentieth Century: New Evidence from Survey Data", NBER Working Paper No. 24587. National Bureau of Economic Research.

Ferreras, Isabelle, Ian MacDonald, Gregor Murray, and Valeria Pulignano. 2020. "Introduction: Institutional Experimentation for Better (or Worse) Work". *Transfer: European Review of Labour and Research* 26 (2): 113-118.

FES (Friedrich-Ebert-Stiftung). 2021. *Recommendations for Engaging Young People in Trade Unions*.

Fine, Janice, and Jennifer Gordon. 2010. "Strengthening Labor Standards Enforcement through Partnerships with Workers' Organizations". *Politics & Society* 38 (4): 552-585.

Flecker, Jörg, and Annika Schönauer. 2013. "European Diversity of Work Sharing as a Crisis Measure: The Experiences of Austria, Belgium, France and the Netherlands". In *Work Sharing during the Great Recession: New Developments and Beyond*, edited by Jon C. Messenger and Naj Ghosheh, 72-98. Geneva: ILO.

Ford, Michele, and Vivian Honan. 2019. "The Limits of Mutual Aid: Emerging Forms of Collectivity among AppBased Transport Workers in Indonesia". *Journal of Industrial Relations* 61 (4): 528-548.

Ford, Michele, and Kristy Ward. 2021. "COVID-19 in Southeast Asia: Implications for Workers and Unions". *Journal of Industrial Relations* 63 (3): 432-450.

Fougère, Denis, Erwan Gautier, and Sébastien Roux. 2016. "Understanding Wage Floor Setting in IndustryLevel Agreements: Evidence from France", IZA Discussion Paper No. 10290. Institute for the Study of Labor (IZA).

France, Ministry of Labour, Employment and Economic Inclusion. 2021. *La négociation collective en 2020: Bilan & rapports*.

Freeman, Richard B., and James L. Medoff. 1984. *What Do Unions Do?* New York: Basic Books.

Gahan, Peter, and Peter Brosnan. 2006. "The Repertoires of Labor Market Regulation". In *Labour Law and Labour Market Regulation: Essays on the Construction, Constitution and Regulation of Labour Markets and Work Relationships*, edited by Christopher Jon Arup, Peter Gahan, John Howe, Richard Johnstone, Richard Mithell and Anthony O'Donnell, 127-146. Annandale, NSW: Federation Press.

Gal, Uri, Tina Blegind Jensen, and Mari-Klara Stein. 2020. "Breaking the Vicious Cycle of Algorithmic Management: A Virtue Ethics Approach to People Analytics". *Information and Organization* 30 (2).

Gamonal C., Sergio, and César F. Rosado Marzán. 2019. *Principled Labor Law: U.S. Labor Law through a Latin American Method*. New York: Oxford University Press.

Garnero, Andrea. 2020. "The Impact of Collective Bargaining on Employment and Wage Inequality: Evidence from a New Taxonomy of Bargaining Systems". *European Journal of Industrial Relations* 27 (2): 185-202.

Ghellab, Youcef, and Daniel Vaughan-Whitehead. 2020. "Enhancing Social Partners' and Social Dialogue's Roles and Capacity in the New World of Work - Overview". In *The New World of Work: Challenges and Opportunities for Social Partners and Labour Institutions*, edited by Daniel Vaughan-Whitehead, Youcef Ghellab and Rafael Muñz de Bustillo Llorente, 1-27. Cheltenham, UK: Edward Elgar; Geneva: ILO.

Glassner, Vera, and Julia Hofmann. 2019. "Austria: From Gradual Change to an Unknown Future". In Müller, Vandaele and Waddington 2019, 33-52.

Glassner, Vera, and Maarten Keune. 2012. "The Crisis and Social Policy: The Role of Collective Agreements". *International Labour Review* 151 (4): 351-375.

Glassner, Vera, Maarten Keune, and Paul Marginson. 2011. "Collective Bargaining in a Time of Crisis: Developments in the Private Sector in Europe". *Transfer: European Review of Labour and Research* 17 (3): 303-321.

Godfrey, Shane. 2018. "Contested Terrain: The Extension of Multi-Employer Collective Agreements in South Africa". In *Collective Agreements: Extending Labour Protection*, edited by Susan Hayter and Jelle Visser, 137-157. Geneva: ILO.

Godfrey, Shane, Johann Maree, and Jan Theron. 2006. "Conditions of Employment and Small Business: Coverage, Compliance and Exemptions", Development Policy Research Unit Working Paper No. 06/106. University of Cape Town, Faculty of Commerce.

Godfrey, Shane, Jan Theron, and Margareet Visser. 2007. "The State of Collective Bargaining in South Africa: An Empirical and Conceptual Study of Collective Bargaining". Development Policy Research Unit Working Paper No. 07/130. University of Cape Town, Faculty of Commerce.

Gómez-Ochoa, Sergio Alejandro, Oscar H. Franco, Lyda Z. Rojas, Peter Francis Raguindin, Zayne Milena Roa-Díaz, Beatrice Minder Wyssmann, Sandra Lucrecia Romero Guevara, Luis Eduardo Echeverría, Marija Glisic, and Taulant Muka. 2021. "COVID-19 in Health-Care Workers: A Living Systematic Review and Meta-Analysis of Prevalence, Riska Factors, Clinical Characteristics, and Outcomes". *American Journal of Epidemiology* 190 (1): 161-175.

González, Maria José. 2013. "Results of the Implementation of the Suspension and Partial Unemployment Insurance Programmes in Uruguay, 2009-2010". In *Work Sharing during the Great Recession: New Developments and Beyond*, edited by Jon C. Messenger and Naj Ghosheh, 151-202. Geneva: ILO.

Gorodzeisky, Anastasia, and Andrew Richards. 2020. "Do Immigrants Trust Trade Unions? A Study of

18 European Countries". *British Journal of Industrial Relations* 58 (1): 3-26.

Grawitzky, Renee. 2011. "Collective Bargaining in Times of Crisis: A Case Study of South Africa", ILO Industrial and Employment Relations Department Working Paper No. 32.

Greer, Scott L., Elizabeth J. King, Elize Massard da Fonseca, and Andre Peralta-Santos. 2020. "The Comparative Politics of COVID-19: The Need to Understand Government Responses". *Global Public Health* 15 (9): 1413-1416.

Grimshaw, Damian. 2009. "Can More Inclusive Wage-Setting Institutions Improve Low-Wage Work? Pay Trends in the United Kingdom's Public-Sector Hospitals". *International Labour Review* 148 (4): 439-459.

Grimshaw, Damian, and Susan Hayter. 2020. "Employment Relations and Economic Performance". In *Comparative Employment Relations in the Global Economy* 2nd ed., edited by Carola Frege and John Kelly, 139-168 London: Routledge.

Grimshaw, Damian, Aristea Koukiadaki, and Isabel Tavora. 2017. "Social Dialogue and Economic Performance: What Matters for Business - A Review". ILO Conditions of Work and Employment Series No. 89.

Guardiancich, Igor, and Oscar Molina. 2021. "From Gradual Erosion to Revitalization: National Social Dialogue Institutions and Policy Effectiveness". *European Journal of Industrial Relations*.

Haipeter, Thomas. 2020. "Digitalisation, Unions and Participation: The German Case of 'Industry 4.0'". *Industrial Relations Journal* 51 (3): 242-260.

Halima, Mohamed Ali Ben, Malik Koubi, and Camille Regaert. 2018. "The Effects of the Complementary Compensation on Sickness Absence: An Approach Based on Collective Bargaining Agreements in France". *LABOUR* 32 (3): 353-394.

Hallegatte, Stephane. 2014. "Economic Resilience: Definition and Measurement", Policy Research Working Paper No. 6852. World Bank.

Hamburger, Ludwig. 1939. "The Extension of Collective Agreements to Cover Entire Trades and Industries". *International Labour Review* 40 (2): 153-194.

Hardy, Tess, and Sayomi Ariyawansa. 2019. *Literature Review on the Governance of Work*. Geneva: ILO.

Hatayama, Maho, Mariana Viollaz, and Hernan Winkler. 2020. "Jobs' Amenability to Working from Home: Evidence from Skills Surveys for 53 Countries", Policy Research Working Paper No. 9241. World Bank.

Hayter, Susan. 2015. "Unions and Collective Bargaining". In *Labour Markets, Institutions and Inequality: Building Just Societies in the 21st Century*, edited by Janine Berg, 95-122. Geneva: ILO; Cheltenham, UK, and Northampton, MA: Edward Elgar.

Hayter, Susan, and ChangHee Lee, eds. 2018. *Industrial Relations in Emerging Economies: The Quest for Inclusive Development*. Geneva: ILO; Cheltenham, UK, and Northampton, MA: Edward Elgar.

Hayter, Susan, and Jelle Visser. 2018. "The Application and Extension of Collective Agreements: Enhancing the Inclusiveness of Labour Protection". In *Collective Agreements: Extending Labour Protection*, edited by Susan Hayter and Jelle Visser, 1-31. Geneva: ILO.

———. 2021. "Making Collective Bargaining More Inclusive: The Role of Extension". *International Labour Review* 160 (2): 169-195.

Hayter, Susan, and Bradley Weinberg. 2011. "Mind the Gap: Collective Bargaining and Wage

Inequality". In *The Role of Collective Bargaining in the Global Economy: Negotiating for Social Justice*, edited by Susan Hayter, 136-186. Geneva: ILO; Cheltenham, UK: Edward Elgar.

Heery, Edmund, and Mike Noon. 2017. *A Dictionary of Human Resource Management*, 3rd ed. s.v. "Base Pay". Oxford: Oxford University Press.

Hemmings, Philip, and Christopher Prinz. 2020. "Sickness and Disability Systems: Comparing Outcomes and Policies in Norway with Those in Sweden, the Netherlands and Switzerland", OECD Economics Department Working Paper No.1601. Organisation for Economic Co-operation and Development.

Hepple, Bob. 2003. "Rights at Work". International Institute for Labour Studies.

Heyes, Jason, and Helen Rainbird. 2011. "Bargaining for Training: Converging or Diverging Interests?" In *The Role of Collective Bargaining in the Global Economy: Negotiating for Social Justice*, edited by Susan Hayter, 76-106. Geneva: ILO; Cheltenham, UK: Edward Elgar.

Hijzen, Alexander, Pedro S. Martins, and Jante Parlevliet. 2017. "Collective Bargaining through the Magnifying Glass: A Comparison between the Netherlands and Portugal". IZA Discussion Paper No. 11113. IZA Institute of Labor Economics.

Holtgrewe, Ursula, and Virginia Doellgast. 2012. "A Service Union's Innovation Dilemma: Limitations on Creative Action in German Industrial Relations". *Work, Employment and Society* 26 (2): 314-330.

Horn, Carlos Henrique. 2006. "Mensuração da mudançano conteúdo das normas coletivas sobre a relação de emprego: metodologia e aplicação" [Measurement of change in the contents of substantive provisions of collective agreements: methodology and application]. *Economia e Sociedade* 15 (2): 409-424.

Hornung-Draus, Renate. 2021. "Cross-Border Social Dialogue from the Perspective of Employers". *European Labour Law Journal* 12 (1): 83-94.

Hunter, Boyd, and Matthew Gray. 2013. "Workplace Agreements and Indigenous-Friendly Workplaces". *Indigenous Law Bulletin* 8 (8): 7-13.

IACHR (Inter-American Commission on Human Rights). 2020. *Compendium on Labor and Trade Union Rights: Inter-American Standards*.

ICRC (International Committee of the Red Cross). 2020. "ICRC: 600 Violent Incidents Recorded against Health Care Providers, Patients Due to COVID-19". News release, 18 August 2020.

ILO. 1980. *Promotion of Collective Bargaining*, Report IV(1), International Labour Conference, 66th Session.

———. 1998. *ILO Declaration on Fundamental Principles and Rights at Work*, International Labour Conference, 86th Session.

———. 2005. *Promotional Framework for Occupational Safety and Health*, Report IV(1), International Labour Conference, 93rd Session.

———. 2006. *Collective Bargaining and the Decent Work Agenda*, Governing Body, 297th Session. GB.297/ESP/2.

———. 2007. Conclusions concerning the promotion of sustainable enterprises. International Labour Conference, 96th Session.

———. 2008. *ILO Declaration on Social Justice for a Fair Globalization*, International Labour Conference, 97th Session.

———. 2009. *General Survey Concerning the Occupational Safety and Health Convention, 1981 (No. 155), the Occupational Safety and Health Recommendation, 1981 (No. 164), and the Protocol of*

2002 to the Occupational Safety and Health Convention, 1981, Report III (Part 1B), International Labour Conference, 98th Session.

———. 2012. *Giving Globalization a Human Face - General Survey on the Fundamental Conventions Concerning Rights at Work in Light of the ILO Declaration on Social Justice for a Fair Globalization, 2008*, International Labour Conference, 101st Session. ILC.101/III/1B.

———. 2013a. *Collective Bargaining in the Public Service: A Way Forward - General Survey Concerning Labour Relations and Collective Bargaining in the Public Service*, Report III (Part 1B), International Labour Conference, 102nd Session. ILC.102/III/1B.

———. 2013b. *The Informal Economy and Decent Work: A Policy Resource Guide Supporting Transitions to Formality.*

———. 2015a. Resolution and conclusions concerning the recurrent discussion on social protection (labour protection). International Labour Conference, 104th Session.

———. 2015b. "Tendencias de la inspección del trabajo frente a la formalización: experiencias de América Latina y el Caribe". ILO Regional Office for Latin America and the Caribbean.

———. 2015c. *Giving a Voice to Rural Workers - General Survey Concerning the Right of Association and Rural Workers' Organizations Instruments*, Report III (Part 1B), International Labour Conference, 104th Session. ILC.104/III/1B.

———. 2015d. *Non-Standard Forms of Employment.* Report for discussion at the Meeting of Experts on Non-Standard Forms of Employment, Geneva, 16-19 February 2015.

———. 2015e. *Guidelines for a Just Transition towards Environmentally Sustainable Economies and Societies for All.*

———. 2016. *Non-Standard Employment around the World: Understanding Challenges, Shaping Prospects.*

———. 2017a. *Promoting Decent Work and Protecting Fundamental Principles and Rights at Work in Export Processing Zones.* Report for discussion at the Meeting of Experts to Promote Decent Work and Protection of Fundamental Principles and Rights at Work for Workers in Export Processing Zones, Geneva, 21-23 November 2017.

———. 2017b. *Handbook on Assessment of Labour Provisions in Trade and Investment Arrangements.*

———. 2018a. Resolution concerning the second recurrent discussion on social dialogue and tripartism. International Labour Conference, 107th Session.

———. 2018b. *Freedom of Association - Compilation of Decisions of the Committee on Freedom of Association*, 6th ed.

———. 2018c. *Ensuring Decent Working Time for the Future - General Survey Concerning Working-Time Instruments*, Report III (Part B), International Labour Conference, 107th Session. ILC.107/III(B).

———. 2018d. Resolution concerning the methodology of the SDG indicator 8.8.2 on labour rights. 20th International Conference of Labour Statisticians, Geneva, 10-19 October 2018. ICLS/20/2018/Resolution II.

———. 2018e. *Global Wage Report 2018/19: What Lies behind Gender Pay Gaps.*

———. 2018f. *Women and Men in the Informal Economy: A Statistical Picture*, 3rd ed.

———. 2019a. Revised plan of action on social dialogue and tripartism for the period 2019-23 to give effect to the conclusions adopted by the International Labour Conference in June 2018. Governing

Body, 335th Session.

———. 2019b. *ILO Centenary Declaration for the Future of Work*, International Labour Conference, 108th Session.

———. 2019c. *Interactions between Workers' Organizations and Workers in the Informal Economy: A Compendium of Practice.*

———. 2019d. "Negotiating for Decent Working Time: A Review of Practice", ILO Issue Brief No. 5.

———. 2019e. *Time to Act for SDG 8: Integrating Decent Work, Sustained Growth and Environmental Integrity.*

———. 2020a. *Promoting Employment and Decent Work in a Changing Landscape*, International Labour Conference, 109th Session. ILC.109/III(B).

———. 2020b. *Employer Organizations in the Governance of TVET and Skills Systems.*

———. 2020c. "COVID-19 Crisis and the Informal Economy: Immediate Responses and Policy Challenges", ILO Brief, May 2020.

———. 2020d. "Social Dialogue for the Transition from the Informal to the Formal Economy", ILO Thematic Brief, February 2020.

———. 2020e. "Ghana Employers' Association (GEA) and the ILO Collaborate to Foster Transition to Formality in the Country". News story, 14 October 2020.

———. 2020f. "Employers Confederation of the Philippines Launches eCampus after the Outbreak of the COVID-19 Crisis". News story, 30 September 2020.

———. 2020g. *A Global Trend Analysis on the Role of Trade Unions in Times of COVID-19: A Summary of Key Findings.*

———. 2020h. *A Global Survey of Enterprises: Managing the Business Disruptions of COVID-19 - Second Quarter 2020 Situational Analysis.*

———. 2020i. "ILO Monitor: COVID-19 and the World of Work. Sixth Edition", 23 September 2020.

———. 2020j. "Gendered Impacts of COVID-19 on the Garment Sector", ILO Brief, November 2020.

———. 2020k. "COVID-19 and Care Workers Providing Home or Institution-Based Care", ILO Sectoral Brief, October 2020.

———. 2020l. "COVID-19 and Food Retail", ILO Sectoral Brief, June 2020.

———. 2020m. *Teleworking during the COVID-19 Pandemic and Beyond: A Practical Guide.*

———. 2020n. "Russian Federation: Trade Unions Obtain New Teleworking Legislation". ILO Bureau for Workers' Activities news story, 14 December 2020.

———. 2021a. *Global Call to Action for a Human-Centred Recovery from the COVID-19 Crisis That Is Inclusive, Sustainable and Resilient*, International Labour Conference, 109th Session.

———. 2021b. *World Social Protection Report 2020-22: Social Protection at the Crossroads - In Pursuit of a Better Future.*

———. 2021c. *World Employment and Social Outlook: The Role of Digital Labour Platforms in Transforming the World of Work.*

———. 2021d. *COVID-19, Collective Bargaining and Social Dialogue: A Report on Behalf of ILO-ACTRAV.*

———. 2021e. *Leading Business in Times of Covid Crisis: Analysis of the Activities of Employer and Business Membership Organizations in the COVID-19 Pandemic and What Comes Next.*

———. 2021f. *ILO Global Estimates on International Migrant Workers: Results and Methodology*, 3rd ed.

———. 2021g. "Social Dialogue One Year after the Outbreak of the Covid-19 Pandemic: Spotlight on Outcomes", ILO Research Brief, June 2021.

———. 2021h. "From Potential to Practice: Preliminary Findings on the Numbers of Workers Working from Home during the COVID-19 Pandemic", ILO Policy Brief, March 2021.

———. 2021i. *World Employment and Social Outlook: Trends 2021*.

———. 2021j. "COVID-19 and the ASEAN Labour Market: Impact and Policy Response", ILO Policy Brief, August 2021.

———. 2021k. "Building Forward Fairer: Women's Rights to Work and at Work at the Core of the COVID-19 Recovery", ILO Policy Brief, July 2021.

———. 2021l. "Application of International Labour Standards in Times of Crisis: The Importance of International Labour Standards and Effective and Authoritative Supervision in the Context of the COVID-19 Pandemic". Extracts of the General Report of the Committee of Experts on the Application of Conventions and Recommendations at its 91st Session (November-December 2020).

———. 2022. *World Employment and Social Outlook: Trends 2022*.

ILO and ECLAC (Economic Commission for Latin America and the Caribbean). 2020. "La dinámica laboral en una crisis de características inéditas: desafíos de política", *Coyuntura Laboral en América Latina y el Caribe* No. 23.

ILO and IOE (International Organisation of Employers). 2019. *Changing Business and Opportunities for Employer and Business Organizations*.

———. 2020. *A Global Survey of Employer and Business Membership Organizations: Inside Impacts and Responses to COVID-19*.

IOE (International Organisation of Employers). 2020. "Guidance Note: Make Transitions Work: Climate Change and Employment".

———. 2021a. "IOE Position Paper on Remote Work beyond Covid-19".

———. 2021b. "IOE Policy Paper on Essential Services".

IOE and WEC (World Employment Confederation). 2021a. "New Zealand Government Is Determined to Have a New Fair Pay Agreement System That Is Not Respectful of Social Partners' Voluntary Bargaining". *Industrial Relations and Labour Law Newsletter*, May 2021.

———. 2021b. "Policy Priorities for the Road to a Sustainable Job Recovery".

Italy, Ministry of Labour and Social Policy. 2021. *Report deposito contratti ex art.14D.LGS.151/2015*.

ITC (International Training Centre of the ILO). 2013. *Labour Dispute Systems: Guidelines for Improved Performance*.

———. 2021. *Membership Strategies and Policies: A Manual for Employers and Business Member Organizations*.

Jacobs, A. 2014. "Decentralisation of Labour Law Standard Setting and the Financial Crisis". In *The Economic and Financial Crisis and Collective Labour Law in Europe*, edited by Nikolas Bruun, Klaus Löcher and Isabelle Schöann, 171-192. Oxford: Hart Publishing.

Jacobson, Robin, and Kim Geron. 2008. "Unions and the Politics of Immigration". *Socialism and Democracy* 22 (3): 105-122.

Jansson, Olle, and Jan Ottosson. 2021. "Negotiating a New Swedish Model: Employment Transition Agreements and the Struggle over Redundancies". *Journal of Industrial Relations* 63 (5): 706-727.

Jirjahn, Uwe. 2021. "Membership in Employers' Associations and Collective Bargaining Coverage in Germany", IZA Discussion Paper No. 14783. IZA Institute of Labor Economics.

Johansson, Caroline, and Niklas Selberg. 2020. "COVID-19 and Labour Law: Sweden". *Italian Labour Law EJournal* 13 (1S).

Julén Votinius, Jenny. 2020. "Collective Bargaining for Working Parents in Sweden and Its Interaction with the Statutory Benefit System". *The International Journal of Comparative Labour Law and Industrial Relations* 36 (3): 367-386.

Kaar, Robert van het, and Marianne Grünell. 2001. "Variable Pay in Europe". Eurofound, 27 April 2001.

Kahn-Freund, Otto. 1972. *Labour and the Law.* London: Stevens..

Kaufman, Bruce E. 2012. "Economic Analysis of Labor Markets and Labor Law: An Institutional/ Industrial Relations Perspective". In *Research Handbook on the Economics of Labor and Employment Law*, edited by Cynthia Estlund and Michael L. Wachter, 52-104. Cheltenham, UK; Northampton, MA: Edward Elgar.

Keck, Markus, and Patrick Sakdapolrak. 2013. "What Is Social Resilience? Lessons Learned and Ways Forward". *Erdkunde* 67 (1): 5-19.

Klenner, Christina, and Yvonne Lott, eds. 2016. *Working Time Options over the Life Course: New Regulations and Empirical Findings in Five European Countries*. Hans-Böckler-Stiftung.

Klinkenberg, Priya. 2021. "Empowering Young Workers in CEE and SEE Countries through Digital Organising". European Federation of Food, Agriculture and Tourism Trade Unions, 7 July 2021.

Kousta, Elena. 2020. "Greece: Working Life in the COVID-19 Pandemic 2020". Eurofound working paper.

Langille, Brian. 2011. "Labour Law's Theory of Justice". In *The Idea of Labour Law*, edited by Guy Davidov and Brian Langille, 101-119. Oxford: Oxford University Press.

Lee, Eddy. 1998. "The Asian Financial Crisis: Origins and Social Outlook". *International Labour Review* 137 (1): 81-93.

Lee, Sangheon, and Deirdre McCann. 2011. "Negotiating Working Time in Fragmented Labour Markets: Realizing the Promise of 'Regulated Flexibility'". In *The Role of Collective Bargaining in the Global Economy: Negotiating for Social Justice*, edited by Susan Hayter, 47-75. Geneva: ILO; Cheltenham, UK: Edward Elgar.

Leicht-Deobald, Ulrich, Thorsten Busch, Christoph Schank, Antoinette Weibel, Simon Schafheitle, Isabelle Wildhaber, and Gabriel Kasper. 2019. "The Challenges of Algorithm-Based HR Decision-Making for Personal Integrity". *Journal of Business Ethics* 160 (2): 377-392.

Levy, Karen, and Solon Barocas. 2018. "Refractive Surveillance: Monitoring Customers to Manage Workers". *International Journal of Communication* 12: 1166-1188.

Lupo, Luisa, and Anil Verma. 2020. "Labour Standards Compliance in the Global Garment Supply Chain: Evidence from ILO's Better Work Program on the Role of Unions and Collective Bargaining". Discussion paper. ILO and International Finance Corporation.

McGarry, Brian E., David C. Grabowski, and Michael L. Barnett. 2020. "Severe Staffing and Personal Protective Equipment Shortages Faced by Nursing Homes during the COVID-19 Pandemic". *Health Affairs* 39 (10): 1812-1821.

McMahon, Devon E., Gregory A. Peters, Louise C. Ivers, and Esther E. Freeman. 2020. "Global Resource Shortages during COVID-19: Bad News for Low-Income Countries". *PLOS Neglected*

Tropical Diseases 14 (7).

Magruder, Jeremy R. 2012. "High Unemployment yet Few Small Firms: The Role of Centralized Bargaining in South Africa". *American Economic Journal: Applied Economics* 4 (3): 138-166.

Marginson, Paul. 2015. "Coordinated Bargaining in Europe: From Incremental Corrosion to Frontal Assault?" *European Journal of Industrial Relations* 21 (2): 97-114.

Marginson, Paul, James Arrowsmith, and Molly Gray. 2008. "Undermining or Reframing Collective Bargaining? Variable Pay in Two Sectors Compared". *Human Resource Management Journal* 18 (4): 327-346.

Marginson, Paul, Maarten Keune, and Dorothee Bohle. 2014. "Negotiating the Effects of Uncertainty? The Governance Capacity of Collective Bargaining under Pressure". *Transfer: European Review of Labour and Research* 20 (1): 37-51.

Marginson, Paul, and Christian Welz. 2015. "European Wage-Setting Mechanisms under Pressure: Negotiated and Unilateral Change and the EU's Economic Governance Regime". *Transfer: European Review of Labour and Research* 21 (4): 429-450.

Marino, Stefania, Judith Roosblad, and Rinus Penninx, eds. 2017. *Trade Unions and Migrant Workers: New Contexts and Challenges in Europe*. Cheltenham, UK: Edward Elgar; Geneva: ILO.

Martínez Matute, Marta, and Pedro S. Martins. 2020. "How Representative Are Social Partners in Europe? The Role of Dissimilarity", Global Labor Organization Discussion Paper No. 718.

Martins, Pedro S. 2020. "What Do Employers' Associations Do?", IZA Discussion Paper No. 13705. IZA Institute of Labor Economics.

Maupain, Francis. 2005. "Revitalization Not Retreat: The Real Potential of the 1998 ILO Declaration for the Universal Protection of Workers' Rights". *European Journal of International Law* 16 (3): 439-465.

Mendizábal Bermúdez, Gabriela. 2019. "Estudio de derecho comparado de la inspección del trabajo en Latinoamérica". *Revista Latinoamericana de Derecho Social* 28: 157-190.

Messenger, Jon, Oscar Vargas Llave, Lutz Gschwind, Simon Boehmer, Greet Vermeylen, and Mathijn Wilkens. 2017. *Working Anytime, Anywhere: The Effects on the World of Work*. Eurofound and ILO.

Metcalf, David, Kirstine Hansen, and Andy Charlwood. 2001. "Unions and the Sword of Justice: Unions and Pay Systems, Pay Inequality, Pay Discrimination and Low Pay". *National Institute Economic Review* 176 (April 2021): 61-75.

Middleton, John, Ralf Reintjes, and Henrique Lopes. 2020. "Meat Plants: A New Front Line in the COVID-19 Pandemic". *BMJ*, 9 July 2020.

Milkman, Ruth. 2006. *L.A. Story: Immigrant Workers and the Future of the U.S. Labor Movement*. Russell Sage Found. New York: Russell Sage Foundation.

Molina, Oscar. 2021. *Spain: Working Life in the COVID-19 Pandemic 2020*. Eurofound.

Monaco, Lorenza, Kwabena Nyarko Otoo, Sisay Tulu, Paul Omondi, Michael Uusiku Akuupa, Kudzai Chireka, Sophia Isala, Ismail Bello, Lai Brown, Remy Ruberambuga, et al. 2001. "The Auto Industry in Sub Saharan Africa: Investment, Sustainability and Decent Jobs". IndustriALL Global Union and Friedrich-Ebert-Stiftung.

Mosimann, Nadja, and Jonas Pontusson. 2017. "Solidaristic Unionism and Support for Redistribution in Contemporary Europe". *World Politics* 69 (3): 448-492.

Müller, Torsten. 2019. "She Works Hard for the Money: Tackling Low Pay in Sectors Dominated by

Women - Evidence from Health and Social Care". European Trade Union Institute Working Paper No. 2019.11.

Müller, Torsten, Kurt Vandaele, and Jeremy Waddington, eds. 2019. *Collective Bargaining in Europe: Towards an Endgame*, Vol. 1. Brussels: European Trade Union Institute.

Murphy, Caroline, and Thomas Turner. 2016. "Organising Precarious Workers: Can a Public Campaign Overcome Weak Grassroots Mobilisation at Workplace Level?" *Journal of Industrial Relations* 58 (5): 589-607.

Murray, Sean. 2020. "Unions and Meat Processors Agree Safety Protocol for Workers in the Industry", *TheJournal.ie*, 18 September 2020.

Natali, David, Emmanuele Pavolini, and Bart Vanhercke, eds. 2018. *Occupational Welfare in Europe: Risks, Opportunities and Social Partner Involvement*. Brussels: European Trade Union Institute.

Newman, Nathan. 2017. "Reengineering Workplace Bargaining: How Big Data Drives Lower Wages and How Reframing Labor Law Can Restore Information Equality in the Workplace". *University of Cincinnati Law Review* 85: 693-760.

New Zealand, Ministry of Business, Innovation and Employment and Ministry for Women. 2020. *An Introduction to Pay Equity*.

NZCTU (New Zealand Council of Trade Unions). 2019. "Fair Pay Agreements: A Framework for Fairness".

OECD (Organisation for Economic Co-operation and Development). 2017. *OECD Employment Outlook 2017*.

———. 2018. *OECD Employment Outlook 2018*.

———. 2019a. *OECD Employment Outlook 2019: The Future of Work*.

———. 2019b. *Negotiating Our Way Up: Collective Bargaining in a Changing World of Work*.

———. 2021. *Strengthening Economic Resilience following the COVID-19 Crisis: A Firm and Industry Perspective*.

OHCHR (Office of the United Nations High Commissioner for Human Rights). 1996. "The Committee on Economic, Social and Cultural Rights", OHCHR Fact Sheet No. 16 (Rev.1).

Olson, Mancur. 1965. *The Logic of Collective Action: Public Goods and the Theory of Groups*. Cambridge, MA: Harvard University Press.

O'Neil, Michele. 2021. "The Australian Industrial System in the Era of COVID-19". *Journal of Industrial Relations* 63 (3): 422-431.

Papadakis, Konstantinos, and Romane Cauqui. Forthcoming. "Social Dialogue and the SDGs: An Essential Symbiosis for a Human-Centred Development and Recovery". ILO Thematic Brief.

Papadakis, Konstantinos, and Youcef Ghellab, eds. 2014. *The Governance of Policy Reforms in Southern Europe and Ireland: Social Dialogue Actors and Institutions in Times of Crisis*. Geneva: ILO.

Pedersini, Roberto, and Salvo Leonardi. 2018. "Breaking through the Crisis with Decentralisation? Collective Bargaining in the EU after the Great Recession". In *Multi-Employer Bargaining under Pressure: Decentralisation Trends in Five European Countries*, edited by Salvo Leonardi and Roberto Pedersini, 7-37. Brussels: European Trade Union Institute.

Pelling, Lisa. 2021. *On the Corona Frontline: The Experiences of Care Workers in Nine European Countries - Summary Report*. Friedrich-Ebert-Stiftung.

Pillinger, Jane, and Nora Wintour. 2019. *Collective Bargaining and Gender Equality*. Newcastle upon

Tyne: Agenda Publishing.

Plá Rodríguez, Américo. 1978. *Los principios del derecho del trabajo.* Buenos Aires: Depalma.

Planet Labor. 2020. "Luxembourg: Agreement between Government, Trade Unions and Employers on New Short-Time Working Arrangements That Will Run until the End of 2020", 11 June 2020.

———. 2021. "What Type of Employment Status Will Platform Workers Hold? Plant Labor Compares Several Countries' Regulatory Responses", 17 June 2021.

Pohler, Diane. 2018. "Collective Bargaining". In *Handbook of Research on Employee Voice*, 2nd ed., edited by Adrian Wilkinson, Jimmy Donaghey, Tony Dundon and Richard B. Freeman, 235-250. Cheltenham, UK: Edward Elgar.

Pontusson, Jonas. 2013. "Unionization, Inequality and Redistribution". *British Journal of Industrial Relations* 51 (4): 797-825.

Pontusson, Jonas, and David Rueda. 2010. "The Politics of Inequality: Voter Mobilization and Left Parties in Advanced Industrial States". *Comparative Political Studies* 43 (6): 675-705.

Portugal, CRL (Centre for Labour Relations). 2018. *Relatório Anual sobre a Evoluç.o da Negociaç.o Coletiva em 2017.*

Raess, Damian, Andreas Dür, and Dora Sari. 2018. "Protecting Labor Rights in Preferential Trade Agreements: The Role of Trade Unions, Left Governments, and Skilled Labor". *The Review of International Organizations* 13 (2): 143-162.

Ranca, Anna Rita, Peter Benczur, and Enrico Giovannini. 2017. *Building a Scientific Narrative towards a More Resilient EU Society - Part 1: A Conceptual Framework.* European Commission, Joint Research Centre.

Ranney, Megan L., Valerie Griffeth, and Ashish K. Jha. 2020. "Critical Supply Shortages: The Need for Ventilators and Personal Protective Equipment during the Covid-19 Pandemic". *New England Journal of Medicine* 382 (18): e41.

Rodrik, Dani. 1997. *Has Globalization Gone Too Far?* Washington, DC: Institute for International Economics.

Schiek, Dagmar G. 2020. "Collective Bargaining and Unpaid Care as Social Security Risk: An EU Perspective". *The International Journal of Comparative Labour Law and Industrial Relations* 36 (3): 387-408.

Schmalz, Stefan, and Marcel Thiel. 2017. "IG Metall's Comeback: Trade Union Renewal in Times of Crisis". *Journal of Industrial Relations* 59 (4): 465-486.

Schulten, Thorsten. 2012. "European Minimum Wage Policy: A Concept for Wage-Led Growth and Fair Wages in Europe". *International Journal of Labour Research* 4 (1): 85-103.

———. 2021. "Collective Bargaining in Germany 2020: Annual Report of the WSI Collective Agreement Archive". Hans-Böckler-Stiftung, Institute of Economic and Social Research (WSI).

Schulten, Thorsten, and Reinhard Bispinck. 2017. "Varieties of Decentralisation in German Collective Bargaining: Experiences from Metal Industry and Retail Trade", Centre for the Study of European Labour Law "Massimo D'Antona" Working Paper No. 137/2017.

Schulten, Thorsten, Line Eldring, and Reinhard Naumann. 2015. "The Role of Extension for the Strength and Stability of Collective Bargaining in Europe". In *Wage Bargaining under the New European Economic Governance: Alternative Strategies for Inclusive Growth*, edited by Guy Van Gyes and Thorsten Schulten, 361-400. Brussels: European Trade Union Institute.

Schulten, Thorsten, and Torsten Müller. 2020. "Kurzarbeitergeld in der Corona-Krise: Aktuelle Regelungen in Deutschland und Europa", WSI Policy Brief No. 38. Hans-Bökler-Stiftung, Institute of Economic and Social Research (WSI).

Seago, Jean Ann, and Michael Ash. 2002. "Registered Nurse Unions and Patient Outcomes". *The Journal of Nursing Administration* 32 (3): 143-151.

Sen, Amartya. 1999. *Development as Freedom*. Oxford: Oxford University Press.

Sen, Ratna. 2012. "Unionization and Collective Bargaining in the Unorganized Sector". *Indian Journal of Industrial Relations* 47 (4): 598-616.

Sengenberger, Werner. 1994. "Protection - Participation - Promotion: The Systemic Nature and Effects of Labour Standards". In *Creating Economic Opportunities: The Role of Labour Standards in Industrial Restructuring*, edited by Werner Sengenberger and Duncan Campbell, 45-60. Geneva: ILO.

Serrano, Melisa R. 2019. "Regulating Working Time in the Philippines: The Role of Statutory Regulations, Collective Bargaining, and Employee-Oriented Flexibilization". *Employee Relations Law Journal* 45 (2): 37-61.

Spain, Economic and Social Council. 2021. *Memoria sobre la situación socioeconómica y laboral de Españ en 2020*.

Spooner, Dave, Georgia Montague-Nelson, and Jess Whelligan. 2021. "Crossing the Divide: Informal Workers and Trade Unions Building Power". Friedrich-Ebert-Stiftung.

Stanford, Jim, and Kathy Bennet. 2021. "Bargaining Tech: Strategies for Shaping Technological Change to Benefit Workers". Centre for Future Work.

Stiglitz, Joseph. 2000. "Democratic Development as the Fruits of Labour". *Perspectives on Work* 4 (1): 31-37.

Streeck, Wolfgang. 2005. "The Sociology of Labor Markets and Trade Unions". In *The Handbook of Economic Sociology*, 2nd ed., edited by Neil J. Smelser and Richard Swedberg, 254-283. Princeton, NJ: Princeton University Press.

Stringhini, Silvia, María-Eugenia Zaballa, Nick Pullen, Carlos de Mestral, Javier Perez-Saez, Roxane Dumont, Attilio Picazio, Francesco Pennachio, Yaron Dibner, Sabine Yerly, et al. 2021. "Large Variation in Anti-SARS-CoV-2 Antibody Prevalence among Essential Workers in Geneva, Switzerland". *Nature Communications*, 8 June 2021.

Sweden, Ministry of Health and Social Affairs. 2020. "Regeringens Äldreomsorgslyft beräknas leda till 10 000 nya tillsvidareanställningar påheltid inom äldreomsorgen" [The Government's 'Boost for Care of the Elderly' initiative is projected to lead to 10,000 full-time permanent jobs in the elderly care sector]. Press release, 8 June 2020.

Sweden, National Mediation Office. 2020. *Pandemin och korttidsarbetet* [The pandemic and short-time work].

Tapia, Maite, and Lowell Turner. 2013. "Union Campaigns as Countermovements: Mobilizing Immigrant Workers in France and the United Kingdom". *British Journal of Industrial Relations* 51 (3): 601-622.

TAS (Central Region Technical Advisory Services, New Zealand). n.d. "Clerical and Administration Pay Equity". https://tas.health.nz/employment-and-capability-building/pay-equity/clerical-and-administration-pay-equity/.

Teubner, Gunther. 1993. *Law as an Autopoietic System*. Oxford: Blackwell.

The Lancet. 2020. "The Plight of Essential Workers during the COVID-19 Pandemic". *The Lancet* 395

(10237): 1587.

Torstensson, Simon. 2022. "Korttidspermettering" [Short-time work allowance]. Ekonomifakta, 26 January 2022.

Trampusch, Christine. 2009. "Collective Agreements on Pensions as a Source of Solidarity". *Journal of Comparative Social Welfare* 25 (2): 99-107.

———. 2013. "Employers and Collectively Negotiated Occupational Pensions in Sweden, Denmark and Norway: Promoters, Vacillators and Adversaries". *European Journal of Industrial Relations* 19 (1): 37-53.

Trappmann, Vera, Denis Neumann, Charles Umney, Simon Joyce, Mark Stuart, and Ioulia Bessa. Forthcoming. "Labour Unrest during the Pandemic: The Case of Hospital and Retail Workers in 90 Countries". ILO Working Paper.

Traxler, Franz. 1995. "Farewell to Labour Market Associations? Organized versus Disorganized Decentralisation as a Map for Industrial Relations". In *Organized Industrial Relations in Europe: What Future?*, edited by Colin Crouch and Franz Traxler, 1-20. Aldershot, UK: Avebury.

———. 2004. "Employer Associations, Institutions and Economic Change: A Crossnational Comparison". *Industrielle Beziehungen / The German Journal of Industrial Relations* 11 (1/2): 42-60.

Traxler, Franz, Sabine Blaschke, and Bernhard Kittel. 2001. *National Labour Relations in Internationalized Markets: A Comparative Study of Institutions, Change and Performance*. Oxford: Oxford University Press.

Turnbull, Peter. 2003. "What Do Unions Do Now?" *Journal of Labor Research* 24 (3): 491-527.

Tzannatos, Zafiris, and Toke S. Aidt. 2006. "Unions and Microeconomic Performance: A Look at What Matters for Economists (and Employers)". *International Labour Review* 145 (4): 257-278.

UN (United Nations). 1997. *Report of the Human Rights Committee: Volume 1.*

———. 2021a. *Progress towards the Sustainable Development Goals - Report of the Secretary-General.* E/2021/58.

———. 2021b. *Progress towards the Sustainable Development Goals - Report of the Secretary-General - Supplementary Information.* E/2021/58.

———. 2021c. *Our Common Agenda - Report of the Secretary-General.*

Unni, Jeemol, and Uma Rani. 2002. "Social Protection for Informal Workers: Insecurities, Instruments and Institutional Mechanisms". ILO.

Vandaele, Kurt. 2018. "Will Trade Unions Survive in the Platform Economy? Emerging Patterns of Platform Workers' Collective Voice and Representation in Europe", European Trade Union Institute Working Paper No. 2018.05.

———. 2021. "Applauded 'Nightingales' Voicing Discontent: Exploring Labour Unrest in Health and Social Care in Europe before and since the COVID-19 Pandemic". *Transfer: European Review of Labour and Research* 27 (3): 399-411.

Vaughan-Whitehead, Daniel, and Rosalia Vazquez-Alvarez. 2018. "Curbing Inequalities in Europe: The Impact of Industrial Relations and Labour Policies". In *Reducing Inequalities in Europe: How Industrial Relations and Labour Policies Can Close the Gap*, edited by Daniel Vaughan-Whitehead, 1-67. Cheltenham, UK: Edward Elgar; Geneva: ILO.

Visser, Jelle. 2013. "Wage Bargaining Institutions: From Crisis to Crisis", Economic Paper No. 488. European Commission, Directorate-General for Economic and Financial Affairs.

————. 2016. "What Happened to Collective Bargaining during the Great Recession?" *IZA Journal of Labor Policy* 5.

————. 2019. "Trade Unions in the Balance", ILO ACTRAV Working Paper.

————. Forthcoming. "Trade Unions and Workers' Organizations as Actors for Change", ILO ACTRAV Working Paper.

Visser, Jelle, and Daniele Checchi. 2011. "Inequality and the Labor Market: Unions". In *The Oxford Handbook of Economic Inequality*, edited by Brian Nolan, Wiemer Salverda and Timothy M. Smeeding, 230-256. Oxford: Oxford University Press.

Walton, R.E., and R.B. McKersie. 1965. *A Behavioral Theory of Labor Negotiations*. New York: McGraw-Hill.

Webb, Sidney, and Beatrice Webb. 1896. "The Method of Collective Bargaining". *The Economic Journal* 6 (21): 1-29.

————. 1902. *Industrial Democracy*. London: Longmans, Green & Co.

WEC (World Employment Confederation). 2020. "A Decent Level Playing Field for Platform Work: Policy Recommendations for Sustainable Growth of Platform Work and the Provision of Quality Online Talent Platform Services".

Weil, David. 1999. "Are Mandated Health and Safety Committees Substitutes for or Supplements to Labor Unions?" *ILR Review* 52 (3): 339-360.

Western, Bruce, and Jake Rosenfeld. 2011. "Unions, Norms, and the Rise in U.S. Wage Inequality". *American Sociological Review* 76 (4): 513-537.

Windmuller, John P. 1987. "Part I: Comparative Study of Methods and Practices". In *Collective Bargaining in Industrialised Market Economies: A Reappraisal*, edited by ILO, 3-158. Geneva: ILO.

Zagelmeyer, Stefan. 2005. "The Employer's Perspective on Collective Bargaining Centralization: An Analytical Framework". *The International Journal of Human Resource Management* 16 (9): 1623-1639.

Zwysen, Wouter. 2021. "Performance Pay across Europe: Drivers of the Increase and the Link with Wage Inequality". European Trade Union Institute Working Paper No. 2021.06.